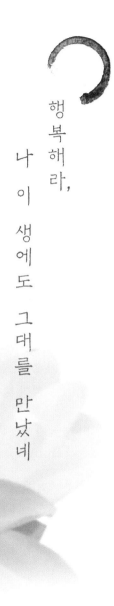

행복해라,

나 이 생에도 그대를 만났네

도서
출판 法華

개정판을 펴내며

불탄 집 가까이 연못가를 서성인다. 언 겨울 연못엔 말라 쓰러져가는 꽃대와 줄기뿐이지만, 지구가 태양의 주위를 반 바퀴 더 공전하여 저쪽 맞은편에 이를 무렵이면, 시절인연 따라 다시 백련의 정갈한 자태와 눈물겨운 향기가 우리의 발길을 붙들 것이다. 며칠 전 집에 불이 났을 때조차 연못은 불을 끄는 데 자신의 못물을 말없이, 기꺼이 내어주었었다.

연꽃은 불법佛法의 진리를 상징한다. 처염상정處染常淨, 탁한 못에서 피어나지만 언제나 물들지 않고 도리어 주변을 맑히고 향기롭게 한다.

이 혼탁한 세상에서 헤매고 괴로워하는 우리들에게 가장 필요한 것은 우리의 생사와 세상을 관통하는 진리다. 진리Dharma는 언제 어디에나 있으되, 우리가 그 존재를 깨달아야만 그 의미를 획득한다. 깨달음을 통하지 않고는 증험되지 않는다. 진리가 만 중생을 속박과 고통으로부터 영원히 해탈케 하는 것이라 해도, 그것을 단지 이론이나 지식으로 아는 것이나, 남의 말만 믿고 있는 것으로는 그 효험인 절대의 고요와 행복을 체험하여 누릴 수가 없다.

　부처님은 일체 존재를 꿰뚫는 진리를 먼저 깨달아 우리에게 그 길로 나아가라 가리키신 분이다. 우리를 저마다 스스로 자기 부처를 이루는 성불의 길로 나아가도록 이끄시는 천상천하 만고의 스승이시다. 무슨 복연인지 나 같은 사람도 이 생에서 그분의 제자가 되었다. 그분의 제자라고 입에 올리기에도 송구한 시간을 살아왔을지라도, 만일 내가 이 땅의 누군가를 사랑하여 그에게 진심으로 전하고 싶은 마음과, 하고 싶은 마지막 말이 있다면 그것은 단지 이 불도에 관한 것뿐이다.

　무엇이 우리를 삶과 죽음의 지난한 고통으로부터 우리를 구제할 궁극의 진리인가? 부처님을 위시하여, 부처님을 따라 그 길 끝에서 역시 진리를 증득한 수많은 옛 스승들은 한결같이 말하였다. 진리는 바로 우리 안에 있고, 본래의 우리가 이미 그것이며, 깨달음이란 우리가 내내 지니고 있던 눈을 떠 내내 그 자리에 있던 그것을 그저 한번 보는 일일 뿐이라고.

　진리가 과연 무엇이기에? 언설로 드러낼 수 없고 설명도, 형용도 할 수 없는 그것을, 허물을 무릅쓰고라도 억지로 이름 붙여 가리키자면, 우리가 본래 지닌 이 '마음' 이외에는 따로 들 것이 없다. 있고 없음, 나와 너, 이것과 저것, 옳고 그름, 좋고 나쁨과 같은 온갖 이분법적 분별이 사라진 본연의 참마음. 이것이 바로 모든 것의 근원이며 모든 것들이 필경에 돌아가 적멸하는 그 목적지가 아닌가? 드높은 불경의 요처 요처에서 증언하듯이, 위없는 깨달음을

이루신 부처님이 마침내 하고 싶은 한마디는 우리가 바로 마음이
요, 부처요, 진리라는 것이다. 세상은 이미 이러한 진리의 꽃이요,
화원이라는 것이다.

동서고금을 막론하고 살아있는 것들이 진리를 등지고 허우적
대는 세상이란 그야말로 진흙탕이요, 불구덩이요, 아수라장이다.
이 진리를 벗어나 구원을 말하고 삶의 길에 대해 떠드는 온갖 교설
과 철학과 이상주의적 이데올로기들은 세상의 혼란과 악취를 더
할 뿐이다. 그리하여, 진리와 진리의 증득자는 흔히 연꽃에 비긴
다. 연꽃이 진흙탕에서 발화하듯이 부처님도 우리가 허우적대는
이 미혹과 다툼의 세상에 몸을 나투어 성도하셨으며, 비유로서의
연꽃 말고 참 진리의 연꽃은 다른 곳이 아니라 이 세상 불구덩이
속에 언제나 의연하게 피어있다.

초판을 발행한 지 몇 년이 지났지만 이 책은 사람들이 거의 읽
지 않았다. 바쁜 요즘 사람들은 책 대신 자신들의 눈길 **빼앗아**가
는 것들만 들여다보고 있다. 그래도 인연 따라 다시 개정판이 나
온다고 하니, 듣는 이 없는 산중 못가에서 이렇게 혼자서 두런거
린다. 제 정신 가진 사람 그 누가 모두의 진실한 행복을 바라지
않겠는가? 손가락이 굽었다, 손이 못생겼다 탓하는 대신, 그 끝
이 가리키는 저 휘황한 달을 함께 보고 다 같이 마음이 환해졌으
면 할 뿐이다.

불멸 후 2560년 동안거 중, 법화도량에서

차 례 |

2부

진
리
의

화
원

두 눈 어둔 수행자가 길을 나설 때 가장 소중한 것은
눈 밝은 스승을 만나는 일이며,
나아갈 때 모든 장애와 고단함을 넘어서며
끝까지 길 잃지 않게 하는 것 또한 스승의 자비로운 눈길이므로,
스승은 가히 수행자가 목적지에 도달하는 데
절반이나 일부에 해당하는 조건이 아니라 절대의 조건이며,
성취를 담보하는 완전한 조건이다.
제대로 된 스승을 만나 그 곁을 떠나지만 않으면
수행을 성취하는 것은 실로 정한 이치다.

1부

행복해라, 나 이 생에도 그대를 만났네

화, 불이야!

고단한 몸을 이끌고 법화도량에 돌아와 누웠다.

잠결에 빠져들 무렵 쉭 하고 이어지는 낯선 소리가 귀를 거스른다.

두껍게 지은 돌집은 밖에서 나는 소리가 거의 들리지 않아 공양 목탁소리도 놓치는 경우가 많았었다. 그런데 이 정도로 크게 들리는 소음은 예사롭지 않다. 반사적으로 떠진 눈은 시선을 창문으로 쏜다. 차일 친 창밖이 대낮처럼 환하다. 뭘까? 튕기듯 이부자리를 박차고 일어나 커튼을 젖힌다.

맙소사. 불이다! 불이 났다. 집 한 채가 활활 타고 있다. 무서운 불길은 하늘에 닿을 듯 솟구친다. 이런, 사람! 저 불길 안에 사람은 없었을까? 아, ㅎㅇ이 저기서 자고 있었을 텐데! 저 속에서 타 죽고 있단 말인가? 불이 나면서 차단기가 떨어졌는지, 스위치를 올려도 전등은 켜지지 않았다. 급하게 겉옷을 걸쳤다.

저런 기세라면, 이미 불은 맞닿은 뒤꼍의 밭으로 옮겨 붙었을 것이며, 말라붙은 잡초만 무성한 밭을 무서운 기세로 잡아먹고 올라오고 있을 것이다. 이내 걷잡을 수 없는 산불로 번져갈 것이며, 필시 도량의 전각들도 전소를 면하기 어렵다.

누구 하나 아직, "불이야!" 하고 외치는 사람도 없다. 산사의
11시는 모두가 깊이 잠든 심야. 안다고 해도 지금 상황에서 불은
이미 끌 수 없는 불길이 되어버렸고, 할 수 있는 일은 없다. 아무
것도. 최대한 서둘러 사람들을 깨워 대피시키는 것뿐.

방 안에 있던 것 한두 가지만을 챙겨들고 뛰쳐나왔다.

"보살님! 불났어요! 제일 중요한 것만 챙겨 들고 어서 나오세
요!"

보장굴에서 ㅈㅇ을 깨우고, 중도루 법당채에는 자는 사람이 없
을 것 같아 선열당, 납운당으로 뛰어 내려갔다.

선열당 마당에 내려서자, 뜻밖에도 어디서 ㅎㅇ이 울면서 나타
났다.

"스님, 불났어요!"

"그래, ㅎㅇ 살아있었네. 천만다행이다. 빨리 신고해야지!"

"스님이, 전화하세요. 119."

ㅎㅇ이 버튼을 눌러 전화기를 건넸다.

"사람들 다 어서 깨워요!"

"문을 두드렸는데, 거사님들이 아직 안 깼어요."

"문 열어젖히고 빨리 다 방에서 나오라고 해!"

사람들이 급하게 흩어진다.

"네. 불이 나서 화재 신고합니다. 집 한 채에 불이 붙어서 타고 있어요. 네, 여기가 산에 있는 절이라 곧 뒤쪽 산으로 번질 것 같아요. 소방차 몇 대로는 어려울지 모르고 급히 헬기라도 떠야 할 것 같은데요. 아, 예. 봉화군 물야면 오록리 117. 도로명 주소 68-294. 인원피해는 아직 없어요. 네, 빨리 좀 출동해주세요."

다시 위로 올라갔을 때는 마침 절에 와 있던 두 목수들이 집 뒤 밭으로 번지기 시작한 불을 잡고 있었다. 지혜로운 판단과 용기다. 늘 집 짓는 일만 해오던 사람이라 상황판단이 빠르고 결행도 주저 없다. 처음에 예상한 것만큼 빠르게 집 뒤쪽 풀밭으로 번지지는 않았구나. 바람이 불지 않아 얼마나 다행인가? 두 사람은 치솟는 불길의 열기가 접근도 못할 만큼 몹시 뜨거울 텐데도 사력을 다하고 있었다. 집 뒤 잡초밭 삼각형의 꼭짓점에서 막 옮겨 붙어 타 올라가는 것을 못 막으면 삽시간에 감당 못하게 번질 것이므로, 저기서 불길의 확산을 완전히 차단할 수 있다면 그야말로 선방 중의 선방이다. 불타는 건물 옆과 앞쪽은 불이 옮겨가지 못하는 안전지대로, 시멘트 포장이 된 농로와 자갈이 깔린 뜰이 있다. 공기 중엔 바람기가 전혀 느껴지지 않았다. 골바람이 거세기로 유명한 달밝골. 이런 날 바람이 몰아치지 않는 것이 얼마나 고마운 일인가. 대신 아까부터 가볍게 날리던 눈발도 굵어지고 있다. 밭과 들의 말랐던 풀들이 젖어들고 있을 것이다. 옮겨 붙더라도 번지는 속도는 바짝 말랐을 때와는 비교할 수 없이 느릴 터다. 나무 관세음보살!

ㅈㅇ보살이 건물 여기저기에 비치해 뒀던 소화기들을 끌어냈다. 그녀는 무슨 예감이 있었는지, 본래 걱정이 많은 사람이어서 그랬는지, 작년에 기존에 있던 소화기들이 믿을 수 없고 수량이 충분치 않다며 어디서 크고 작은 소화기들을 몽땅 들여와 구석구석에 놓아두고 있었다.

"그쪽으로 오지 마! 가스통이 터질지도 몰라요!"

한 거사가 누군가를 보고 외친다.

가스통! 저게 터진다면 그 폭발력은 정말 끔찍할 것이고 불길은 한 순간에 사방 수십 미터로 날아갈 텐데. 걱정스럽다.

욕실의 온수를 쓰기 위해 밸브가 열려 있는 가스통이 하나 있었고, 예비로 둔 것이 또 하나 있었을 것이다. 열려 있는 가스통의 가스는 이미 다 새어나온 후일 것이다. 생각해보니, 애초에 잠자리에서 들린 그 이상한 소음은 필시 가스가 새어나오면서 맹렬한 기세로 불타는 소리였던 것 같다. 그게 나를 깨웠다니 놈은 퍽 고마운 일을 한 셈이다. 문제는 남은 하나, 아직 쓰지 않아 연료가 꽉 찬 채로 있는 통. 그게 집 전체가 활활 타는 열기 속에서 더 이상 못 견디고 터진다면…….

일여당에 욕실을 달아 붙인 건 얼마 되지 않았다. 순간온수기를 가스로 작동시킬 것인지 전기로 작동시킬 것인지 결정해야 할 때 비싼 전기료만 생각하고 가스형을 택했고, 설치비를 줄인다고 직접 수도를 연결해 해 다느라 물벼락을 몇 차례나 맞아가며 갖은 신고를 겪었는데, 한 순간의 선택이 이런 떨리는 운명의 기로를 불러올 줄이야.

거사들의 사투 끝에 밭으로 번지던 불길은 진화되어 수 미터의 띠를 이루는 탄 자리가 또 다른 안전지대를 만들고 있었다.

"스님, 어떻게 해요?"

"보살님들은 여기 있지 말고 법당에 가서 기도하세요."

소방차 몇 대가 산길을 올라왔다. 지붕의 서까래, 너와 등이 타면서 무너져 내리기 시작한 집채를 향해 물줄기를 쏘아댔다. 불길이 많이 누그러져 접근 못할 만큼은 아니게 되었을 때, 물을 집중분사하여 충분히 식힌 후에, 마침내 가스통 2개가 무사히 끌어내졌다. 휴……. 다들 안도한다.

한 고비 넘겼으니, 사태의 전모를 파악해야 한다.

"ㅈㅇ보살님, 법당에 ㅎㅇ한테 가서 불이 어떻게 났는지, 어떻게 방에서 빠져나왔는지 가만히 한번 물어봐요."

"네."

벽과 지붕의 건자재 대부분이 나무 등의 탈 것으로 이뤄진 집은 이미 전소에 가까운 상태였고, 아궁이 주변이랑 집을 빙 둘러 쌓여있던 장작 무더기에 속불이 붙어서인지 꺼져들 기미는 잘 보이지 않았다. 그래도 이만하면 불행 중 다행이며, 놀라운 선방이다.

화재원인이 뭐였을까? 누전? 아니면, 아궁이의 불? ……태우려고 지은 것이 아니지만 뭐니 뭐니 해도 집이 있었으니까 불이 난 거고, 집을 그렇게 지은 것이 문제였다면 집 지은 사람이 나니까 근본적으로 내 탓이다. 그나마 사람이 죽지 않고 다치지 않아 망정이지, 그랬더라면 얼마나 또 깊은 자책과 좌절의 늪에서 헤매야 했을까.

"스님이세요? 여기 절 주지스님이세요?"

"네."

"이 절에 혹시 물탱크 없어요?"

"물탱크는 저 산 쪽으로 위에 하나 있고 저 아래채 뒤에 하나 있는데, 물이 더 필요하세요? 소방차 물이 다 돼가나 보죠?"

"네. 그런데 탱크가 둘 다 멀리 있네요."

"요 아래 연못물은 어때요? 물이 제법 많이 차 있는데. 다행히 아직 얼어붙은 상태도 아니고."

"아, 그래요? 잘 됐네요."

정전이 되어 도량 밖의 세계가 다 칠흑 속인데, 소방차들의 헤드라이트와 불난 집의 불이 하늘에서 소리 없이 떨어져 내리는 수억의 눈꽃송이들을 비추었다. 불놀이나 불구경 한다고 생각하면 압도적으로 아름답기까지 한 장면이다. 휴대폰 카메라로 사진을 두어 컷 찍고, 깜깜한 법당에 들어가 보았다.

"보살님, 어떻게 불이 난 거예요?"

ㅎㅇ이 입을 뗀다.

"아까 저녁예불이랑 좌선 끝나고 일여당에 들어가 잠자리에 들었는데 방에 계속 연기가 차는 느낌이었어요. '낮에 환기를 충분히 했을 텐데 왜 이러지?' 하며 침대 옆의 창을 연 채로 누워있었죠. 그래도 마찬가지고, 점점 정도가 더 심해지는 것 같아 아궁이에 나가 불씨를 헤쳐 보니 거의 다 꺼진 상태였고요. 방안 여기저기를 살펴보다가 연기가 이불 밑에서 난다는 걸 알았어요. 아랫목 쪽 침상에 깔려있던 이불요. 최근에 목화솜을 새로 타 와서 두툼한 거였는데 그쪽에 계속 깔아두고 지냈어요."

"그러기에 언제나 내가 주변을 좀 살피며 지내라고 하지 않았어요? 그런 걸 달궈져가는 아랫목에 깔아두고, 앞만 보고 다니면 어떻게 해요?"

"살폈죠. 가끔씩 봤는데 거기서 불이 붙으리라고는 생각을 못 했어요."

"불을 평소보다 많이 땠어요?"

ㅈㅇ이 말했다.

"불은 ㅎㅇ보살님이 공양주 하느라 바쁘니까 제가 때주고 있었어요. 제 잘못인 게 분명해요. 요 며칠 좀 많이 땐 편이었나 봐요. 오늘은 불을 한번 지핀 뒤에 낮에 다시 작은 장작을 몇 개 더 넣었구요."

"이불 밑에서 연기가 나서 어떻게 했어요? 방에선 어떻게 나오고?"

"어, 침상에서 연기가 왜 나지 하는 생각을 하다, 여기선 더 못 자겠다는 생각에 환기를 더 시키려고 문을 열어놓고 다른 데서 자려고 나왔어요. 선열당에 내려왔죠. 누워 있다가 밖이 환해져서 나가보고 불난 줄 알았고요."

"아랫목이 달궈지면 이불에 불이 붙을 수 있다는 걸 몰랐어요?"

"몰랐어요."

"그때 이불 밑이 타들어가면서 공기가 거의 안 통해서 발화만 안 된 상태니까 그대로 말아다 밖에 안전한 데다 버렸어야죠. 산소가 충분히 공급되라고 아예 문도 활짝 열어주고 나왔네."

"불을 많이 땐 제가 잘못이죠."

으이그, 이런 한심한 도시 촌년들.

"어떻든, 이렇게 아무도 안 다치고 안 죽었으니까 얼마나 다행이에요? 일여당은 법화도량에서 제일 돈 적게 들고 지은 집이니까 피해도 크지 않고. 마침 거사들이 와 있어서 아슬아슬한 상황이었지만 산불로 번지지 않게 막은 건 정말로 다행이고. 마음을 진정시키고, 더 안 좋은 일 안 생기도록 기도하세요."

밖으로 나오니 관공서 사람들, 동네 사람들이 보였다. 소방관, 경찰관에게 피해액이랑 사고 경위 등에 대해 얘기했다.

"스님, 저 아래 포클레인 있던데, 쓸 수 있는 거예요?"

"예. 어디 필요하세요?"

"예. 운전할 수 있는 사람도 있어요?"

"예."

"밑불이 쉬 안 꺼져서, 뒤적이면서 물을 뿌리면 좋을 것 같아서요."

포클레인을 끌고 와 불길과 연기 속을 헤집는다.

참 낡은 중고 포클레인을 사다가 별별 데 다 써먹는구나. 수리비도 많이 들었지만, 네 덕도 많이 보고, 굳이 수지타산을 따지자면 네가 정말 돈 많이 벌어주었다. 네 덕분에 집 여러 채를 헐값에 지었고, 연못도 만들고, 장맛비에 둑이 무너져 갈 땐 못에 들어가 결사적으로 막아냈고, 새 터도 닦고, 겨울 눈길도 치우고, 어린 처월이를 바가지에 태워 돌배나무 열매도 땄었다……

  포클레인으로 헤집으면서 연못물을 뿌려댄 지 두 시간쯤 되어서야 불은 완전히 꺼졌다. 불기가 가신 몰골의 집터에선 여전히 하얀 연기 같은 게 솟아오르고 있었지만, 경험 많은 소방관들이 말하기를, 그것은 달궈진 폐허에 물이 뿌려진 탓에 나는 김이라고 하였다. 혹시 산불로 번지거나 도랑을 거쳐 우사에까지 옮겨 붙지 않을까 걱정하며 올라왔던 마을 사람들도 흩어져 돌아가고 소방차도 호스랑 소방장비들을 거두어 하산하였다. 허물린 욕실 벽체 속에서 터진 수도관을 꺾어 묶어두는 것을 마지막으로, 우리가 당장 해야 할 일도 끝났다. 다음날 날 밝으면 청소며 뒷정리를 하기로 하고 각자 숙소로 돌아가기로 했다.

화중생련火中生蓮

　모두에게 감사한 마음으로, 화마에 휩쓸리지 않아 멀쩡한 법당
채를 지나 숙소로 돌아와 누웠다. 잠은 다시 오지 않았다. 지나
간 일을 거의 되새기지 않고 살아왔는데, 오랜만에 이 일 저 일 떠
오르는 대로 두서없이 따라간다.

　살다 보니, 중까지 되어가지고 별일을 다 겪는구나.
　입산출가入山出家하여 스님이 되는 것을 일컫는 말 가운데
'득도得度하다'라는 표현이 있다. 어떤 경우에는 '득도得道'와
마찬가지로, 열반에 이른다는 의미로 쓰이기도 하지만, 원래 부
처님과 스승에 의해 제도濟度 받는다는 뜻으로 쓰이는 말이다.
물론, 그냥 중이 되는 것과 수행의 결과로 열반에 이르는 일 사이
에는 까마득한 거리가 있을 수 있지만, 일단 이 문 안에 들어선 중
생은 언젠가는 반드시 소기의 목적인 열반을 성취하게 되는 것이

법계의 정한 이치이고 보면, 굳이 다르다고만 볼 것도 없는 말이다. 나아온 길을 돌이켜볼 때, 나 같은 사람이야말로 중이 되면서 거의 생사의 기로에서 구제를 받은 셈이다.

요즘은 '중'이라는 말은 스스로를 겸손하게 지칭하는 경우가 아니면 어느 스님을 하대하는 말 같아 잘 쓰이지 않게 되었는데, 사실은 '스님'이라는 말은 '승님'에서 왔으며, '僧僧'도, '중衆'도 마찬가지로 '승중僧衆'에서 나온 말이다. 승중은 출가出家한 비구 비구니는 물론이고, 재가在家의 남녀 불자 우바새 우바이를 망라하는 사부대중四部大衆을 뜻한다. 어쩌면 출가한다는 것은 자아의 개체성을 떠나는 일이다. 그리하여, 출가하여 중이 된다는 것은 한 인간이 그동안 살림으로 삼아온 집착과 분별의 집에서 활연히 벗어나, 모두가 열반을 향해 함께 나아가는 사부대중에 합류한다는 뜻. 그저 세간을 떠나 홀로 깊은 산속으로 숨어드는 것이 아니라, '부처님의 가르침에 따라 자타의 열반을 향해 더불어 나아가는 무리' 가운데 드는 '참중參衆'이라는 의미이다.

불법승佛法僧, 곧 부처님과 부처님의 가르침과 그 법을 따르는 승중을 이 존재계의 가장 보배로운 세 가지, 즉 삼보三寶라 하는데, 이는 셋이면서 동시에 하나일 뿐만 아니라 삼보 자체가 즉 법계法界이며, 법계 그대로가 곧 삼보이다. 이는 중생 하나하나가 낱낱이 본래 부처이며, 법계 안의 생사가 그대로 성불을 향해 나아가는 여정이라는 의미이고, 우리가 자각하지 못할지라도 이것이 바로 이 존재계의 목적이자 이유라는 뜻이다.

지금까지 인생의 반을 이미 한국 불교의 승가에 몸담아 살아왔다. 한 개인으로서의 나는 20대 후반의 나이에 한국 승가에 들어와 중이 되면서 비로소 살길을 찾은 셈이다. 어려서 손바닥을 보니 손금의 생명선이 길지 않았다. 우스운 일이지만, 그런 손금의 암시대로 나는 내가 세상을 오래 살지 못할 거라는 예감이나 미신에서 벗어나지 못한 채 성장했다. 지금 생각해 봐도, 그때 만일 이 길로 들어서서 '득도得度'되지 않았다면 소싯적의 직감대로 일찌감치 이 세상에서의 생을 마감했거나, 차라리 죽은 것만도 못하게 엉망진창으로 스스로를 소진해가면서 아주 괴롭고 천하게 남은 인생을 살았을 것 같다. 이대로의 나 자신을 결코 긍정할 수 없었을 것이고, 세상의 시대적 현실 또한 불합리와 인간의 이기성만이 지배하는 아수라장처럼만 느끼며 온통 절규하고 비애와 실의에서 벗어나지 못했을 것이다. 세상 살면서 가장 암울한 것은 이 거친 생을 살아가야 할 이유나 목적이 도무지 잡히지 않고, 나와 세상을 개선시킬 여지나 희망을 좀처럼 발견할 수 없다는 숙명적 사실과 마주하는 일일 것이다.

출가 전, 대학 시절 내내 막역했던 한 친구가 송광사로 '수련회'라는, 불교수행과 사찰생활 체험을 내용으로 하는 프로그램에 동참하고 오더니, 불교의 승가야말로 우리가 이제껏 찾아온 이상사회의 잘 구현된 모델인 것 같다는 이야기를 했다. 그 말은 내 귀 언저리에 오래 남아 있다가 결국 나를 출가의 길로 이끌었다.

동굴 속에 있던 사람이 문득 발견한 한 줄기 빛을 따라 동굴 밖으로 탈출해 나온 심경이었다고나 할까. 처음 송광사에 들어서 법당 앞마당에 들어섰을 때의 그 안도와 감격과 가슴 한가운데서 솟구치던, 바야흐로 승가의 일원이 되어 살아갈 새 삶에 대한 기대와 꿈과 열정은 아직 내 안에 그대로 있다.

승가! 2천6백여 년의 역사를 가진 지상 최고最古의 공동체.

지금 내가 믿기에, 우주 안의 모든 부분 부분과 여러 차원의 존재계가 한결같은 프랙탈fractal 구조를 가지고 있다면, 그 궁극의 모습은 불국토이며 그 원형은 바로 승가이다. 우리 모두가 사실은 이미 진리의 세계, '법계法界' 중에서 저마다 자기 안에 이미 있는 불성을 구현하는 성불의 길로 가고 있으며, 승가에 속해 있으며, 서로 의지하고 돕고 이끌고 이끌리며 함께 가고 있다. 이런 개념의 승가를 사방승가四方僧家라 한다.

　반면, 현실에서 우리가 마주하고 출가하거나 불자가 되는 입문의식을 통하여 동참할 수 있는 실제의 승가는 현전승가現前僧家라 한다. 내가 뛰어든 20세기 후반 한국의 현전승가는 그때까지만 해도 도처에 예스러운 기품과 덕망, 온후함을 갖추어 귀감이 될 만한 선배와 어른들이 적지 않게 살아계셨다. 어지러운 세상에서 길을 찾지 못하던 중생을 이끌어 품기에 조금도 손색없고 안온하기 그지없는 귀의처歸依處였다. 그분들을 가끔이라도 뵙고 곁에 머물면 이것이 이 세상에 살아있다는 느낌이며 행복이라고 여기게 만드는 스승들. 그 감사한 마음으로 나를 건진 우리 승가를 위해 무슨 일이라도 할 수 있었으면 좋겠다고 생각한 적도 많았다. 꼭 무엇을 해야겠다는 느낌이라기보다는 본사本師이신 부처님과 현전승가의 스승들의 가르침을 잘 따르며, 젊은 날의 방황에서 나를 깨어나게 하고 건져 올려, 무엇보다 삶의 의미와 목적을 자각하게 해준 우리 승가 안에 오래오래 머물고 싶은 마음이었다.

　시간이 지나면서는 무뎌지기도 하고, 조금씩 밀려드는 문명의 세태에 휩쓸려 빠르게 허물어져가는 우리 현전승가의 실태에 좌절하고, 자신마저 휩쓸려가는 것 같아 죄스럽고 안타깝기도 했다. 그러나 처음의 그 '지향志向'만은 너무도 소중하여 아직은 결코 포기할 수 없다고 생각하고 있다.

　불 탄 자리는 허무하고 참담했다.
　잔해를 정리하는 동안, 주섬주섬 움직이는 사람들은 표정도 없고 말도 없다.
　타는 시간보다 잿더미가 된 참상을 수습하는 게 훨씬 오래 걸리는 작업이었으나, 분류하고 모아서 쓰레기로 처리하고 나니, 건질 만한 것은 덜 타서 반쯤 숯이 된 장작 몇 짐.
　아, 그리고 금괴 두 개. 까만 숯 더미 속에서 드러난 황금빛은 유난히 눈부시다. 작년엔가 ㅅㅎ 스님이 변변찮은 우리 도량의 불사에 동참하고 싶어 하시는 부모님으로부터 친히 전해달라는 부탁을 받았다며 두고 간 시주물이었다. 금값의 시세가 한창 떨어지고 있는 중이라 하여 얼른 돈으로 바꿔 불사에 보태지 못하고 있었더니……. 가슴에서 여운이 쉬 가시지 않는 고결한 시은처럼, 화마가 모든 것을 훑고 간 자리에서도 그 두 조각은 휩쓸려 가지 않고 있었다. 훗날 이 자리에서 다시 도량의 건물 하나가 자라난다면 필시 이것이 씨앗이 되리라. 직심시도량直心是道場이라고 하셨다. 곧은 마음이 곧 도량. 이 존재계의 정체가 무엇인가를 가늠하고 보면, 도량이 따로 없고, 이 세상에 도량 아닌 데가 없다.
　나중에 사람들이 찾아와서 불난 일에 대해 듣고 걱정 반 아쉬움 반으로 이야기를 꺼낼라치면, 소위 기선제압용 질문으로 이렇게 묻곤 했다.
　"일여당一如堂이 어디로 갔어요?"
　그러면 다들 대답을 궁해 했는데, 한 불자가 지체 없이 이렇게 되묻는 것이었다.

"일여당이 원래 있었던가요?"

아, 그렇다. 원래 있었던 것이라고 본다면 그것은 일여一如를 알지 못하는 소치다. 모든 것이 인연 따라 어떤 때는 있는 것으로, 어느 순간에는 없는 것으로, 중생의 분별심에 의해 그렇게 여겨질 따름이다.

일여란 한결같다는 뜻이다. 우리의 인식과 판단에 의해 다른 것으로, 극과 극으로 간주되는 것들이, 눈 있는 자의 안목으로 통찰하면 결코 다른 것이 아니다. 불이不二, 즉 둘이 아니라고 한다. 궂은일과 좋은 일, 일과 휴식, 이것과 저것, 우리의 안과 밖, 너와 나, 중생과 부처, 삶과 죽음, 있음과 없음, 생사와 열반이 모두 일여하다.

이 세상 모든 것을 하나로 뭉뚱그려 볼 때 '보는 그 자'를 제외하면 안 된다. 보이는 모든 것과 보는 그것을 아우르면 무엇이 될까? '봄'이 된다. 이럴 때, 보는 마음과 그 '봄'에서 파생되어 존재로 드러나는 세상, 그 안의 모든 것은 둘이 아니요, 하나다. 현대 물리학은 말한다. 아무것도 없는 공간이라 해도 오직 우리가 볼 때만 존재한다고. 일체가 다 마음의 꿈이라는 결론이다. 그러니, 이 세상 일장춘몽 속의 모든 것은 다 하나의 마음이다.

이렇게 일체를 꿈으로 보면, 인생의 의미나 그간 우리가 추구해온 가치들이 다 무의미해지고 온통 허무감에 빠질 듯하지만, 사실은 그 반대로, 일체 속에 내재한 참뜻이 그 통찰을 바탕으로 선연히 우리에게 다가온다. 이것이 바로, 우리가 이 존재계의 의미, 참뜻, 진리를 깨달아 그것이 되는 일이다. 우리는 유무의 분별과 자타, 혹은 안팎과 같은 온갖 상대성과 이원적 갈등을 벗어나 영원한 '참'으로 존재하게 된다. 이 일을 불교에서는 일대사一大事라 한다. 태고로부터 영겁까지 영원히 사라지지 않는, 이 우주법계에서 벌어지는 단 하나의 일이다. 이것이 존재계의 목적이다. 세상은 우리의 이 일대사를 위한 도량일 뿐이다.

세계 각지에 선원을 건립하고 한국의 선을 해외에 보급하는 데 진력하셨던 숭산 선사와 관련된 다음 일화를 어디선가 들었다.

미국 어느 지역에서 제자들이 한창 선 센터를 짓고 있을 때, 인근의 일본 선원에 불이 난 적이 있었다고 한다. 보수적인 성향으로 이름난 그 지역민들의 정서로 보아, 그 불은 동양의 불교나 선이 지역사회에 파고드는 것을 경계한 극우파들의 방화로 추정되었다. 그 결과, 어렵게 불사를 이어가던 숭산 선사의 제자들 중에는 심리적으로 다소 위축된 사람들이 있었고, 급기야 스님이 들러 법문하실 때, 한 사람이 근처의 일본 절이 불탄 일을 상기시키며 다음과 같이 질문하였다.

"스님, 그 사람들이 우리 선 센터도 불 지르면 어떻게 하죠? 그동안 우리가 선원을 세우기 위해 애쓴 노력이 다 수포로 돌아가잖아요?"

그러나 숭산 스님은 특유의 위트로 대답하셨다.

"걱정 마세요. 불사佛事는 결코 수포로 돌아가지 않아요. 그 사람들이 불태우면 우리는 다시 지으면 돼요. 그래도 불태우면 또 다시 짓고. 한국에서는 천오백여 년 동안 전란이 있을 때마다 침략자들이 절을 불태우곤 했지만, 그때마다 번번이 다시 지었거든요."

물이야!

　　여기 문수산 자락에 와서 사는 오륙년은 유달리 물 때문에 애
를 먹었다. 첫 해에는 장마가 심하여 곳곳이 물러나고 터지고 넘
치는데 개구리만 시도 때도 없이 개굴거려서, 여기가 봉화군 '물야
면'이라서 온통 '물이야, 물이야!' 할 일밖에 없다고 투덜댔었다.
　　절의 식수원은 도량 위쪽의 골짜기였다. 전에 살던 스님이 계
곡물을 끌어 도량에 내려오게 해 놓아서 봄여름가을은 그럭저럭
물 걱정 없이 지낼 줄 알았으나, 추워지니 문제였다. 골짜기가 깊
지 않아 원천적으로 수량이 풍부하지 않은 데다, 한겨울이 되면
그마저 꽁꽁 얼어붙어 버렸다.

도량이 자리 잡은 이곳 달밝골은 터가 비교적 넓고 멀리 소백산 안대가 시원스레 유장하다. 마을 사람들한테 들은 전설에 의하면, 의상대사가 원래 이곳에 가람을 창건할 뜻이었다가 내키지 않는 점이 있어 봉황을 날려 새 터로 찾은 곳이 바로 지금의 봉황산 부석사 자리라고 한다. 경망스럽게 농담하자면, 의상대사께서 선견지명으로 훗날 이곳에 법화도량이 들어설 것을 미리 아시고 화엄도량인 부석사는 봉황산에 세우셨는지도 모른다. 무엇보다 골짜기가 깊지 않아 식수 조달이 원활치 않을 것 같아서였을 듯하다.

　여기 온 다음 해에, 상수 문제를 근본적으로 해결하기 위해 없는 살림에 큰돈을 들여 관정을 했으나, 며칠간 암반층을 뚫고 뚫어 결국 끌어올린 물이 강원도의 오색이나 인근의 오전 약수처럼 철분이 많이 섞인 탄산수였다. 그 물로 밥을 하면 흰쌀밥이 연두색으로 변했다. 빨래도 변색이 심하여 마음 놓고 쓸 수가 없다고들 했다. 다른 도리가 없어, 절 아래 우사에서 관정한 물을 겨울철에 한하여 얻어 쓰기로 하고, 배관 공사를 위해 포클레인으로 자갈땅을 파냈다. 그 작업 도중 하마터면 포클레인에 탄 채 벼랑으로 굴러 떨어질 뻔하기도 했다. 그렇게 우여곡절 끝에 얻어낸 물이지만, 그마저도 수량이 아주 충분하지는 않았다.

　재작년엔 극심한 가뭄으로 장마철이 되어도 연못에 물 채우기조차 어려웠다. 40년 이래 최악의 가뭄이라는 그 해 동안거 중에는 우사의 물이 바닥났고, 주인은 소 먹을 물도 부족한데 절 식구들한테 계속 대줄 수 없다고 했다. 우리는 119에 탁발을 해서 소방차가 여기저기서 날라다 주는 허드렛물을 생활용수로 쓰고, 음용수는 생수를 사다 먹었다.

오던 해는 이전투구 격으로 물싸움을 했다. 법당 주변의 땅을 고르고 밀어낸 흙을 연못 위 둑으로 만들었더니, 직후에 심한 장마가 시작되어 하루가 멀다 하고 터져 물러 내리는 통에 망연자실할 때가 많았다. 에고, 물이야……

장마철인데도 가끔 때아니게 골짜기로부터의 급수가 끊어지는 경우가 있어 공양간이 돌아가지 않기도 했다. 알고 보니, 도량 위 밭을 부쳐 먹는 동네 사람이 제 과수원 농약 칠 물을 쓴다고 우리 수도관을 잘라 제 쪽으로 끌어가기 때문이란다. 관을 T자로 연결해서 같이 쓸 수 있도록 했더라면 그나마 나았을 텐데, 아무 말도 없이 우리 쪽으로 흘러가는 상수관을 아예 싹둑 잘라버리고 제 쪽으로 끌어다 쓰는, 그야말로 아전인수我田引水가 뭔지를 보여주는 작자의 소행이었다. 동네 사람들도 그를 아예 상종하지 못할 불한당이라고 말하였다. 절에서는 다들 그 자를 멧돼지라는 별명으로 부르기 시작하였다.

어느 날, 절에 와 있던 거사님들이 나서서 멧돼지를 만나보고 나더니, 사리를 들어 따지거나 합리적으로 설득하는 것이 도무지 불가능한 사람 같다고 했다. 결국, 새 수도관을 사다가 저 위 골짜기 집수하는 데서부터 멧돼지가 부쳐 먹는 밭까지 새로 깔아줄 테니 우리 수도관은 앞으로 건드리지 말아달라고 사정한 끝에, 겨우 합의를 보았다는 것이다.

그런데 다음날, 막상 사람들이 약속한 대로 새 상수관을 깔려고 하자, 멧돼지는 어제 말한 대로 못하겠다고 다시 어깃장을 놓았다. 지금 절에서 쓰는 상수도의 배관 공사는 자신이 전에 절에 살던 스님과 함께 직접 한 것이기 때문에 아직 자기한테 권한이 있고, 어디까지나 자기 맘대로 하겠다는 것이었다. 어쩌다 일할 사람이 없다 보니 전에 살던 스님이 아마 그를 불러다 노임을 주고 일을 같이 했던 모양이었다. 어찌 됐건 자기가 일해서 설치한 것이니 자기 것이라는 해괴한 논리였다. 절 거사님들로부터 거기까지 전해 듣는 순간 갑자기 분노가 솟구쳤다. 이런 짐승 같은!

나는 마침 밭에서 일하고 있던 멧돼지에게 달려갔다. 너 같은 인간쓰레기는 없어져야 한다고 소리소리 지르면서 덤벼들었다. 멧돼지는 쇠스랑을 꼬나짚고, "그래, 어디 쳐 봐. 니가 죽나 내가 죽나 보자. 쳐 봐. 어디 한번 쳐 보라고!" 하고 약을 올렸다. 내 서슬을 보고 급히 뒤따라온 도반스님이 나를 붙들고 결사적으로 말리지 않았더라면, 정말 둘 중 하나가 몸싸움하다 죽었을지도 모르는 험악한 상황이었다.

나를 떼어 말렸던 도반스님은 수행자라는 사람이 자신의 화 하나를 감당하지 못하는 나한테 너무 실망하셨는지, 결국 도량을 떠나셨다.

그리고 나중에 이 일을 예로 들어, 수행자가 화를 내는 게 과연 맞는 일인지를, 모시고 수행하는 스승께 여쭈었다고 한다. 티벳 까규파와 닝마파의 법맥을 계승한 종사인 그 중국 스님의 대답을 그 뒤 나에게 전해주기도 하셨다.

"수행자는 이해관계가 걸린 일로 화를 내면 안 된다."

그러나, 그 대답은 나에게 충분히 소화되지 않은 과제로 여전히 귓전에 걸려있다. 내가 화를 냈던 일이 정말 전적으로 이해관계 때문이었던가?

우리는 이해득실이나 시시비비를 가리는 마음 때문에 쉽게 분노하는 것이 사실이다. 정말 지혜로운 마음으로 되돌아와 비춰보면 자타도 이해도 시비도 보잘것없고 헛된 분별일 뿐인데.

그러나……. 원래는 티벳도 없고 중국도 없다고 생각하면 그만일까? 모택동의 공산주의 정권도 없고 달라이라마 승정의 티벳 정부도 실체 없는 허상일 뿐일까? 중국의 티벳 점령도 없고 그 무수한 파괴와 살상도 없고 티벳 난민들의 탈출과 독립의 요구도 의미 없는 것일까? 그러나, 우리는 그런 역사의 곡절과 이 피비린내 속에서 살아가야 하지 않는가?

기질적으로 한국 사람인 나는 저 달라이라마 스님 같은 보살심보다, 임진왜란 당시 서산 스님이나 사명 스님 같은 선사의 처신이나 살활자재殺活自在한 선풍에 더 이끌린다. 그 많은 피붙이들의 처참한 희생과 기나긴 곤경에도 불구하고 불살생의 자비심, 용서와 평화를 일관되게 가르치는 라마의 위대한 덕화에도 고개 숙이지만, 무고한 동족을 살리기 위해 적군을 쳐야 하는, 불자에게는 딜레마일 수 있는 진퇴양난에서 통쾌하게 벗어나, 사선을 넘나들며 피아를 다 조복시켜 교화하는 선사들의 가풍에 무한한 귀의심을 느끼지 않을 수 없다.

그렇다고 해도, 옛 스승들 같은 혜안이나 도력을 갖추어야 그런 '견리사의見利思義 견위수명見危授命'을 실천할 수 있을 터인데, 분명한 것은 지금 나의 처지에서 그런 경지는 감히 넘볼 수도 없이 아득하다는 것이다. 나 같은 중생은 대부분 너무 화가 나서 이성을 잃으면 자신의 마음을 자신도 알 수 없게 되고, 통제할 수는 더더욱 없게 되고 만다.

생각해 보니, 그때 나는 심한 교통사고 후유증으로 일종의 분노조절장애 같은 걸 겪고 있었던 것 같기도 하다. 사고 등으로 뇌 손상을 입은 사람들이 흔히 그런 경향이 생긴다는 사례는 학계에 널리 보고되어 있다. 수행자라는 사람이 제 마음을 조절하지 못하는 것을 구차하게 변명하려 드는 것은 부끄러운 일이긴 하다. 그러나 실제로 돌아보건대, 선원 등지를 거치면서 그때까지 내면의 일이 본분이라고 믿고 그나마 수행한다고 살아온 그 전의 15-20년 동안은 주체 못하고 화를 터뜨린 일이 거의 없는 것 같다.

선방에서 지낼 때 한 도반이 상당히 진지하게 이렇게 물었던 기억이 떠오른다.

"스님은 어떻게 한 번도 화를 안 내고 지내세요? 오래 지켜봤지만 항시 그런 것 같아서, 비결이 있나 하고 물어보는 거예요."

그 스님이 남의 속을 잘 모르고 하는 얘기 같아 아니라고 부정하고 싶은 생각이 앞섰지만, 묵언을 하고 지내던 때라 종이에 짤막하게 적었다.

"만나는 사람마다, 그 사람 안의 슬픔을 봅니다."

사람은 다 슬프다. 세상에서 좀 떨어져야 사람 안의 슬픔이 보이는 것일까? 지금 나는 수행을 벗어나 다시 속된 길에 떨어져 있는 것일까? 스스로 꼬락서니를 보니, 할 말이 없다.

한때는 내가 분노의 감정이나 두려움 따위를 많이 극복한 줄로 잘못 알기도 했다.

인도에서 여행할 때 어떤 사람이 쇠스랑을 치켜들고 달려들었을 때도 그저 말없이 편안하고 흔들림 없는 눈길로 응시할 수 있었다. 그는 마지막 순간 나를 찍는 대신 방향을 살짝 바꿔 땅을 내리쳤다.

산길에서 실제로 멧돼지 가족을 만났을 때도 마찬가지였다. 놈들은 저만큼에서 땅을 뒤져 뭔가를 파먹고 있다가 그 중 한 마리가 힐끗 나를 쳐다보더니 무섭게 돌진해오기 시작하자 곧 뒤따라 떼 지어 돌진해왔다. 예닐곱 마리가 달려오는데도 이상하게 마음이 전혀 동요하지 않아 그냥 태평스레 지팡이에 턱을 괴고 바라보고만 있었다. 그러자 나 서있던 자리로부터 불과 몇 발자국 앞에서, 앞장서 달려들던 놈이 휙 마지막 방향을 틀어 산으로 뛰어오르자, 뒤따르던 놈들도 약속이나 한 것처럼 똑같이 나를 중심으로 반원을 그리며 산으로 도망치듯 달려 올라갔다.

숲에서 좌정하고 있으면 새들이 밀짚모자에, 무릎에 앉아서 놀았다.

뱀은 더 영물 같았다. 마주치면 인사하고 최면을 걸며 데리고 장난을 하기도 했다. 산길에서 만난 어느 까치살모사는 처음에는 발자국 소리에 날듯이 빠르게 저만큼으로 도망쳤지만 고개를 들고 나를 물끄러미 바라보고 있기에, 다가가서 너도 보리심을 발하라고 일러주며 얼마간 편안한 마음을 보냈더니, 마치 힘이 다 빠져 늘어진 것처럼 땅에 한동안 누워있다 떠나기도 했다.

그러나 지금 이게 다 무슨 짓이란 말인가? 수행만 생각하고 지내던 착한 한때의 일에 지나지 않는다. 누구나 그럴 때도 있을 것이다. 길은 멀고 멀다.

스승의 눈길

　화뿐만 아니라 마음 안의 모든 업장을 녹이는 데 밝고 인자한 스승을 모시고 지내는 것만 한 일이 없다. 존재계를 관통하고 견인, 추동하는 인과의 법을 꿰뚫어 체득하고, 어리석은 제자의 마음 안팎에 엉긴 고통을, 한 몸처럼 여기는 연민과 자연스럽고 즉각적인 자비심으로 풀어내는 스승의 친존 가운데서 지내는 시간보다 더한 축복은 없다. 두 눈 어둔 수행자가 길을 나설 때 가장 소중한 것은 눈 밝은 스승을 만나는 일이며, 나아갈 때 모든 장애와 고단함을 넘어서며 끝까지 길 잃지 않게 하는 것 또한 스승의 자비로운 눈길이므로, 스승은 가히 수행자가 목적지에 도달하는 데 절반이나 일부에 해당하는 조건이 아니라 절대의 조건이며, 성취를 담보하는 완전한 조건이다. 제대로 된 스승을 만나 그 곁을 떠나지만 않으면 수행을 성취하는 것은 실로 정한 이치다.
　그런데 매우 역설적이게도, 제자가 스승의 곁을 떠나게 되는 계기 또한 흔히 자아를 건드려 부수는 스승의 자비로운 매질과, 스승이 보이는 격 밖의 처신을 제 깜냥으로 도저히 납득할 수 없고 받아들일 수 없어 일어난 분노 때문이다. 이 시비심이나 분노를 꺾을 수 있는 것은 다름 아니라, 이 길을 통하지 않고서는 다른 어디에서도 나와 남의 고통과 슬픔과 두려움과 분노와 무명을 벗어날 기약을 할 수 없다는, '법法, Dharma'에 대한 귀의심, 그리고 그것을 구하는 보리심, 나아가 그것을 온전히 구현하고 성취하신 '스승'에 대한 온전한 믿음과 귀의심뿐이다. 스승과 제자가 만나 사제의 의를 이루는 것은 스승의 보리심과 제자의 구도심이 만나는 일이며, 제자로 하여금 스승을 끝까지 떠나지 않게 붙드는 것은 바로 스승의 스승됨과 스승의 가르침, 그 자비심에 대한 믿음이다.

지금 세계적으로 가장 널리 보급되고 있는 티벳 불교의 황금 같은 전설의 시대는 틸로빠, 나르빠, 마르빠, 밀라레빠로 이어진 시간이었다고 할 수 있다. 금빛은 시간에 변하지 않는다. 녹슬지 않고 삭아 없어지지 않는다. 선의 역사도 마찬가지지만 어떤 불교의 전통에서도 그 황금시대는 스승과 제자의 유대가 황금 같은 시간이었고, 제자의 스승에 대한 귀의심이 진금 같은 시대였다. 스승이 제자의 아내를 빼앗아 데리고 살아도 제자의 믿음이 금가지 않는 시간, 제자로 하여금 사거리에서 똥물이 담긴 대야를 이고 있게 하고, 길거리를 지나는 사람마다 비웃고, 침 뱉고, 발길질을 한다 해도, 제자의 스승의 자비심에 대한 철석같은 믿음이 흔들리지 않는 시간, 이 자리가 천혜의 수행터니 여기다 토굴을 지으면 수행법을 전수해 줄 거라고 했다가, 기껏 다 지어가면 번번이 술 마시고 와서 발로 차 부수면서, 언제 내가 여기다 지으라고 했더냐며, 여기 말고 저기가 진짜 명당이니 저기다 다시 지으라고 하는 미친 스승을 끝내 배반하지 못하는 제자의 일편단심이 변하지 않는 시간이었던 것이다.

아름다운 이야기 한 편이 있다.

한 제자가 깊은 귀의심으로 스승에게 와 여러 해를 지냈다. 오로지 스승이 법을 전수해주기만을 바라며 하늘같이 모셨으나, 스승은 그다지 거룩한 행을 보이지도 않았고 제자의 마음을 잘 헤아려주지도 않았다.

오다가다 만나는 사람들한테도 항상 법을 설하고, 자기처럼 스승을 잘 모시지도 않는 제자들은 흔쾌히 받아들여 가르치고 심인心印을 전하기도 하면서도, 정작 가장 가까이에서 입안의 혀처럼 시봉하는 제자에게는 첫 입문식인 관정灌頂조차도 해주지 않았다. 초지일관 화를 내고 막대하며 부려먹기만 했다.

허송세월만 하는 것 같아 스스로가 너무나 한심하게 느껴진 제자는 가끔 제게도 관정만이라도 해주십사 애걸했으나, 네깟 놈은 아직 멀었다고 쏘아붙일 뿐이었다.

그런데 어느 날, 스승은 돌연 제자에게 먼 길을 떠나자며 채비를 하게 했다. 스승은 한사코 길을 독촉하더니 어딘지도 모를 사막 한 가운데로 데리고 갔다.

"자, 여기서 너에게 관정을 해주겠다. 이곳에 있는 모래로 만다라를 만들어라."

스승의 느닷없는 선언에 제자는 감읍하였다.

그러나 다음 순간, '가도 가도 모래벌판뿐인 여기서 어떻게 만다라를 만들지?' 하는 생각에 망연자실하고 말았다. 티벳 불교의 관행에 의하면, 관정식은 제자가 만든 만다라를 제자의 머리에 얹고 시작하도록 되어있었다. 방법을 여쭤볼까 했으나, 스승은 그 새 저만큼 멀어져가고 있었다.

궁리를 거듭한 끝에, 제자는 모래바닥에다 오줌을 누었다. 다행히 고운 모래에 수분이 더해지자 점성이 조금 생겼다. 이걸로 만다라를 만들면 스승께서 자기 머리 위로 들어 올릴 수도 있겠다는 생각이 든 것이다.

"다 되었느냐?"

또 그새, 바람같이 나타난 스승이 물었다.

"네, 스승님……."

"어떻게 만들었느냐?"

"여기 땅바닥에다 오줌을 누어서 만들었습니다."

"예끼, 이런 더러운 놈아!"

스승은 다짜고짜 오줌 묻은 흙모래덩이를 두 손으로 움켜 올리더니 제자의 면상에다 내리 처발랐다.

그런데 그 찰나에, 제자는 굳어서 끝을 알 수 없는 삼매지경에 빠져들었다. 얼마나 시간이 지났을까? 지복의 선정에서 깨어났을 때, 제자는 자신이 이미 구경의 깨달음을 성취했음을 알았다.

스승은 멀리 떠난 후였고, 그 후로는 다시 만날 수 없었다.

우리는 스승의 자비심에 목말라 하면서도 그것을 잘 알아보지 못한다. 그것이 얼마나 소중한지도 모르고, 너무 쉽게 잃어버린 후에 다시 그것을 그리워한다. 더 어이없는 것은 어쭙잖게 스승을 재보려고 하고, 제 깜냥으로 판단하고, 그리고 마음에 들지 않는 것에 감히 분노한다는 것이다. 그런 사람은 아직 스승을 만난 것이 아니다. 진정으로 스승을 뵙기까지는 몹시 몹시 더 울며 가야 한다. 여러 생이 걸릴 수도 있다.

사고의 여파

　서울 떠난 지 육칠 년째다.

　2년 남짓의 서울 길상사 시절은 그리 떠올리고 싶지 않은 기억들이 대부분이다.　산에만 살다가 갑자기 다시 시작된 서울생활은 이미 오래전 입산 출가할 때, 다시는 뒤돌아보거나 돌아오지 말자고 다짐했던 도시, 그 원점으로 퇴타한 느낌이었다고나 할까.　내키지 않는 곳에서, 말할 수 없이 황폐해진 심신을 이끌고 몹시 거칠게 살았고, 주변에는 실망스런 사람들도 많았으며, 어쩌면 나도 그들에게 많은 실망을 안겼고, 내내 별 보람도 느껴지지 않는 일투성이었다.　그리고 그곳에서 스승을 여의었다.

　역경에서 얻은 소중한 것이 그래도 있었다면, 물론 좋은 사람들이다.　많지는 않아도, 모래무지 속의 순금 같은 사람들, 진흙탕 속의 연꽃처럼 나를 맑히는 몇몇의 사람들을 만났었다.

　내키지 않는 걸음으로 산을 떠나 서울길로 나섰던 것은 우선, 길상사를 찾는 불자들을 위해 귀경하라는 말씀이 스승이 제자에게 하는 이승의 마지막 당부로 들렸기 때문이었다.　나 자신이 비교적 정상적인 심신으로 살아갈 날이 과연 얼마나 되랴 하는 심정

도 있었다. 교통사고의 후유증이 아직 만만찮게 느껴지던 시점
이었으므로, 온전치 않은 몸뚱이와 정신으로 금생에 정상적인 수
행을 계속하기는 이미 틀렸고, 애초에 두었던 뜻과 인연을 따라
뭐든 할 수 있는 것을 하다 죽자고 생각했다.

예전에, 어떤 사람이 자기도 출가하고 싶다고 하면서 도대체
언제가 출가를 결행해야 할 결정적 시점이냐고 물었을 때, 나는
출가란 마치 교통사고처럼 예기치 않게 일어나는 일이지, 자기가
할까 말까 하는 생각이 추호라도 남아있으면 아직은 그때가 아니
라고 대답한 적이 있었다. 그렇게, 우리의 인생에는 치명적인 전
환의 계기들이 여기저기 매복하고 있다가 우리를 덮친다.

길상사로 가기 전, 소백산 산골 빈집을 빌어 홀로 지내던 4년
정도의 기간은, 혼자서 감내해야 할 우여곡절도 많고 그 와중에
답답함이나 존재의 슬픔이 슬그머니 머리를 드는 경우도 가끔 있
었으나, 대체로는 긴 평온과 적적함을 유지했던 시간이었고, 사
고가 나던 그날은 어떤 여신도를 아침 출근시간에 맞춰 집에 데려
다 주러 가는 길이었다.

그렇다고 그 토굴이 그렇게 사람 발길이 잦은 곳은 전혀 아니
었다. 스님들조차 내방하는 사람은 극소수였다. 정기적으로 찾
아오는 사람은 도반스님 한 분. 일 년에 한두 차례 꼬박꼬박 들러
크나큰 도움을 주고 가시곤 했다.

전에 함께 지내던 불일암에서 떠나올 때, 남아 정진하게 된 그
도반스님에게, 나는 스님들의 수행을 뒷바라지할 수 있거나, 스
님들께서 잘 이끌어주면 좋겠다고 여긴 재가수행자 몇몇을 소개
해드리고 왔었다.

지금 말하려고 하는 교통사고를 함께 당한 그녀는 그 가운데 한

사람이었는데, 당시 상기병上氣病으로 많이 힘들어하고 있다는 말을 도반스님으로부터 전해 듣고, 그냥 지나쳐버리지 못하고 마음을 쓰게 된 것이 사고의 발단이었다. 상기란 지나치게 조급한 마음으로 수행에 골몰할 때 기혈이 상체 쪽으로 솟구쳐 올라 편안하게 내려가지 않고 역류하거나 조화롭게 순환하지 않는 심각한 병증으로, 예전 운문암 선원에 지낼 때 몸소 호되게 앓아본 경험이 있던 나는 도움이 될 만한 조언을 해 주려고 했는데, 그것이 그런 결과를 불러온 것이다.

소백산 토굴로 한번 찾아와보라는 전언을 듣고 그녀는 수행에 관심을 가진다는 같은 회사 후배와 함께 주말에 내려왔다.

돌아갈 때가 되었을 때, 근처에 부모님 계시는 고향집이 있어 들렀다 상경하겠다는 후배를 먼저 챙기느라, 그녀는 서울행 막차를 놓치고 난감해했다. 벌레 따위가 차에 부딪혀 숱하게 죽어나가는 것을 보고 밤운전을 될수록 하지 않으려 했던 나는, 다음날 날이 샌 후에 출발해서 출근 시간에 늦지 않도록 집 가까이까지 데려다 주마고 달랬다.

새벽녘에 가까운 이른 아침 길을 나섰다.

　몰던 차는 중고이긴 했지만 도반스님이 있던 돈을 다 털고, 여기저기 탁발까지 해서 구해주신, 신형 밴이었다. 좌석은 앞에 둘만 있고, 대신 뒷공간이 틔어 있어 장작이든 뭐든 상당한 양의 짐도 실어 나를 수 있었다. 보통 그 짐칸에는 바닥 전체에 깔리는 두툼한 방석을 놓고, 떠돌다 경치 좋은 데를 만나면 차를 대고 거기서 참선을 하거나 잠을 청하기도 했었다.

　그녀는 쉽게 상기되는 사람들이 대개 그렇듯이 좀 신경질적이고 과민한 성격인 것 같았다. 토굴살이 하던 스님이 먼 길을 태워다주는 아량에 고마워할 줄은 전혀 모르고, 졸려 죽겠는데 이른 꼭두새벽에 일어나 왜 이렇게 먼 길을 가야하는지 모르겠다고 툴툴거리더니, 짐칸으로 옮겨가 슬리핑백을 풀어 덮어쓰고 내내 잤다. 두어 시간 만에 서울 시내를 지나면서는 교통량이 많아지고 복잡한 길을 잘 알 수도 없기에, 앞으로 와서 길안내를 좀 하라고 해서야, 슬리핑백을 뒤집어쓴 채 앞자리에 와 앉았다.

　자유로! 이른 월요일 아침의 자유로 하행선은 툭 트여보였다. 비행기라도 활주할 수 있을 듯, 그 넓은 차로가 텅 비어서, 어쩌다 차 한 대씩만 드문드문 질주했다.

　그런데 갑자기, 아주 갑자기, 전방 차로에 떨어져 있는 무슨 물체가 시야에 들어왔다. 콘크리트 포장도로와 비슷한 색깔이어서 미리 눈에 띄지 않았던 것 같다. 아주 급하게 핸들을 오른쪽으로 꺾었다가 다시 왼쪽으로 되돌렸다. 그러나, 한 번 휘청했던 차는 중심을 잡지 못하고 핸들조작과 관계없이 움직이기 시작했다. 이럴 때 브레이크를 밟으면 그걸로 끝이라는 생각이 스쳐 핸들만 단단히 움켜잡으려 했으나 보람이 없었다. 연거푸 심하게 흔들흔들

하며 갓길 쪽으로 밀려갔다. 속도가 줄지 않은 상태에서 갑자기 쾅 소리와 함께 차가 왼쪽 측면부터 땅에 부딪히며 뒹굴기 시작하였다. 처음 차의 왼쪽 면이 도로에 부딪힐 때 나는 의식을 잃었다.

다시 정신이 들었을 때는 의사가 수술을 위해 집도를 준비하고 있었다. 온몸 여기저기가 너덜너덜해진 것 같았고 말을 듣는 부위와 망가져서 말 안 듣는 부위가 얼른 분간이 가지 않았다. 외상은 얼굴 왼쪽 입가와 코언저리에서 시작하여 귀까지, 그리고 거기서 다시 머리 뒤쪽까지가 제일 심한 듯 느껴졌다.

"꿰매실 거예요?"

"네. 깨어나셨네요."

"마취 하지 말고 수술해주세요."

"안 될 텐데요. 어떻게 참으시려구요?"

"난 스님이에요. 참는 게 일인 사람요."

"그럼 해 보겠습니다. 참기 힘들면 말씀하세요."

몇 차례 찢기거나 깨진 데를 꿰매는 수술을 받아본 적이 있어서, 마취를 했을 때보다 하지 않을 때 훨씬 회복이 빠르고 경과가 좋다는 판단을 하고 있던 터라, 그 경황에도 그런 말이 나왔다. 살에 메스나 바늘이 들어갈 때의 통증은 생각처럼 크지 않다. 통증의 반 이상은, 몹시 아플 거라는, 두려움이 빚어내는 상상의 소산이기 때문이다.

무엇보다 꼴이 말이 아니었다. 빨리 꿰매주기만 하면 서둘러 절에 돌아가야지 하고 생각했다.

창피하다고 생각하면, 중이 되어 당하는 일은 창피한 것이 한두 가지가 아니다. 중은 차 몰고 다니는 것만으로도 어떤 때는 창피하고, 그렇다고 자전거를 타는 것도 어색하고, 오토바이를 탄다면 더욱 더 창피하다. 차를 몰다 사고까지 나서 의사한테 제 몸뚱이 망가진 꼴을 드러내고 있자면 이게 무슨 수모며 창피란 말인가.

자고로, 중은 절간이나 숲속에서 수행정진하고 있지 않으면 어디서 뭘 해도 별로 모양이 나지 않는다. 어쩌면 이것은 위없는 지혜를 증득하신 부처님께서, 중이 된 제자들에게 딴짓 못하고 오로지 수행에만 매진하도록 만드신, 대자비의 덫일까?

"엎드리실 수 있겠어요?"

"네."

대답은 했지만 생각뿐이고 몸이 말을 듣지 않았다. 표정을 보았는지, 간호사들이 내 몸뚱이를 굴려 뒤집었다.

"지금 제 몸이 어떤 상태죠?"

"환자분은 말하지 마세요."

"……"

"출혈이 심하셔서 수혈했구요, 뇌출혈도 조금 있으신 것 같고, 허리 쪽 척추에 골절이 상당히 있어서 마비가 오거나 거동이 불편하실 수 있을 거예요."

"차에 같이 탔던 사람은요?"

"심각한 외상이나 큰 문제는 없으신 것 같아요. 진료중입니다. 다시 말 걸지 마세요."

뒤통수 깨진 곳들은 바느질을 하지 않았다. 대신 스테이플러 같은 걸로 갈라진 살을 눌러 오므리고 탁탁 쏘아대기 시작했다. 이것은 모욕적인 느낌이었다. 의식이 깜박깜박 다시 어디로 달아나려고 했다. 언짢은 기분을 누르며 애써 정신을 수습했다. 어떻게 사람 머리통에다 대고 호치키스를 박지? 그러나, 창피한 환

자가 된 주제에 이 정도를 가지고 항의까지 할 일은 아니다. 아마
도 일요일 밤부터 당직을 서던 그 의사는 인턴이거나 경험이 많지
않은 사람일 것이다.

그보다, 그가 저지른 부주의나 더 큰 실수는 다른 데 있었다.
교통사고로 으깨지거나 갈라진 상처 속에 자잘한 차의 유리파편
따위가 박혀있을지 모른다는 가정을 해보려고도 하지 않았던 것
이다. 상처 부위를 씻어내지도 않고, 벌려 확인해보지도 않고 그
냥 덮어 호치키스로 박아버렸다. 유리조각 따위의 불순물은 피
부 속에 들어있는 채로 봉합되었다. 객관적으로 보아 사람이 죽
느냐 사느냐 하는 응급상황이었을 테니 그럴 수도 있었겠다는 생
각이 들기도 한다. 사람은 의식만 있으면 제 기분과 판단을 앞세
우므로, 제반 상황과 다른 이의 입장은 잘 고려하지 않는다.

그날 밤은 중환자실에서 새다시피 했다. 죽어가는 사람, 죽다
만 사람, 온갖 환자들의 신음소리가 아비규환을 이루고 있었다.

다음날, 도반스님이랑 지인들 몇 분이 왔다. 도반스님은 더 나
은 진료를 받게 한다고 나를 좀 더 번듯한 병원으로 옮겼다. 며칠
뒤에는 다시 불교법인인 동국대학교 한방병원으로 옮겨졌는데,
뜻밖에 그곳에서 두 달 가까이를 있게 되었다.

그런데, 그 시간이 내 생애를 통틀어 가장 여유롭고 행복한 여
가가 될 줄이야. 그것은 사고가 났던 일보다 훨씬 더 예상치 못했
던, 몹시 감미로운 생의 변주였다. 많은 부분, 도반스님 덕분이었
다. 간병 차 곁에 남은 그가 모든 것을 지휘했다. 그는 언제나 내
처지와 심신의 상태를 정확히 살피며 돌보고, 입원실에 줄곧 은
은한 꽃향기와 부드러운 치유의 음악을 흐르게 했다. 그러니, 진
실하고 정성스럽게 돌봐주는 불자인 의사도 간호사도 다 관음觀音

의 화현인 듯 느껴졌다. 그 사람들은 우리 방에 진료하러 오는 일
이 마치 스님들 방이나 선원에 들어오는 일 같아, 오히려 자신들
이 힐링이 된다고 말했다.

　나로서는 어느 모로든 해야 할 일에 대한 부담이 조금도 없는
'여가'였다.　아주 오랜만에, 넉넉하고 흔쾌하고 평온한 휴식의
느낌이 아늑히 감싸왔다.　초기에 한두 차례, 멀쩡하게 앉아있거
나 대화하고 있다가 갑자기 의식이 끊기면서 앞으로 고꾸라질 뻔
하기도 했으므로, 의사들도 하루 대부분의 시간을 안정과 휴식을
취하도록 권고했기 때문에, 놀 핑곗거리도 완벽했다.　그저 자고
먹고 쉬는 것이 직무요, 일과였다.
　가끔 가다 얼굴과 머리통 여기저기 살갗 속에서 다시 삐져나오
는 작은 유리조각을 헤집어내는 것은 일종의 취미생활쯤 되었다.
한번은 볼에서 나올 듯 말 듯 한 유리조각을 칼로 헤집고 있었더니,

간호사가 보고 의사에게 알리는 바람에 나는 다시 촬영을 당하고 수술실에 뉘어졌다. 그러나 사진을 보고 가능한 대로 메스를 그어 미세한 유리를 찾아내는 작업은 거의 불가능해 보였다. 사진에는 온통 유리조각 투성이로 보였지만 아주 조금만 빗나가도 칼질 끝에는 걸리는 게 없었기 때문이었다. 내 느낌으로 짚이는 데 여기저기를 그어보도록 해서 몇 조각을 건졌다. 뒤통수에서는 웬 나무 조각이 나오기도 했다.

행복한 날들이 가고 차츰 몸 상태도 많이 나아졌다. 퇴원하기 얼마 전부터는 걸을 수도 있고, 병원 법당에 가서 부처님께 가까스로 절을 할 수도 있었다.

그때의 입원생활과 견주니, 토굴에서 유유자적한다고 지냈던 시간이 오히려 숱한 일감과 골칫거리들에 끝없이 시달리던 날들로 여겨졌다.

은둔 수행처인 '토굴土窟'의 본래적 개념은 '아란야Aranya阿蘭若'. '한정처閑靜處'라고 번역된다. 마을에서 떨어져 개소리나 닭소리가 들리지 않을 만큼 적정하고, 잡다한 세속사 없이 동굴이나 움막 같은 데서 칩거하며 오로지 수행에만 몰두하는 생활이어야 할 테지만, 실제의 내 토굴생활은 본래의 취지를 한참 벗어나 있었던 것이다. 우선, 자취하는 일이 대단히 번거롭고 일이 많았다. 한겨울에 난방을 하지 않아도 육신의 존재를 잊어버릴 정도의 수행력을 갖추지 못한 수행자에게, 겨울나기는 더욱 만만치 않았다. 거의 부엌데기나 나무꾼이 된 느낌이기도 했다.

살던 토굴에 출입하려면 꼭 소백산 발치의 한 마을을 지나야 했는데, 자연히 동네 사람들과의 유대를 적당히 부드럽게 유지하는 일도 과제가 되었다. 대다수가 나이 지긋한 산골마을 농사꾼들은 인정 많은 전형적인 시골 사람들과, 도시에서도 찾아보기 힘들게 메마르고 각박한 사람들로 양분화되어 있는 듯했다.

그 중, 막된 축에 속하는 사람들은 상식이 도무지 통하지 않았다.

좁은 골목에서 차를 몰고 가다 마주치면 이쪽에서 짐짓 미안해하며 양보할 마음을 보여도, 다짜고짜 비키라고 고함치며 삿대질부터 하는 사람, 이장이 무슨 벼슬이라고 모든 일을 안으로 굽는 팔굽처럼 처리하면서도 행세만 하는 사람……

특히 심한 어떤 사람은, 마을을 지나 우리 토굴까지 오는 길을 단 두 집에서 함께 쓰지만 보수나 손질 한 번 하지 않았다. 번번이 나에게 떠넘기면서도 고맙다는 말 한 마디 없이 그저 망가뜨리면서 이용할 뿐이었다. 설상가상으로, 길가나 골짜기에다 온갖 쓰레기를 실어다 버렸다. 우리 토굴로 오는 전선을 주변 나무를 베어가느라 두 차례나 끊어먹고도, 사과 한 마디 없었다.

그는 또 남의 산에 염소를 방목하면서 남의 밭이나 주거에 끼치는 막대한 피해를 전혀 모른 척했다. 염소들은 채소는 물론이고 새로 심은 나무껍질까지 벗겨 먹는다. 도량에 심은 초목이 남아나질 않는다. 항아리 따위 중요한 집기들도 깨뜨린다. 잠깐만 외출했다 오면 마루가 온통 염소 똥 천지. 방에까지 들어가려고 했는지, 문을 들이받아 망가뜨린 적도 있었다. 좌선하고 있다가도 밖에 염소울음소리가 나면 쫓으러 달려나가는 일을 하루 몇 차례씩 반복해야 하는 것이 내 일과였다.

서산대사의 법을 이은 편양 언기鞭羊 彦機 선사 같은 분이 생각나 더 우울해지기도 했다. 그분은 깨달음을 얻은 후 보림保任할 때, 양치기를 하며 양들을 마치 자식처럼 대하고 돌보았다. 비슷한 시기 환양 선사는 백양사 영천굴에서 법화경을 설할 때, 양이 찾아와 설법을 듣고 천도되었다고 한다. 그러나 아무리 생각해도, 말세의 새까만 염소 떼와 어설픈 토굴 중과의 관계는 도무지 어찌해볼 수 없는 악연이었다.

어느 날, 줄기차게 내 처소를 오염시키고 망치는 염소들 타이르고 길들이기에 진력이 나서, 주인을 찾아가 사정을 얘기한 적이 있었다. 그때, 돌아오는 반응이 날 더 허탈하게 했다.

"하, 그래 내 시님 거 살기 전에 그 집을 빌리가 염소막으로 할라 캤는데, 안 했더이 마 이런 일이 생겼네예."

미안하다는 말은 일언반구도 없었고, 속으로도 그런 느낌이 전혀 일어날 일 없는 사람 같아 보였다.

병원에 누워 헤아려보니, 세상의 온갖 번다함을 떠나 홀로 자적하고 수행에만 매진해보리라 했던 토굴살이는 어쩌면 다 무지개를 잡으려던 환상이었던가 싶었다.

그렇게 아등바등 살던 중이 교통사고를 당해서야 마침내 그 소굴에서 벗어날 출구를 찾은 것일까?

환자가 되어 온통 생존을 다른 사람들의 보살핌에 내맡기고 있으면서 행복하기만 하다니, 그 넘치는 여유로움과 행복감이 잠깐의 느낌이 아니라 가도 가도 끊이지 않다니, 처음엔 뇌를 다친 것 때문에 정신이 이상해진 줄 알았다. 그러나, 무슨 연유로 나를 엄습해온 것이든, 그때의 경험은 온통 취할 듯한 행복이었고, 내게 사는 동안 우리가 실제로 누릴 수 있는 행복이란 과연 무엇인지를 뼛속에 새겨질 만큼 절절히 가르쳐주었다.

행복이란 간단히 말해 만족감이다. 만족이란 외부적인 조건만으로 거저 주어지는 것이 아니다. 어디까지나 그것은 나의 내면이 감지하는, 속일 수 없는 느낌이다. 반면, 뜻하는 바가 여의치 않고 무엇인가 충족되기를 구하지만 채워지지 않는 불만족의 느낌을 우리는 불행이라 한다. 이 역시 나의 갈애가 선행先行하고 그다음에, 그것이 해소되지 않은 느낌으로서의 불만족감이 불행으로 자각되는 것이 아닌가?

저마다 자기 안에 갈애渴愛의 그릇이 있다. 당연히 그릇이 작을수록 채우기 쉽고, 크면 클수록 차서 넘치기란 요원해질 것이다. 욕정이 담박하고 마음이 질박하면 작은 일로도 만족스러움을 느끼기가 쉽고 그 과정이 단순하다. 그러나, 욕심이 끝없으면 기갈과 불행감도 그치지 않는다. 애초에 갈애의 독을 갖지 않은 사람은 있지도 않은 독이 차지 않은 때가 있을 턱 없지만, 밑 빠진 독 같은 갈애를 가진 사람은 한시도 그것을 다 채울 수 없다. 정말, 소욕지족少慾知足이다. 욕심이 적어야 비로소 만족할 수 있게 된다. 자고로, 아무도 디오게네스의 만족을 빼앗을 수 없고, 알렉산더를 끝까지 다 만족시킬 수 없음이다.

만족감의 그릇이 차고 넘칠 때 일어나는 느낌이 '감사함'이다. 세상과 삶을 지나는 동안 가슴 밑바닥에서부터 차오르는 감사함이 행복의 증좌라 할 수 있다. 우리가 진실로 내밀한 행복감에 젖어 겨울 때, 무엇인가에, 그리고 모든 것에 감사하고 싶어진다.

내면에서 행복감이 일어 넘쳐흐르기 위해서는 먼저 자기 분에 맞게 그릇을 줄여야 하고 겸손해져야 한다. 우리는 어쩌면 터무니없이 크고 밑조차 빠진 독이다. 어떻게 이 독을 채울 수 있을까? 방법은 하나뿐이다. 자신의 분수와 처지에 솔직해져야 하고, 그릇의 바닥처럼 겸손함으로 세상과 타자들을 받아들이고 담고 품을 수 있어야 한다. 갈애의 그릇이 자기 분에 맞는 크기가 되었을 때, 그 그릇은 행복감으로 차오르고 마침내 옹달샘처럼 감사함으로 넘쳐흐르게 된다.

우리가 행복하기를 바란다면, 그것을 이룰 유일한 길은 단지 욕심을 줄이거나 없애는 것, 다만 내 그릇이 차고 넘칠 준비를 하는 것뿐이다. 욕심으로 무엇인가를 갈구하고 기다리며 그것을 얻어 기필코 자기가 지닌 갈애의 그릇을 채우려고만 하는 것이 오히려 행복을 등지는 길이다. 이 단순한 이치를 모르는 탓에 대부분의 사람들이 평생 속고 속아, 행복을 찾는다면서 사실은 불행을 자초한다.

넘친다는 것은 그릇이 다 찼음을 보여줄 뿐이므로, 넘쳐흐르는 것이 어디로 가는가는 사실 중요한 문제가 아니다. 만족한 마음으로 감사한 마음을 지니게 되었다면 그것으로 된 것이지, 이 감사함이 누구를 향해야 하는지는 별로 따질 문제가 아닌 것이다. 감사의 대상 자체가 없어도 관계없고, 찾지 못했다고 해도 하등 문제 삼을 것이 없다. 존재한다고 믿는 불보살이나 신에게 감사할 수도 있고, 부모나 조상이나 주변의 지인이나, 실제로 도움을 받았다고 생각하는 스승, 지인, 친구 또는 무연해 뵈는 다른 타자,

혹은 운명이나 우연적인 조건, 상황이나 존재계 전체를 향한 것일 수도 있다. 많이 불완전한 인간의 지성이나 인식을 한계를 고려하면, 이런 문제는 단지 사고방식이나 믿음의 차이, 혹은 표현상의 문제에 불과할 수도 있다. 자고로, 모두가 마음에 있고 다만 마음의 일이다.

사고의 충격으로 나는 상당히 갑작스레, 대충 이런 이치를 통절히 절감하게 되었다. 망가진 심신으로라도 단지 이렇게 살아 존재한다는 것에, 이렇게 세상과 타인들을 다시 보고, 얼마간이라도 함께 할 수 있다는 것에 대해, 진심으로 과분하다고 느끼고 새록새록 감사하게 된 것이다.

차가 처음 노면에 부딪히는 순간 나는 의식을 잃었으므로 그 이후의 정황은 다른 사람을 통해 간접적으로만 들었다. 내 차 얼마쯤 앞에서 승합차 한 대가 달리고 있었는데, 그 차 앞에서 달리던 덤프트럭이 싣고 가던 쇠붙이나 콘크리트로 된 물체를 길에 떨어뜨린 것이 사고의 원인이었다고 했다. 앞차가 적재불량으로 떨어뜨린 그 장애물을 급히 피해야 하는 돌발상황에서 그 승합차 역시 중앙분리대를 들이받고 정지하였다. 그런데 그 노련한 운전자는 즉시 문제의 트럭 차량번호를 보고 기억하였고, 연이어 뒤따라오던 우리 차에 벌어지는 사고의 정황까지 정확히 목격하여 경찰조사에서 그대로 증언해주있다고 한다.

놀라면서 핸들을 급히 꺾기는 했지만 짐작컨대 내 차는 아마도 그 장애물을 완전히 피해가지 못하고 왼쪽 앞바퀴의 타이어나 휠이 먼저 손상을 입은 것 같았다. 내가 기억하는 마지막 순간, 우리 차는 춤을 추듯 몹시 위태롭게 흔들리면서 갓길 쪽으로 밀려가더니, 노상에서 갑자기 구르기 시작했다. 그 승합차 운전자는 마지막 순간에 격렬하게 전복되던 차에서 사람이 차 밖으로 튀어나와 갓길의 노상에 나뒹구는 것을 보았다. 아, 저 사람 죽었겠구나 하며 다가가 확인했을 때, 그는 다시 한 번 놀랐다고 했다. 분명 길바닥에 팅겨져 떨어져 내린 사람이 거짓말처럼 큰 방석 위에 누워 있었기 때문이었다. 내가 차의 짐칸에 싣고 다니며 가끔 좌선도 하던 그 방석이었다.

절에서는 주로 좌정할 때 쓰는 그런 방석을 '좌복'이라 한다. 무슨 선연善緣으로 이 죄 많고 보잘것없는 육신을 용서하여, 콘크리트 바닥에서 산산이 부서지기 전에, 그 좌복은 차안에서 먼저 내려와 날바닥 위에 자신의 몸을 펼치고 그 위에 나를 고이 받았을까?

그 승합차 운전자는 즉시 전화로 구급차를 불러, 피를 흘리며 쓰러져 있던 사람을 즉각 병원 응급실에 실어갈 수 있도록 조치했다. 아무리 생각해 봐도 내 이번의 생이 그렇게 불현듯 미해결의 골칫거리로 끝나지 않은 것은 다분히 그 좌복과 그분의 은덕이었다. 치료비며 폐차한 차량과 엉망이 된 심신에 대한 손해보상금을 화물차가 속한 보험회사로부터 받아낼 수 있게 된 것도 마찬가지로 그 사람 덕이었다. 거기까지의 고마움도 이루 다 표현할 길 없는데, 실제로 사고 보상금까지 보험금으로 내가 챙기는 일은 적잖이 민망한 일이어서, 나중에 인연 따라 잘 회향하기로 했다.

이후, 얼굴에 난 흉터를 줄이고 가시게 하는 성형치료까지 몇 차례 받았다. 그래도 손상된 신경이 제대로 회복되지는 않았다. 신경이 엉겨 붙어 눈 깜박일 때 움직이는 근육이 볼의 근육까지 따라 움직이게 하는 바람에 스스로 좀 바보같다 느끼게 되었다.

웃는 웃음이나 표정들이 속으로 느끼는 느낌과 다르게 어색했다. 항상 열감이나 기운이 얼굴 쪽으로 몰리고 전신의 조화가 깨진 느낌은 몇 년이 지나도 지속되었다. 다친 쪽의 치아들은 나중에 근본적인 문제가 생겨 여러 개를 뽑아내야 했다. 균형감각을 잃어 신발을 신을 때마다 비틀거렸다. 그동안 제 잘난 줄 알고 몸으로 부리던 재주들은 더 이상 쓸모없게 되어버렸다. 사고 직후 몸으로 느껴지던 체감 나이는 한 90살쯤.

그런데, 몸이 스스로 건강을 회복하는 능력이 참 모질고 기이한 데다 극성맞게 생각될 정도로 나는 조금씩 조금씩 나아지고 회복했으며 회춘하였다. 기사회생했을 뿐만 아니라, 덤으로 주어진 새 인생을 살게 된 셈이다. 모든 것이 그저 과분하였다.

병원에서 나를 간호했던 도반스님과의 고마운 인연은 여기에 차마 다 적을 수 없다. 큰 뜻으로 한번 세상의 허명虛名을 버린 사람들은 남의 입에 오르내리는 것을 그다지 기꺼워하지 않기 때문이다. ……. 여하튼, 이 모든 감사함이 내 걷잡을 수 없이 막대한 행복의 이유이며, 동시에 그 표현이었다.

그때 나를 돌봐준 그 도반스님과 일전에 히말라야에 다녀오다가 태국을 경유한 일이 있었다. 방콕 시장통에 머무는 중, 스님은 어디 다녀올 데가 있다고 나가셨는데, 돌아오는 길에는 어떤 일본 여자가 함께 왔다. 어떤 스님에게서 배운 관상가라고 자신을 소개한 그녀는, 버스 안에 도반 스님이 들어서는 순간, 평생 이렇게 맑고 밝은 영혼을 담은 얼굴을 처음 본다는 생각에 자기도 모르게 이끌려왔다고 말했다.

그리고는 청하지도 않았는데 유심히 내 관상을 뜯어보더니 말했다.

"스님은 여러 나라의 수많은 사람들을 만나며 사시게 될 거예요."

나는 어이가 없어 시큰둥하게 대꾸했다.

"당신의 관상 보는 실력은 틀림없이 아주 엉터리일 거예요. 나는 지금껏 완전히 그 반대로 살아왔거든요. 산속에서 거의 아무도 만나지 않고 살아요. 앞으로도 아마 그럴 테고."

"글쎄요. 두고 보세요. 암튼 제가 얼굴에서 읽은 스님의 운명은 그러니까요."

사고가 먼저 충격을 입힌 것은 뇌 쪽이었고, 그 여파로 나는 성격과 운명뿐만 아니라, 아예 사람이 달라졌는지도 모른다. 사람의 본성이나 기질은 정해져 바뀌지 않는 것일까, 인연 따라 변해가는 것일까? 제대로 알기 참 어려운 문제이고, 더군다나 잘라 말하기는 더욱 어려운 일이다. 어쨌거나 수행과 깨달음을 통해 그 마음의 주인이 되지 못하면, 사람은 인연 따라 이런 모습을 띠기도 하고 저런 모습을 드러내기도 한다.

뇌에 가해진 충격에다 다른 사람 피까지 수혈 받은 결과인지, 나는 병원에서 나온 지 얼마 되지 않아 모든 것에 감사해하던 여태까지의 태도는 깨끗이 자취를 감추고, 걸핏하면 화를 내는 사람이 되었다. 알다가도 모를 일이었다. 젠장, 이 얼마나 속절없는 도루묵인가? 나쁜 말이나 상대방을 모욕하는 욕설을 거의 하지 않는 티벳 언어권에서는 가장 심한 욕설이 바로, '걸핏하면 화를 내는 사람'이라고 한다.

사고 후 도반스님과 함께 토굴에 막 돌아갔을 때였다.

우리는 마루에 점심을 차려놓고 막 먹으려 하고 있었다. 아래

쪽에는 염소 방목하는 사람이 얻어 붙이는 밭이 있었는데, 그가 개를 한 마리 끌고 와서 밭머리에다 막 묶고 있는 것을 보았다.

그 동네 사람은 염소뿐만 아니라 개나 소도 대량으로 키우고 있었다. 마을 위 한가운데다 떡하니 큰 우사를 짓는 바람에, 한 동네 사람들한테서 좋은 소리를 듣지 못하고 있다는 소문이었다. 토굴에서 마주보이는 골짜기 건너 길가에다는 개를 여러 마리 우리에 가둬 키웠다. 개들은 습성이 사람에게 느끼는 정으로 사는 것일 텐데, 멀리 떨어진 산길 가 우리에 갇혀 정에 굶주리고 지내는 스트레스를, 시도 때도 없이 신경을 거스르는 소리로 짖어대는 것으로 토해냈다. 물론, 그 역시 산중의 고요를 깨뜨리는 혐오 시설이었다.

방목하는 염소들이 남의 밭작물에 끼치는 피해는 아랑곳하지 않던 그 사람은 언젠가부터, 자기 밭 고추나 푸성귀를 자기 염소들이 뜯어먹는 것은 결코 묵과할 수 없다는 듯, 밭 저쪽에 개 한 마리를 묶어둠으로써 염소의 접근을 막고 있었다. 개 짖는 소리가 더 가까워졌다.

그런데, 보자보자 하니까 이제는 우리 토굴 쪽으로부터 접근하는 염소들을 차단한답시고 바야흐로, 다른 개 한 마리를 우리 토굴 코앞에다 묶어두려 하고 있는 것이다.

토굴 경내에는 바위 앞 양지터가 있었다. 그 작자는 그 앞에다 버젓이 자기 벌통을 갖다 놓고 꿀을 따느라, 헛기침도 않고 남에 집에 아무 때나 들락거린 지도 벌써 몇 년째였다. 쓰레기 버린 것도 그 사람이고, 전선 끊어먹은 것도 그이, 길가 아무 데서나 나무를 잘라 가는 사람도 그이였다. 길을 같이 쓰면서도 경운기나 트럭을 끌고 다니며 하염없이 길을 망가뜨릴 뿐, 장마에 휩쓸려 유실

되거나 패여도 손 하나 안 대는 이 역시 그 사람이었다. 내가 그런 사람을 이렇게 오래 그냥 참아 넘기고 살아오다니, 그동안 내가 억지로라도 보인 관용이 과연 무엇이고, 도대체 어떤 결과를 낳았는지 새삼 돌이켜보게 되었다.

정의롭지 않은 관용은 악을 조장할 뿐인가? 선에도 악에도 집착하지 말고 분별을 여의어야 한다는 가르침은 오직 선한 사람에게, 선악 너머의 절대 평온과 대자비를 일깨우기 위해 하는 말일 것이다. 분별 속에서 분별을 넘어서야 한다. 바르게 잘 분별하는 가운데, 안팎의 모든 것을 꿰뚫는 통찰로써 분별을 여의어야 한다.

머물고 떠나기, 바퀴를 탄 행각行脚

　나무는 싹수를 보면 알아본다고, 나와 차 운전과의 인연은 제
법 불길하게, 그러나 역동적으로 시작되었다.

　어쩌다 불쑥, 백양사 운문암에서 운전을 배우게 된 사연을 되
짚으려고 한다.

　그때까지 운문암에서 보냈던 몇 년은 그야말로 꿈결의 이야기
같았다. 언제나 꿈결 같은 시간은 가슴 한 구석에 허전한 여운을
남기고 훌쩍 지나간다. 길지 않다. 기억 속에 가라앉는 시간이
길 뿐이다.

　해제를 해서 스님들은 대부분 흩어져 다음 철 보낼 도량을 찾
아 떠난 후였다. 나는 은사스님께 찾아가 인사만 올리고 다시 운
문암에 돌아와 봄을 맞았다.

　시자스님과 별좌스님만 백암산 7부 능선쯤에 올라선 암자에
그대로 머물고 있었다. 겨울의 사연이 다 지나가버린 자리에는
새싹과 봄꽃이 피어났으나, 그래서 산사는 더욱 적적하게 느껴졌
고, 봄바람만 가끔 남은 사람의 흉금을 뚫고 불어갔다.

큰절에 가봐야 한다는 별좌스님 차를 타고 백양사에 내려간 날
이 있었다. 나도 아래서 볼일이 있어 따라 나섰었는데, 사소한 거
여서 일찍 끝내고, 큰절 경내를 하릴없이 어정거렸다. 별좌는 시
간 걸리는 일이 여러 가지인 듯했다. 다른 산내 암자에도 갔다가,
개울을 막은 호숫가를 오래 배회하기도 하며 기다렸으나, 끝내는
별좌스님 차를 다시 얻어 타고 암자로 돌아가기는 틀렸다는 판단
이 들었다. 다음 날이나 되어야 보던 일이 마무리될 거라 한다.
   "그럼 나 혼자 먼저 올라가야겠네요."
   "그러셔야겠어요."
   "스님!"
   "네."
   "내가 스님 차 몰고 올라가볼까요?"
   "네? 괜찮으시겠어요?"
   "스님이 판단해 봐요, 괜찮을지. 스님이 나 운전 가르쳐 줬잖
아요?"
   "운문암 마당에서 전진 후진 두어 번 해 보신 걸로 운전 다 배
웠다고 생각하시는 건 아니죠, 설마?"
   "전진 후진 할 줄 알면 다 된 거 아녜요? 차가 옆으로도 가
나?"
   "안 될 것도 없겠네요. 어차피 스님이 몰고 그 험한 길 올라가
시면 사고 날 텐데, 스님만 다치거나 죽지 마세요."
   "차는?"
   "차는 적당히 고장 내시는 게 더 좋아요. 어차피 여기저기 손
볼 데가 있어서 카센터에 곧 가 봐야 하는데, 제대로 망가뜨려서
일괄 보험처리하면 절 살림에도 유리하죠."

그렇게 해서 나의 무모한 처녀 운전이 시작되었다.

영화에 나온 부쉬맨이 갑자기 하게 된 운전에 비하면 나의 좌충우돌 무면허 운전은 적잖이 낭만적이기도 할지 모른다. 그러나, 첫 관문부터가 오랜 운전자들도 잘 내켜하지 않는 난코스. 그러니 최소한 무료하지는 않을 것이다. 기대에 부푼다.

중간에 장애물만 만나거나 벗어나지만 않으면 길은 외줄기, 운문암 산길. 중간에 술 익는 마을이야 지나지 않겠지만 등 뒤로는 붉디붉게 타는 저녁놀. 아, 지금은 나그네가 구름에 달 가듯이 갈 수 있는 시대는 아니다. 엔진으로 차바퀴가 도는 말을 잡아타면 창밖으로 쏜살같이 강산이 지나는 20, 21세기. 도를 위해 천하를 버린 납자衲子가 시름 달래던 천봉만학千峰萬壑조차 의구하지만은 않은 난세……

오늘날 갈수록 빠르게 변화해가는 물질문명을 어디까지, 어느 정도 속도로 따라갈 것인가는 세기를 건너온 인간들 모두에게 던져진 난제일 테지만, 그것을 가장 당혹스럽게 절감하는 것은 아마도 가장 고전적인 삶의 방식과 고현古賢의 정신세계를 못내 아쉬워하고 그에 대한 천착을 놓지 못하는 사람들일 것이다. 그 가운데 불도를 따라 출가 수행하는 사람들이 겪는 난관들이 필시 가장 껄끄러울 터.

그렇게 현대문명에 의해 자꾸만 궁지로 몰리는 느낌에서 탈출하기 위해서라도, 나는 차후에 자기 차는 갖지 않더라도 부쉬맨 같은 예기치 않은 상황이 닥치면 차 운전 정도는 할 수 있어야 하지 않을까 하는 생각이 들었다.

시동을 걸지 않은 상태에서 감속, 가속, 변속 페달, 핸들 등을 몇 차례 조작해본다. 할 수 있을까? 일단 기어가듯이 천천히 가보자. 가다 지치면 쉬었다 가고. 세상 모든 일은 이렇게 시작될 것이다. 언제나 원칙은 매우 쉽고 단순하다. 이 가운데 설렘과 가슴 뛰는 낭만도 배어들 수 있다. 운전면허 학원에서 바보취급 당하며 배우고 억지로 연습해서 면허증 따는 과정 따위에 무슨 낭만이 파고들겠는가?

간다. 봐라. 차가 움직이지? 이때 드는 첫 느낌은 차 모는 게 자전거 배우기보다는 훨씬 쉽고 신기하다는 것이다. 어려서 넘어지고 여기저기 깨져가며 자전거 타기 연습하던 것은 이에 비하면 서커스의 곡예수준이었던 것 같다. 서커스 곡예라면 차라리 완전히 숙달하고 나면 남에게 자랑할 만큼 근사해보이기라도 하지.

그런데, 산길 초입의 암자를 막 지나쳐 가려 할 때 위에서 거침없이 내려오는 택시를 만나고 말았다. 브레이크! 후진 기어. 뒤로 출발! 핸들, 어느 쪽으로? 어, 이쪽 아니다, 반대로. 그렇지. 너무 가지 않게, 핸들 풀고. 됐다. 끼익, 정지. 택시는 휙 지나쳐 간다. 내가 처음 운전해보는 사람이라는 사실은 아마 꿈에도 몰랐겠지. 그래도 조금 긴장되려고 한다.

가자, 다시 천리 길. 천 리 길도 한 바퀴부터다. 암자 지나고부터는 경사가 갑자기 가파라진다. 어, 차가 너무 슬금슬금하네. 예기치 않게 시동이 꺼져버린다. 위험, 브레이크! 다시 시동. 출발. 어, 또 꺼졌다. 급브레이크! 갈 길은 먼데, 너 왜 뒤로 가니? 어쩌지? 좋아. 원점에서 다시 시작하자. 후진, 후진, 후진, 어 너무 빠르다, 브레이크. 비탈길에 놓인 바퀴는 왜 이다지도 위험한가. 브레이크, 브레이크! 휴, 정지했다.

다행히 여기는 안전한 평면이다. 출발부터 다시 점검. 시동에 문제가 있나? 걸어보자. 아니다. 그렇다면 문제는? 필시 별좌스님이 누누이 강조했던, 그놈의 '반 클러치'가 아직 숙달되지 않아서일 것이다. 비탈길에서는 반 클러치가 원래 안 되는 것인가? 그렇진 않겠지. 그렇다면 이 상황에서 난관을 헤치고 목적지까지 가는 길은 무엇인가?

1. 비탈길에서 정차하지 말 것.

2. 절대 비탈길에서 정차하지 말 것.

왜 처음엔 정차했지? 시동이 꺼졌었다. 왜 그랬을까? 경사를 치고 오르기엔 가속이 부족했을 것이다. 천천히 되는 대로 올라가면 되겠지 했던 생각이 너무 안일했다. 좋다, 결론.

3. 충분히 가속할 것.

충분한 가속을 위해 한참 뒤로 차를 더 물렸다. 시동 걸고 출발. 곧 2단. 좋다. 가속페달 더 밟고 3단. 자, 3단 기어에 맞는 속도는 시속 30~40km라고 했다. 더 밟아야 한다. 더!

와, 너무 빠르다. 정신없어라. 그래도 정신 차려라. 계속 밟아야지! 생각보다 약간 빨리 핸들을 꺾어야 차체가 길에 맞게 커브를 도는구나. 아, 저기 골짜기 건너 급커브! 돌자마자 양쪽에 바위. 어쩌지? 밟아. 그래도 밟아야 산다. 밟자마자 최대한 빠르게 우회전, 알았지? 좋아, 개울 통과. 우회전! 앗! 위험, 급좌회전! 쾅! 그래도 차는 달린다.

유리가 내 얼굴을 때리며 차 안에 흩어졌었다. 아, 그래도 나는 괜찮다. 오직 전진할 뿐이다. 아마도 차가 바위를 스치거나 부딪히지는 않은 것 같다. 얼마나 놀라운 운전 실력인가. 그 바위 사이 ㄱ자 비탈 코스를 시속 40km로 통과해오다니! 그런데 뭐가 깨져서 유리가 날아왔지? 창은 내려져 있었는데. 지금 그거 따질 시간이 어디 있냐? 핸들이나 잘 잡아. 그리고 초지일관 밟아야지. 어, 저기 포행하던 스님 한 분이 산길을 내려온다. 인사고 뭐고, 통과. 아, 문명의 속도가 이렇게 사람을 무례하고 정신없게 만드는구나.

암자 아래 급경사 길에서는 차가 엔진이 터질 듯 더욱 기염을 토했다. 절 마당에 드디어 도착하였다. 어떻게든 해냈다. 그리고 살았다.

내려서 살펴보니 아까 부딪혀 깨진 것은 백미러였다. 백미러가 길가의 나무에 부딪혔나 보다. 차를 충분히 고장 내는 데는 실패했다. 차 안의 유리 파편을 치워야 하고 수리비 몇 만원은 내가 물기로 했다.

그리고 이렇게 배운 부쉬맨식 운전이 뒷날 나의 운명을 몇 번이나 바꿔놓는 전환점이 되곤 했다.

첫 번째 사고가 난 것은 그로부터 많은 세월이 지나서가 아니었다.

은사스님은 송광사 불일암에 18년 가량 머물다 강원도로 떠나신 후에도 줄곧 따뜻한 남쪽을 그리워하셨다. 강원도 산골의 자연이 은둔하기에는 좋아도 한겨울의 추위나 삭막하고 고적한 주변이 당신이 태어나 자란 남녘의 편안하고 멋스런 정서에 비길 바가 아니라고 느끼셨던 듯했다. 나는 그런 스승의 속내를 헤아리다가, 선원에 다니며 정진하던 중이지만 제자로서 당신이 내켜할 만한 소박한 처소 하나쯤은 마련해 드리는 것이 도리라고 생각하게 되었다.

마침 화순 유마사 근처에 동암이라는 암자터가 있음을 발견하고, 일을 벌였다. 출가 전 2년가량 집 짓는 일을 해 본 경험을 살리기로 했고, 결혼 후 내 말을 듣고 한옥 목수가 된 동생네를 근처

빈 제각에 이사 와서 살게 하면서 같이 해가면 별 어려움이 없으리라고 생각하였다. 건축비는 은사스님을 스승으로서 존경하는 어느 신도가 대기로 했다.

대나무가 들어찬 터를 정리하고 나니 연못에 물을 댈 만한 수량의 물이 나는 좋은 우물이 드러나서 그렇게 살렸더니 그럴싸해 보였다. 다만, 절 땅인 집터 바로 뒤에 누가 몰래 쓴, 제법 오래된 무덤이 하나 있는 것이 마음에 걸렸다. 그러나 크게 개의치 않기로 하고, 세 칸 집으로 밑그림을 그려 허가를 내고, 방 높이까지는 돌을 박은 흙벽을 쌓아 올렸다. 구들도 전문적인 일꾼을 불러다가 야심적으로 놓았다. 거기서부터는 헌 기와와 황토를 이용하여 죽담처럼 벽을 쌓아올릴 계산이었다.

절마다 보통은 번와番瓦를 하면서 걷어낸 기와무더기가 있었다. 연고가 있는 지리산 절로 그런 기와를 실으러 갔다.

그때 다른 도반 한 분이 내가 그런 일을 한다는 소문을 듣고 와 있다가 따라나섰다.

그런데 그 스님 눈에는 중인 내가 트럭을 몰고 다니는 것이 재미있어 보였던지, 가는 도중에 자기한테도 운전을 좀 해보게 해달라고 했다.

"스님, 나도 아직 많이 서툴러요. 게다가 길이 이렇게 구불구불하고 차들이 심심찮게 많이 다니는 데서 갑자기 배울 수 있는 게 아니에요. 나중에 한적한 데, 어디 학교 운동장 같은 데서 가르쳐 줄게요."

그러나 그 스님은 여러 차례 고집스럽게 졸라댔다.

"그래도 지금 한번 해보고 싶어요. 조금만 가르쳐 줘보세요, 스님."

"스님, 안 돼요."

여러 차례 하는 부탁을 냉정하게 거절하고 나니 그다지 부드러운 분위기가 아니게 되어버렸다.

지리산 절에 도착해서 트럭 가득 기와를 싣고 되돌아오는 길에서 느껴보니 차 모는 느낌이, 특히 핸들의 감이 예사롭지 않았다. 폭이나 길이에 비해 키가 좀 껑충하게 큰 그 소형트럭은 그렇잖아도 커브길 등에서 좀 불안하게 느껴졌는데, 한 장 무게가 10킬로가량은 족히 될 듯한 물 먹은 헌 기와를 수백 장 싣고 나자 분명히 과적인 듯싶었고, 조금만 속도를 내면 그 운동관성이 너무 커서 핸들이 감당하지 못하는 것 같았다.

조작하는 핸들과는 바퀴와 차체가 영 딴판으로 노는 것 같아 손에 식은땀이 날 지경인데, 옆에 앉은 도반이 돌아오는 길 내내 또 졸라대고 있었다.

"스님, 제발요. 한 번만 맡겨줘 보세요."

"안 된다는데 왜 그러세요?"

"……."

"좋아요. 한번 해보세요. 나는 책임 못 져요."

태어나서 운전석에 처음 앉아보는 사람이 길 복판에 멈춰선 차의 핸들을 잡았다. 나는 비상깜박이부터 켰다.

"자, 페달 보세요. 왼쪽부터 순서대로 클러치, 브레이크, 가속 페달이에요. 이 기능들 대충 알아요?"

"네."

"그럼, 먼저 클러치와 브레이크 동시에 밟고 시동 거세요. 그리고 변속기 1단. 이 상태에서 클러치 페달과 브레이크를 떼면 출발해요. 서서히, 자 떼세요. 떼면서 즉시 오른발 가속 페달로."

"……"

"꺼졌잖아요? 다시 시동. 변속기 1단 그대로고, 클러치는 천천히 떼고 브레이크는 빨리. 자 출발. 가속 가속. 좋아요. 2단 변속. 어, 클러치 먼저 밟았어야지. 또 꺼졌잖아요?"

주암댐을 싸고 도는 커브길에서 벌써 여러 대째 뒤에서 오던 차들이 급브레이크를 밟고 심한 경적 소리를 내며 간신히 우리 차를 피해가고 있었다. 짐칸을 돌아보니 한 장 한 장 앞장에 기대 실린 기와들이 차가 몇 차례 울컥울컥 하는 동안 반쯤은 이미 깨진 상태인 것 같았다. 나는 심기가 더욱 불편해졌다.

"안 되겠어요, 스님."

"한 번만 더 해볼게요."

"안 된다니까요. 여기서 이러는 거 얼마나 위험한지 몰라요?"

"그래도 한 번만 더 해보게 해주세요."

"안 돼요. 나오세요!"

나는 다시 운전석에 앉아 홧김에 가속 페달을 심하게 밟기 시작했다. 차가 송광사로 진입하는 갈랫길 못 미쳐서부터는 내리막길로 접어들면서 무섭게 질주하기 시작했다. 나는 화를 가라앉히기 위해 마음을 집중해 화두를 들려고 했지만, 그때 차의 속도와 그 위험성은 잘 감지하지 못하고 있었다.

평촌이라는 마을 어귀에서 길은 급하게 왼쪽으로 꺾였다. 그제야 이 속도로 각도를 꺾는 것은 무리겠다는 생각이 머리를 스쳤지만, 브레이크를 밟으며 핸들을 왼쪽으로 돌렸다. 그런데 핸들이 하나도 먹지 않았다. 차 오른쪽이 길가의 가드레일에 닿으려고 했다. 당혹감 속에서 조금 더 핸들을 왼쪽으로 돌리자, 차가 마치 길을 가로지르는 것처럼 왼쪽으로 확 돌았다. 다시 핸들을 오른쪽으로 급히 꺾는 순간, 트럭은 순식간에 쿵쾅쿵쾅 노상에서 굴렀다. 순식간의 일이었다. 운동 경기에서 선수의 동작을 분석하기 위해 느리게 되돌리는 동영상처럼 한 컷 한 컷이 느리게 지나갔다. '아, 끝났구나.' 하는 생각이 들어, 화두에만 집요하게 매달리는 동안, 차체가 360도 텀블링하는 게 적나라하게 느껴졌다. 혹시 다른 차와 부딪치는걸 피한다든지 하는, 핸들로 조작할 수 있는 조치라면 뭐라도 취할 생각이었으나, 아무것도 할 수 있는 것이 없었고 상황이 삽시간에 지나고 보니 해야 할 조작도 없다. 재주를 다 넘고 멈춰선 차는 놀랍게도 뒤집히거나 옆으로 뉘어있지 않고 덩그렇게 바로 서 있었다. 그리고 그 자리는 길가의 양옥집 대문 앞, 딱 차 한 대를 주차할 만한 공간이었다. 어떻게 이럴 수가 있지? 차는 마치 일부러 거기 어렵게 주차라도 한 것처럼 들어앉아 있었다.

옆에 앉은 스님이,

"스님, 왜 그러세요?" 했던 말이 생각났다.

"스님, 괜찮으세요?"

"괜찮아요."

웅크리고 있던 도반스님은 괜찮다고 하며 일어났는데, 보니까 귓바퀴가 조금 찢겨 피가 흐르고 있었다.

"스님 그쪽 문 열려요? 이쪽은 안 움직여요."

조수석 문으로 둘이 간신히 비집고 밖으로 나왔다. 차체 전체는 생각보다 모양이 멀쩡했다. 그럼에도, 백미러까지 포함해서 차창마다 유리란 유리는 산산이 부서져나가고 단 한 조각도 붙어있지 않았다. 앞창은 고무 패킹까지 빠져나가고 없었다. 짐칸에 실려 있던 그 많던 기왓장도 저만큼에 누가 일부러 망치로 쪼아 부숴

66

놓은 것처럼 널려있었다. 기름이 줄줄 새면서도, 차가 바로 그 자리에 서 있다는 것이 다시 봐도 신기하기만 했다. 대문도 화단도, 저만큼의 구멍가게도, 그 앞에 옹기종기 서 있던 사람들도, 차는 치거나 스치지도 않았다! 마음도 이상하리만치, 마치 아무 잘못한 것 없다는 듯이 차분하기만 했다.

차주한테 전화로 알려서 뒷수습을 하게 해야 할 것 같아 가게로 들어가려고 하는데 가게 앞에 서 있던 시골 아주머니가 다가와 말했다.

"오메 오메, 스님들이네! 워쩌다가 그랬소? 세상에, 나는 차가 고롷게 돌아분 것은 영화에서도 안 봐부렀소!"

거나하게 취한 아저씨는, 이 중놈들이 멀쩡한 사람들을 차로 다 치어 죽일 뻔했다고 노발대발 언성을 높였다. 그러나 시비에 휘말리지 않겠다는 듯, 도반스님 다친 데를 치료하기 위해 우리는 곧 택시를 불러 타고 시내 병원으로 직행했다.

며칠 지나, 치료가 끝나고 대원사라는 인근의 절에 들렀을 때, 그 절 주지스님이 물으셨다.

"차가 뒤집혀 굴러갈 때 무슨 생각 했소?"

"저는 이제 끝이라는 생각이 드니까 화두밖에 없던데요."

"○○스님은?"

"저는 '관세음보살, 관세음보살……' 했어요."

"나무아미타불 해야지 왜 관세음보살을 불러? 그니까 귀가 찢어져버리지."

그 주지스님의 위트는 경우에 따라 도가 좀 지나치긴 하지만, 스님이 지니기에는 많이 아깝다는 생각이 들었다. 전에 있었던 일도 생각났다.

어느 부처님 오신 날에 대중이 다 행사 준비로 몹시 바쁠 때, 외판원이 하나 와서 그 절 마루에다 동전이며 바둑돌을 깔아놓고, 진공청소기를 사라고 선전하고 있었다.

"스님, 보십시오. 이 청소기가 작고 충전식이라고 해서 흡입력을 무시하면 안 됩니다."

아닌 게 아니라 그 청소기는 몹시 굶주린 짐승처럼 동전이며 바둑돌을 삽시간에 먹어치웠다.

"이 제품이 청소기 기능만 있는 게 아닙니다. 이렇게 빼서 뒤로 조립하면, 보세요, 플래시가 됐죠? 낮이라서 그렇지, 밤에 보면 빛이 최소 400미터까지 나갑니다."

주지스님은 팔짱을 끼고 심드렁하게 보고 있다가, 특유의 위트를 날렸다.

"안 되겠구만. 최소 450미터는 나가야 되는데."

대중은 폭소를 터뜨리고, 외판원은 조용히 짐을 싸 가지고 떠나버렸다.

사고가 나고 다른 몇 가지 이유와 겹치면서 그 집을 짓는 일은 중단되었다. 우선, 공사비를 대기로 했던 신도가 상황이 여의치 않은지 난색을 표하였다. 그리고 무엇보다 이야기를 듣고 현장에 와보신 은사스님이 그 집터 자체를 매우 탐탁지 않아 하셨다.

"이런 데를 백문불여일견지지百聞不如一見之地라고 해. 집 지어도 아무도 안 살게 된다고."

대신, 그 후로 한두 해 지나 불일암에다 서전을 짓게 되었다.

차량이나 중장비가 전혀 없는 곳에서, 나와 목수가 된 속가 동생, 입산 후 3년째 행자생활을 하고 있던 사제스님, 그리고 나, 세 사람이 여덟 달 동안 각고의 노력을 쏟아 완공한 두 칸짜리 집. 나무를 베어내고 뿌리까지 캐어가며 생땅을 골라 터를 만드는 데 두 달, 지붕 덮을 너와를 인근의 삼나무를 베어 도끼로 쪼개어 만드는 데만도 꼬박 한 달이 걸렸다.

　　우리가 일한 노임을 계산하지 않아도 돈은 2천만 원 가량이 들었다. 애초에 그 자리에다 집을 지어 보라고 결정하고 권하신 분이 은사스님이셨는데, 막상 경비로 보내신 금액은 50만 원. 너무 적다고 말씀드리자 100만 원을 더 보내셨다. 처음엔 한숨을 쉬었지만, 그래도 그것이 밑돈이 되었는지 암자에 오가던 고마운 신도들이 크고 작은 마음을 보태어 불사佛事를 진행하는 데는 무리가 없었다.

　　시작은 이랬다.

　　불일암 아래채 부근이 너무 높이 자라는 삼나무나 편백나무 때문에 지나치게 습해진다고 베어낸 일이 있었다. 나무들은 곧고 제법 두꺼워서 장작으로나 쓰기엔 아깝다며 껍질을 벗겨 쌓아두었었는데, 해가 지나자 모일 때마다 은사 스님께서도, 사형사제들도 이걸로 집을 하나 지으면 도량의 숙소나 공간이 좀 넉넉해지겠다고 입을 모았다. 위치가 드러난 곳이 아니라 산등성이 돌아서 숨은 듯한 곳이니, 그러면 너무 많이 찾아오는 내방객들에 치어 강원도 산골로 떠나셨던 은사스님도 가끔은 한겨울 추위 등을 피해 내려와 지내실 수 있지 않겠느냐는 의견도 있었다. 나는 유마사 동암 터에다 스승의 처소를 지으려다 포기한 일 때문에 적이 주저했지만, 결국 떠밀려 억지춘향을 하게 되었다.

은사스님은 먼저 고가에서 뜯어낸 헌 문짝들을 내려보내면서 이 문들에 맞게 집을 지으라고 하셨다. 집을 먼저 디자인하고 거기 맞는 재료를 구하는 방식이 아니라, 있는 것들을 꿰어 맞춰 집처럼 보이게 하는 이상한 작업이 시작되었다. 그 문짝들과 구들돌들 외에도, 기둥과 몇 가지 목재, 흙을 제외한 대부분의 것들은 산 아래로부터 지게로 져 올려야 했다.

기초 작업부터 호락호락하지 않았다. 삽이나 괭이가 들어갈 만한 땅이 아니어서 마사토를 곡괭이로 일일이 찍어내야 했다. 땅 파는 도중에 주춧돌로 쓸 만한 자연석이 몇 개는 나오겠지 했는데, 소득은 없었다. 큰 알처럼 동글동글하게 생긴 딱 하나의 돌이 출토되어 그건 나중에 만든 작은 연못 가운데 놓았다.

세워야 할 기둥은 아홉 개나 되었다. 산 위에서 바위를 찾아 정으로 깨뜨려 겨우 세 개의 주춧돌을 만들어 놓고, 나머지를 어떻게 할까 고심하다 공법 자체를 파격적으로 전환했다. 마루 앞 전면에 놓인 기둥 셋을 제외하고는 나머지 기둥들을 방 높이까지 쌓아 올린 죽담 위에 하방을 놓고 그 접점들에다 나머지 여섯 기둥을 세운 것이다.

그렇게 억지로 몰아치듯 힘을 쏟은 끝에 어느 정도 집의 틀이 나오기 시작할 때쯤, 장마철이 가까워오자 그 전에 어떻게든 지붕이라도 덮기 위해 더욱 숨 돌릴 틈이 없게 되었다. 몸살이 들어 냉방 위에 누워 앓던 밤에는 인생의 비애감이 밀려들기도 했다.

고맙게도, 아직 대학생인 젊은 보살님 둘이 휴학 중에 와서 공양주로 봉사해주었다. 은사스님께서는 종종 일이 어떻게 진행되나 확인하기 위해 전화를 하시는 일이 있었는데, 절 전화까지 그 젊은 여자들이 받는 일이 생기자, 그때부터 제자들 하는 수작이 문제라고 생각하셨던 것 같다. 일을 독촉하기 위해 또 한 번 전화하신 날은 하필, 우리가 장마 시작 직전 지붕에 비가 새지 않게 천막이라도 덮어씌우는 데 성공하여 감격한 나머지 바람을 쐴 겸해서 다른 절에 다니러 간 날이었다.

결국에는 스님께서 직접 일의 경과를 보시겠다고 내려오셨는데, 스님이 오신다는 정보가 있으면 주변의 신도들이 이것저것 식자재와 음식물을 공양물로 가져오는 날과 겹치는 일이 흔해서, 그때는 작은 암자의 살림살이 치고는 좀 과하다 싶을 만큼 많은 부식거리 박스가 공양간 밖에까지 쌓여있게 되었다. 스님께서는 일일이 열어 검사해보시더니, '이놈들 잘 먹고 사네!' 하셨다. 막일을 쉬지 않고 하다 보면 좀 많이 먹게 되는 것은 사실이었다. 그렇다고 새참까지 하루에 다섯 번을 먹는다고 배가 터지지는 않는다.

그 길로 올라가신 스님께서는 <맑고 향기롭게> 소식지에 글을 쓰셨는데, 내용은 온전히 우리가 집을 짓는다는 명분을 내걸고 벌이고 있는 '퇴폐행각'에 대한 성토로 일관하고 있었다.

'오랜만에 옛날에 살던 암자에 가봤더니 거기 중들이 음식을 쌓아놓고 먹고 있더라, 불사를 한다면서 시은施恩 무서운 줄 모르고, 나 같으면 진즉 해치웠을 일을 질질 끌고만 있더라……'

그리고 그 글은, '앞으로 그 집을 지어서 거기 사는 중은 다음 사항을 지켜야 한다'는 당부로 절정을 이루고 있었다. 내가 거기 살겠다고 짓고 있는 집이 아닌데, 그 점을 당연한 듯 쓰신 것이 더욱 서운했다.

'첫째, 여성들의 출입을 금할 것. ……. 정 여자들이 보고 싶으면 항상 여자들이 들끓고 있는 옆 암자(불일암)에 나와서 보면 될 것이다.

둘째, 전기나 수도를 끌어 들이지 말 것.

마지막으로, 열 시에 자고 두 시에 일어날 것.'

나는 공양주 하던 두 여학생들뿐만 아니라, 함께 일하던 일꾼들을 다 보내고 혼자서 빵과 우유 등으로 연명하면서 불사를 마무리했다. 그리고 나서 결과물을 보기 위해 은사스님과 사형사제들이 모였을 때, 그동안 일하면서 느낀 바를 토로하고 납득할 수 없었던 점들을 조목조목 말씀드렸다. 그리고 불일암을 떠났다.

부끄럽게도 나는 여러 번, 사실은 홧김에, 불손한 마음으로, 스승을 등지거나 떠났었다. 떠나면서는, 장차 이룰 수행이 그 배신을 정당화해줄 거라 생각했던 것 같다. 마치 출가할 때 등지게 되는 사람이나 세상에 대한 책임과 도리를 뒷날의 수행과 깨달음을 통하여 제대로 이행하고 갚게 되리라 믿었듯이.

한번은 스승을 떠나 이제 어디 가서 스승을 안 보고 지내나 생각하고 있을 때, 부산에서 가끔 암자에 오던 보살님이 소백산 빈집 이야기를 했다. 사형스님 한 분이, 송광사 인근 시골집에서 홀로 되어 어렵게 지내시는 어머님 걱정을 하는 것을 보고, 마침 친정마을 뒤 소백산 산속에 빈집이 하나 있어서 주인에게 허락을 얻어 대강 수리를 하고, 거기서 어머님을 모시고 정진하며 지내시면 좋겠다고 말씀을 드렸는데, 막상 가 보시더니 형편이 너무 열악해서 지내기 어렵다고 했다는 것이었다. 나는 거기 형편이 어떻든 내가 가서 잠시 지내보다가 다른 데 인연이 생기면 떠나겠다고 해서, 허락을 얻었다. 보살님은 부산 시장통에서 참기름집을 하며 살아온 순박한 경상도 불자였는데, 은사스님 글을 보고 감동하여 서신을 주고받으며 참기름이나 구운 김도 보내드리고 암자에 찾아오기도 하다가, 그 스승의 제자들에게까지 인연이 이어진 터였다. 소백산 친정마을은 고갯마루 아래 척박하고 가난한 오지여서 보잘것없긴 하지만, 산도 물도 너무 맑고 좋아서 보살님은 곧 부산생활을 정리하고 낙향하여 거기 물로 된장이나 만들며 지내겠다고 꿈에 부풀어 있었다.

　인연은 또 다른 인연을 불러오는 것인지, 홀로 걸망 지고 떠날 나그네에게 준마가 한 필 생겼다. 도반스님과 함께 백운산 아래 숨은 듯 깃든 찻집을 찾아갔다가 뜻밖에, '내 차'를 가지게 된 것이다. 찻집 주인 내외는 시정의 삶에 지쳐 지리산을 떠돌다가 서로 만나게 된 선량해 뵈는 사람들로, 백운산 밑에 와서 집 짓고 찻집 꾸리고 하며 지금껏 써온 낡은 소형트럭을 이제는 팔려고 한다는 것이었다.

　"얼마에 내놓으셨어요?"

"한 200만 원이나 받을지 모르겠어요."

나는 그때 있던 돈 가운데 최소한의 생계비를 남기고 털어 250만 원을 주고 그 고물을 전격 인수했다. 착한 사람들은 200이면 너무 충분하다고 사양했지만, 사람 착한 것을 보면 제일 쉽게 마음이 움직이는 나는 50을 기어이 얹어주었다. 그리고 나는 이 청색의 고물 트럭에게 기꺼이 '청마靑馬'라는 이름을 헌정하였다.

솔직히 말하면, 차의 상태는 생각보다 심각했다. 에어컨은커녕 난방도 안 되어 겨울에 몰고 길을 나서려면 온전히 닫히지도 않는 문틈으로 시베리아 칼바람 같은 한풍이 몰아치는 바람에, 있는 대로 옷을 껴입어도 모자랐다. 어디라도 다녀올 때마다 수리비가 내 남은 돈을 계속 까먹었다.

도시 길거리 같은 데 주차해두는 것은 청마에게도 심한 수모였다. 지나가던 사람들이 쓰레기차 정도로 여기는 듯, 짐칸에 담배꽁초 따위를 주저 없이 버리기 때문이었다.

똥차를 몰면 사람까지 똥이나 치다 온 사람으로 보이는 모양인지, 질 좋은 도로 위에 올라서서 달릴수록 청마와 나는 더욱 심한 모욕감을 느꼈다. 진땀을 흘리며 밟고 달려도 속도는 시속 80km를 넘기기가 힘들었고, 100km에 육박하면 차체가 덜덜 떨렸다. 가속이 충분히 되지 않아 앞길을 막고 꾸물꾸물 가고 있으면 뒤차들이 클랙션을 빵빵거리면서 뒤따라오다 마침내 추월해가며 욕설과 손가락질을 해대기 일쑤였고, 어떤 차들은 앞서자마자 다시 우리 차선으로 휙 끼어들면서 들이받든지 말든지 엿 먹으라고 신경질적으로 급브레이크를 밟았다.

그래도 나와 청마는 화낼 필요가 없었다. 그것이 객관적인 우리의 주제일 테니 겸손하게 파악해야 했고, 남이야 뭐라 하든, 일단 나는 바야흐로 더 깊은 산골로 떠나는 마당에 녀석을 생애 첫 애마로 거느리게 된 것이 천군만마까지는 아니어도 백군천마는 얻은 기분이었다. 청마도 어디 가서 비루먹은 폐마 취급을 당할 나이에 난데없이 운수납자를 모시고 청산 유람을 다니는 영광과 총애를 한 몸에 안고 장차 노익장을 과시할 천금 같은 기회를 얻었을 테니 말이다.

색깔도 본래의 도색 위에 촌티 나는 푸른색으로 흠집이나 녹난 부분을 덕지덕지 발라 부끄러움을 가린 친구에게 '청마靑馬'라는 이름은 썩 잘 어울렸다. 한동안 갖은 부담과 의무감에 매여 지내던 암자에서 떠나게 된 마당에, 나는 녀석을 볼 때마다 기분이 좋아졌다. 외모보다는 속마음이 아름답고 따뜻하며 실속이 있는 친구 같았다. 청마는 4륜구동이라 험한 경사길을 오르는 데는 힘이 경운기 저리 가라였고, 무거운 짐을 단번에 쏟아 내리는 덤프 기능까지 있었다.

청운의 꿈과 운수객의 바랑은 옆 자리에 싣고, 농사짓는 사람들이 농약 칠 때 주로 쓰는 뚜껑 달린 까만 고무통 속에다 연장과 건자재 등속을 있는 대로 싣고, 우리는 소백산 토굴에 입성하였다. 좁아터진 시골 골목길을 지나 산 넘고 물 건너, 살게 될 토굴 앞마당까지 진입하는 데 성공하는 순간은 아직도 잊을 수 없다. 온갖 장애와 도전을 헤치고 오르고 오르는 스릴과, 앞으로 청마와 더불어 이곳을 일궈갈 무한한 가능성에 벅찬 심경이, 가히 홀로 누리기 아까운 감동이었다.

구름의 문

   서옹西翁 선사禪師를 뵙고 가까이서 지낼 황금 같은 시절인연
이 있었다.

   선원이지만 산내 암자인 운문암雲門庵은 살림을 전적으로 큰
절 백양사에 의존하고 있었다. 대둔산 태고사, 부안 월명암과 더
불어 호남의 3대 선원 가운데 하나라는 예로부터의 명성이 무색
하지 않게, 그 무렵의 운문암은 형편이 넉넉하고 풍족하지 않아
도 정진하는 데 어려움이나 장애가 거의 없었고, 무엇보다 서옹
노사老師나, 그 법제자 광제廣濟 선사 같은 선지식을 가까이서
모시고 지낼 수 있어서, 그 시절은 내가 불도 수행한다며 지내온
이삼십 년 가운데 가장 환희롭고 뜻깊게 지낸 시간으로 회고된다.

   세납 90을 지난 노사의 법체는 갈잎처럼 여위어 보였지만, 법
상에 올라 곤륜산이 무너지도록 할喝을 하시거나 제자를 점검하고

자 선장을 짚고 앉으시면, 그 맑고 서늘한 눈빛 가운데서 뿜어져 나오는 살불살조殺佛殺祖의 기봉機鋒이 가히 아무도 범접할 수 없을 것처럼 느껴졌다. 그러나 평상시 노사의 풍모는 마치 노송이나 거기 깃든 백학과도 같은 기품과 아름다움, 자애로움이 흘러 넘치셨다.

처음 운문암에 입방하려고 걸망을 메고 제법 길고 가파른 산길을 걸어올라 운문암 마당에 당도했을 때, 노사께서는 마당에 나와 거니시던 중이었는지, 걸음을 멈추고 젊은 선객을 특유의 웃음 가득한 얼굴로 지그시 바라보시며 먼저 인사말을 건네셨다.

"이제 오는가?"

그때 가슴 밑바닥에서 울컥 솟아오르는 반가움과 환대에 대한 감사함은 이제껏 살아오면서 누군가 처음 상면했을 때 느꼈던 감회 중에 가장 눈부신 것이었다. '이제 오는가?'하신 것은, 익히 알던 손아랫사람이 어디 멀리 갔다 돌아왔을 때 하는 인사일 텐데, 왜 노사께서는 처음 보는 젊은 중한테 그러셨는지, 그래도 조금도 낯설거나 어색하게 들리지 않았다. 기나긴 생사의 굽이굽이 윤회의 길을 돌고 돌다가 바야흐로, 만나야 할 마지막 사람, 진인眞人, 참사람 앞에 섰을 때 듣게 되는, 그리고 그리던 스승의 음성처럼 가슴에 울려왔었다.

선불교를 연구하는 미국인 학자가 살아계신 한국 선사를 친견하고 싶다고 운문암에 찾아온 적이 있었다. 그때는 해제를 해서 안거를 마친 대중이 흩어진 후였고, 마침 노사께서도 출타중이시라고 했더니, 그는 노독을 풀며 며칠이라도 기다리겠다고 했다.

나는 나이 지긋한 그 교수와 이삼일을 같이 공양도 하고 차도 마시고 담소를 나누기도 했다. 그는 노사를 만나면 선과 한국 선불교에 대해 여쭤볼 거라고 질문지를 만들고 있었다. 며칠 지내는 동안, 질문들은 노트 2-3페이지에 빼곡히 적혀있었고, 그것도 하루가 다르게 늘어났다.

그가 나에게 통역을 부탁했기 때문에, 서옹 선사께서 돌아오신 날, 그 미국인 교수를 데리고 마침내 조실祖室에 들어갔다.

노사께서는 선장을 짚은 채, 절하는 이국의 학자를 보며 만면에 특유의 미소만 짓고 계셨다.

그가 큰 키를 어설프고 느리게 접으며 배례하였다. 서양 사람들은 왜 몸으로 하는 어떤 동작들이 어설프고 우스꽝스러워 보일까 생각하다가, 그의 눈에서 주르륵 흐르기 시작한 눈물을 보았다. 절을 마치고 앉았지만 그는 입을 떼지 못하였다. 눈물 콧물은 범벅이 되어 30분쯤 지나도 멈추지 않았다. 그렇게 지적으로만 보이던 학자에게 무슨 특별한 감성이 있어서였을까? 아니면, 그것은 우리가 지성, 감성, 나와 너 등의 모든 분별이 벌어지기 이전의 근원에 가 닿았을 때 샘솟는 카타르시스의 물줄기 같은 것이었을까?

노사는 말이나 질문을 독촉하지도 않고 시종 만면의 미소만 보내고 계셨다.

나는, '이 난감한 통역을 어떻게 하지?' 하는 생각이 들었다.

"이제 질문하시죠." 하고, 학자를 돌아보았다.

그러나 그가 안색을 가다듬으며 겨우 말하였다.

"괜찮습니다. 아무것도, 여쭤볼 것이……, 질문이 없어졌어요."

그때 광제 선사는 서옹 노사의 법을 이어, 노사의 원력으로 막 만들어진 고불총림의 부방장副方丈 자리에 계셨다. 선사는 천품이 맑고 담백하여 물듦이 없었다.

　그때는 이미 한국불교 교단에 성직자들의 자질 저하와 도덕적 부패, 문벌 분파주의적 폐단이 빠르게 퍼져가고 있었지만, 그래도 한국 승가에는 온갖 국난을 헤치며 1500년 불교 역사에 면면히 이어온 선풍이 살아있었고, 제방에서 선사들의 고준한 리더십이 발휘되며 지켜져 존중되고 있었으므로, 선수행에 일생을 건 선승들과 의식 있는 스님들은 우리 불교에 대한 자긍심과 사명감이 팽배하였고, 젊은 날 그런 시절을 철 따라 운수납자로 떠돌던 선객들의 심신에서는 오직 마음 밝히려 애쓰던 법열이 한껏 묻어났다. 다시 말하거니와, 그렇게 선지식 계시는 회상을 찾아 도반들과 더불어 산사를 떠도는 시간이 나에게도, 지상地上에서 가능한 지상至上의 즐거움이었음은 그야말로 물론이다.

　대한불교조계종에는 철마다 산하의 제방 선원에 안거하는 대중의 명단을 수록하여 방함록이라는 책자로 발행하여 배포하는 전통이 있다. 그런데 그 해에는 발행자들이 고불총림의 선원 입방자 명단에서 부방장이던 광제 선사의 존함을 빼버린 일이 있었다. 사자상승師資相承의 전통은 선 역사의 골격이며, 이것은 전적으로 스승이 개안開眼, 사법嗣法한 제자에게 인가함으로써만 이뤄지는 고유한 법통이다. 다분히 문벌주의적인 시기와 견제심리에서 벌어진 무례에 대하여 당시 회상에 모여 살던 대중들은 발끈했지만, 정작 광제 선사는 일언반구도 내비치지 않았고, 그 평온하고 인자한 기색은 털끝만큼도 흔들림이 없었다. 나는 그런 선사에게 더욱 깊은 공경과 귀의歸依의 마음을 품었다.

　한번은 큰절 백양사에 있는 고불선원古佛禪院에서 대중이 마당을 정리하는 울력을 하고 있었다. 선원 경내와 절 마당은 사이에 대나무 울타리가 쳐져 있어, 가볍고 소박한 경계로서 납자들의 일상을 가리고 보호해주었다. 울타리 밖은 무시로 절 구경 온 관광객들이 다니는 바람에, 이를테면 산 위 운문암 선원과 같은 더할 나위 없는 수행처에 비해 다소 번잡한 느낌이 들 수도 있었으나, 울타리 안에 들어서면 그래도 수행자들의 진지하고 탈속한 일상이 자아내는 평화로움과 고적함이 충분했다. 주로 좌정만 하다가 이따금 있는 울력은 밖에 나와 몸을 움직여 도량을 가꾸고 돌보는 일이 대중에게 활기를 주기도 해서, 그날은 다들 기분이 가볍게 들떠 있었다.

그런데 그 틈을 타고 작은 돌발 상황이 벌어졌다. 담 밖에 지나가던 객이 울 안에 들어서지도 않은 채, 울력하고 있는 선방스님들을 향해 사뭇 도발적인 목소리로, 일종의 거량을 해온 것이다.

"스님! 거울 하나 주십시오!"

즉시 대중들은, '뭐 저런 무례한 놈이 있나?' 하면서도, 순간적으로 어찌할 바를 몰라 멈칫하고 있었다. 그런데 그 찰나에 광제 선사의 일갈이 이미 화살처럼 날아가 시비를 걸어온 적의 가슴에 꽂혔다.

"네 거울은 어디다 두고?"

"⋯⋯."

그리고 피차간에 아무 말도 없었다. 아마도, 울타리 밖에선 그 남자가 공손히 합장하고 절하고 물러갔을지 모른다. 대중은 모두 선의 조응照應이 '전광석화'와 같다는 말을 실감하며 선사의 가르침을 속에 갈무리하고 있는 듯, 침묵에 빠져 있었다.

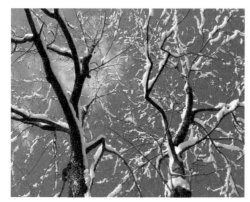

　산철에 서옹 노사와 광제 선사를 함께 모시고 대중목욕탕에 간 일이 있었다.　그때 뵈오니, 노사의 법체는 몹시 여위셔서 거의 부처님 고행상 같았다.　그럼에도, 늙고 초라한 느낌은 어디서도 찾아볼 수 없었다.　군더더기가 다 떨어져나가고 본질의 골격만 남은 한 인간의 위대한 존재, 그 자체 같아 다음의 옛 문답이 생각났다.

　그 옛날, 한 제자가 운문선사에게 물었다.
　"나무가 시들고 잎이 지고 나면 어떻습니까?"
　"가을바람에 본체가 그대로 드러나지〔體露金風〕."

　우리는 다소 경원하느라 감히 노사 가까이 가지 못하였다.　그 곁에는 광제 선사가 너무나 친근하고 격조 있게 스승을 모시고 있기 때문이기도 하였다.　스스로도 지긋해져가는 나이에 누군가의 시봉을 받아야 할 처지였고, 목욕탕에 오기 전 들른 한의원에서는 의원이 진맥을 해보고 나더니 노사의 맥이 광제 선사보다 더 힘있으시다고 하기도 했으나, 광제 선사는 마치 그림자처럼, 물

흐르듯이 더러 노사를 부축하기도 하고 공경히 때를 밀어드리기도
도 하였다. 다들 모든 면에서도, 곁에 있는 사람들은 너무나 진실
하고 전체적이고 자연스러운 스승과 제자의 그 교감과 아름다운
어울림에 깊이 감명을 받고 환희로워했다. 목숨 건 수행의 결실
로 투득한 선적禪的 기봉機鋒이 여실하고 꾸밈없이 드러나는 두
분 일상의 모든 단면들과 자취들을 후학들은 늘 경외하고 흠모하
였다.

　두 분 다 누구와 비교하거나 누가 추종할 수 없는 선필禪筆의
대가들이기도 하셨는데, 금강석에 일필휘지로 새긴 듯, 강하면서
도 활발하고, 자재로우면서도 조금도 휘청거리거나 어지럽지 않
은 그 필적筆跡을 대하노라면, 머리는 시원해지고 가슴은 뛰었다.

시자

그때 서옹 노사의 시자侍者는 호산 스님이었다. 오래 선지식을 모실 복연福緣과, 격 밖의 위트나 탁월한 입담이 있는 사람이어서 어쩌다 몇몇이 둘러앉아 한번 그 스님의 이야기를 듣기 시작하면 시간 가는 줄을 몰랐다.

"강원 졸업하고, 이제 참선을 해야겠다, 어디로 가서 어떻게 수행을 할까 심사숙고했는데, 결론은 큰스님을 찾아가 직접 시봉을 하며 배워야겠다는 생각이었어요. 퇴옹退翁 성철性徹 스님께 갈까, 서옹西翁 석호石虎 스님께 갈까 고민하던 끝에, 고무신을 공중에 던졌죠. 떨어지면서 바로 놓이면 서옹 스님께 가고, 뒤집어지면 성철 스님께 가기로 했어요. 고무신 점괘에 따라 이렇게 서옹 스님께 와서 시봉하게 된 겁니다."

그 스님은 고향이 충청도 어디인 것 같았다.

"암행어사 박문수가 수하의 심복을 꼭 충청도 사람으로만 썼대요. 그 이유가 뭐였느냐 하면, 일단 충청도 사람이 입이 무겁기 때문이었죠. 그냥 그렇게 단정 지은 게 아니라 직접 검증을 거친 끝에 내린 결론이었어요.

경상도, 전라도, 충청도 사람을 데려다, 따로따로 비밀스럽게 지령을 내렸죠.

'오늘 긴히 해야 할 일이 있다. 오늘 지금 아무 데 가면 누가 삶은 닭 한 마리가 든 보따리를 줄 것이다. 임무는 그 닭을 받아서 여기로 신속하게 가져오기만 하면 되는, 비교적 간단한 것이다. 그런데 조심해야 하는 것은 중간에 누가 묻거나 무슨 일이 생기더라도 그 보따리 안에 든 것이 무엇인지 절대 발설하거나 노출되어서는 안 된다는 점이다. 알겠느냐?'

암행어사의 심복을 자처한 세 후보는 하나같이, '예!' 하고 비호처럼 길을 나서죠.

그런데 비밀스런 물건을 들고 돌아오는 길 도중에, 미리 어사의 지시를 받은 사람들이 잠복해 있다가 덮칩니다.

	'너, 이놈! 게 섰거라. 수상하구나.'
경상도 후보	'와예? 지가 머 잘모했십니꺼?'
	'그 보따리 안에 든 게 뭐야?'
	'사람이 보따리 쫌 들고 가는 게 머 어때예?'
	'이 놈이! 너 쓴 맛을 좀 봐야겠구나.'
	'카모, 끌러 보이소. 보면 될 거 아입니꺼?'
	'너 이놈! 게 섰거라. 수상하구나.'
전라도 후보	'아따! 왜 그요? 내가 뭣이 어쩌서 근다요?'
	'그 보따리 안에 든 게 뭐야?'
	'아, 요고요? 내가 끌러서 보여디려부러야 쓰겄네. 요곳이 뭐이냐 허먼, 보쇼, 그냥 닭 한 마리 삶은 것인디, 내가 다리 하나 찢어 디릴 텡께 한 입 잡솨 볼라요?'

84

'너 이놈! 게 섰거라. 수상하구나.'

충청도 후보

'왜 그려유?'

'그 보따리 안에 든 게 뭐야?'

'암껏두 아녀유.'

'암 것도 아닌 걸 왜 보따리에 싸 가지고 다녀?'

'걍 그려유.'

'이놈이! 쓴 맛을 좀 봐야 정신 차리겠어?'

'아, 왜 그려유? 놔유.'

'말을 하면 될 걸 왜 붙들고 안 보여주려고 해? 그러니까 수상하잖아?'

'아, 놔야 말을 허쥬.'

'좋다. 자, 놔 줄 테니 말해. 그 안에 든 게 뭐야?'

'아, 암것도 아니랑게유.'

'어허, 이 자식이!'

'아, 왜 때려유? 말로 허셔유.'

'그래, 그 안에 든 게 뭐야?'

'지가 말 혔잖어유? 암것도 아니라구유.'

왜 충청도 사람이어야 했는지 아시겠죠?"

그때 밖에서 "호산!, 호산!"하고, 방장스님이 시자를 부르는 소리가 들렸다. 그러나 호산 스님은 대중을 웃기느라 여념이 없었다.

"호산!"

"……."

"호산!"

"……."

시자가 대답을 않자, 좌중이 오히려 긴장했다.

"스님, 방장스님 부르시잖아요? 왜 대답을 안 해요? 빨리 달려 가봐야지."

"아니에요. 나는 방장스님이 다섯 번 부르시기 전엔 절대 대답 안 합니다. 노스님은 가끔 그렇게 소리를 지르셔야 단전의 힘이 고갈되지 않아요. 내가 지난번에 하다 만 두꺼비 얘기나 마저 해 드릴게요."

호산 스님은 그 여름 내내 두꺼비를 가지고 놀고 있었다. 운문암은 '소림굴'이라는 편액이 걸린 작은 옛 건물과 선방인 본 건물, 새로 지은 방장실과 공양간 채가 나란히 늘어서 있었고 앞마당이 좁고 길었다. 그의 거처는 방장실에 달린 시자실이었다. 지척에서 방장스님이 불러도 대답도 잘 안 하면서, 마당 앞에 나와 두꺼비들과 어울릴 때가 많았다.

동작은 굼뜬 놈들이 먹이를 집어삼키는 혀는 날래기가 번개 같고, 외모는 포기한 놈들이 먹는 일 앞에서는 눈이 몹시 반짝거리는 두꺼비들은 밤낮으로 얼마나 용맹스럽게 먹어대는지, 먹고 싸는 똥이 고양이똥만큼이나 굵었다. 낮에는 주로 엉금엉금 다니며 줄지어 기어가는 개미떼를 날름날름 집어먹고, 밤이면 어디 구석에 처박혀 있다 기어 나와 밤새 외등 아래 떨어지는 나방이나 다른 날것들을 집어삼켰다.

"야, 이놈들아. 살생하고 처먹는 데만 열중하지 말고 보리심 菩提心을 발해라."

호산 스님은 놈들에게 발보리심發菩提心해라, 발보리심해라

하다가, 마침내 매직펜을 가져다 두꺼비들을 보는 족족 잡아 뒤집어 가슴에다 만卍자를 그려주었다.

보리심을 발한다는 것은 이 우주법계와 일체중생, 자기 자신의 존재 목적이 결국은 모두의 해탈과 열반에 있음을 자각한 자가 장차 그 목적을 위해 나아갈 서원을 지니는 일이다. 어서 부처님과 같은 무상정등정각無上正等正覺을 성취하여 일체의 유정有情을 제도하고자 발심發心하는 것이다.

"인제는 운문암 두꺼비 중 만자 안 그려진 놈이 거의 없어요. 근데, 아세요? 가끔 뱀이 나타나서 두꺼비를 잡아먹어요. 가로등 밑에 떨어지는 날것들에서 시작해서 먹이사슬이 형성된 거죠. 두꺼비의 그 살찐 몸뚱이를 뱀이 어떻게 한입에 집어삼키는지 신기하기도 하지만 보기 끔찍하기도 해서, 이 먹이사슬을 끊기 위해 우리 두꺼비들을 이주시켜야겠다고 생각했어요. 두꺼비들을 보이는 대로 잡아다 제법 멀리 피신 겸, 이를테면 방생시키는 프로젝트였죠. 근데 아래로 내려보낸 놈들이 얼마 지나지 않아 끝내 다시 절로 되돌아오는 것 같더라구요. 암만 생각해봐도 그래요. 잡아서 뒤집어보면 죄다 배에 만자가 그려져 있었으니까요. 동물들이 강제로 이주시켜도 본래의 서식지로 되돌아오는 귀소본능이 있다잖아요? 결국, 실험해보기로 했죠. 두꺼비 한 마리를 잡아서 발에다 빨간 리본을 묶었어요. 아주 멀리 차 타고 내려가서 큰절 지나 청류암 입구에다 놓아줬지요. 그런데 그 결과 어떻게 된 줄 아세요? 돌아왔어요! 거의 보름 만에. 닳고 닳아서 거의 매듭만 남은 빨간 리본을 달고서."

"호산!"

"네, 스님!"

방장스님께서 단전에 힘을 실어 다섯 번째 부르심에 시자가 달려나갔다. 시자를 찾아 방장스님께서 지대방 가까이로 오신 것 같았다.

노사의 천진무구하신 면모와 심성에 대해서는 일화가 많았다.

"방장스님, 총무원에서 종단 관계자들이 와서 여쭈면 꼭 아까 말씀드린 대로 얘기해주셔야 합니다. 아셨죠?"
"그래. 알았어."

그러나 막상 사람들이 방장스님을 만나러 다녀가고 나자, 큰절 주지스님이랑 소임 보는 스님들이 난색을 표하였다.
"스님, 그 사람들 교묘한 설득에 그렇게 넘어가시면 어떻게 합니까? 왜 아침에 그렇게 철석같이 약속을 하시고선, 그이들 말에 맞장구만 치시고, 약속했던 것과 다른 얘기를 하셨어요?"
"그때는 그게 생각이 안 났어."

서옹 스님은 비교적 어린 나이에 백양사 만암曼庵 선사의 문하에 입문하였다. 만암 선사는 일제치하에서 민중이 수탈당하고 우리 문화의 모든 면면이 왜색화되어가는 시기에, 선농일치禪農一致를 주창하며 중생을 일깨우고 실답게 돕는 자리이타自利利他를 실천하셨고, 해방 이후 우리 불교의 왜색 청산이 초미의 과제였을 때에도 급진적이고 폭력적인 '정화'보다는 온건하고 실질적인 방안을 제시하셨을 정도로, 이사理事에 두루 밝은 선지식이셨던 것 같다. 그런 만암 스님이, 선지禪旨가 출중하고 타고난 심성이 담박하기 이를 데 없지만 현실 감각이나 일머리가 그다지 밝지 않은 제자 서옹 스님을 두고 훤히 예견하듯이 했다는 말은 여러 선객들 입에 재미있게 회자되었다.

"너는 이 담에 아무짝에도 쓸모가 없겠다. 혹 조실祖室이나 되면 모를까……."

조실이라는 말은 본디 조사祖師가 머무는 처소, 그 집채를 뜻하는 말이었다. 후대에는, '조실채에 계시면서 후학을 제접하는 선지식'을 뜻하는 말이 되어 쓰이고 있다.

선禪은 부처님 가르침의 정수이며, 무상정등정각無上正等正覺을 성취하신 부처님께서 처음부터 중생에게 진정으로 가리켜 일깨우고 싶었지만, 소승小乘, 대승大乘, 일불승一佛乘의 교법을 다 설하신 연후에야, 바야흐로 근기가 순숙한 중생들에게 드러내 보일 수 있었던 궁극의 불법이다. 세존께서 영취산의 법화회상에서 지난 45년 간의 설법을 망라하여 그 가운데 무엇이 방편법方便法이고 무엇이 실법實法인가를 가려 보이신 다음, 마침내 교외별전敎外別傳으로 연꽃 한 송이를 들어보이심으로써 드러났고, 그 언어도단言語道斷, 심행처멸心行處滅의 오의奧義를 마하가섭이 이심전심以心傳心으로 깨달아 미소 지음으로써 조사선祖師禪의 첫 조사가 되어 여래의 열반묘심涅槃妙心 정법안장正法眼藏을 전해 받은 것이 그 시원이다.

실제로 서옹 스님은 평생에 걸쳐 다른 일에는 그다지 두각을 나타내지 못하셨지만, 후일 봉암사나 백양사의 조실을 역임하다가 백양사에 고불총림이 열리면서는 초대 방장이 되셨다. 젊어서 일본에 유학하던 시절에는 일본 선학계禪學界의 선관禪觀을 날카롭게 비판했는데, 이것은 도리어 매우 긍정적인 각성과 반향을 불러일으켰을 뿐만 아니라 나중에는 수많은 일인日人들에 의해

'생불生佛'이라는 격찬을 받는 결과를 가져왔는데, 한국전쟁 당시에는 어떤 석학이, '다른 사람은 몰라도 이 전쟁에서 서옹 스님 한 분만이라도 무사하다면 다행'이라는 말을 했을 정도였다고 한다.

그런 서옹 스님이지만 특유의 천진함 때문에 시자인 호산 스님에게 번번이 당하시는 것 같았다.

급기야 한번은 큰절 주지스님에게 시자를 경질할 뜻을 내비치셨다.

"주지스님, 나 시자 바꿔줘."

"왜요, 방장스님?"

"그냥 바꿔줘. 시자가 통 말을 안 들어."

"스님, 모르시는 말씀이에요. 요새 중들, 어른 시봉 전혀 할 줄 몰라요. 호산 스님은 그만하면 정말 시봉 잘 하는 거예요, 방장스님."

"그런가?"

"정말 바꿔드려요?"

"아니, 그럼 그냥 둬."

선객禪客

백암산에서 만 3년, 세 번의 동안거冬安居와 세 번의 하안거夏
安居를 보냈다. 숱한 출가자들이 예로부터 증언해온 것처럼, 나
도 지나온 세월을 돌이켜보니, 바랑 하나 지고 운수雲水로 떠돌
던 시절이 그래도 가장 존재감이 가볍고 맑은 나날들이었고 지상
의 복된 시간이었으며, 우주의 목적 같은 것이 내 안에 온전히 깃
든 한때였다는 생각은 변함이 없다. 어쩌다 이 세상 어느 산중에
그나마 그런 수행처가 있었고, 그토록 높고 빛나는 스승들의 시
선 아래 어찌 내가 있었으며, 그것도 그렇게나 어질고 진실한 도
반들과 어떻게 함께일 수 있었는지, 헤아려볼수록 눈물겨울 뿐
이다.

좋은 벗을 만나는 것도 시절인연을 따르는 것인지, 내 마음이
편안할 때는 보이는 것들도, 마주치는 사람도 다 좋아 보이는 것
인지, 그 세 해 동안 백암산에서 함께한 도반들 가운데는 성정이
거칠고 모난 사람이 거의 없었다.

2년쯤 지날 무렵, ㅈㄱ 스님이 운문암에 방부를 들이고 안거에 들어왔다. 처음엔 그 스님의 등장으로 대중의 분위기가 눈에 띄게 움츠러들었다. 갑자기 다들 입이 무거워졌고, 그 스님 곁에 가까이 앉으려고 하는 사람도 잘 없었다.

우선 덩치가 위압적으로 보일 만큼 컸다. 손발도 솥뚜껑 같았고, 그의 팔은 내 다리통만 하고 허벅지는 내 허리통만 할 것 같았다. 옆으로 긴 눈매도 결코 호락호락해 보이지 않았고, 이마에는 내 천川 자가 깊이 새겨져 있었다.

그러나 며칠 지나지 않아 대중들은 하나같이 안도하기 시작하였다. 겪어보니, ㅈㄱ 스님은 호인 중의 호인이었고, 우리 가운데 가장 선량한 사람 같았으며, 순박하기는 시골 형 같고, 무엇보다 수행자다운 겸손이 몸에 배어있었기 때문이었다. 어느 결에 분위기는 급반전하여 다들 그와의 공존을 기꺼워하기 시작하였다.

그는 자신이 선방에 정진하러 온 것이 첫 철이라고, 모두를 구참舊叅처럼 대했다. 세상의 나이로 따져도 나보다 손위일 뿐만 아니라, 홧김에 강원에서 도망 나온 나와는 달리, 4-5년 걸리는 강원의 이력을 착실히 마치고 들어왔기 때문에, 좌차가 위여서 하판의 내 바로 윗자리에 앉았음에도, 그는 나까지도 마치 선방에 오래 다닌 구참납자舊叅衲子인 양 대하였다. 하판에 앉은 우리는 허드렛일이 많은 다각茶角 소임을 함께 맡았다.

어느 날 나는 스님들께 사과를 깎아드리고 있었다. 나는 간단한 연장을 다루는 손이 제법 빠른 편인데도, 공급이 수요를 따라잡기 힘들었다. 이유는 전적으로 ㅈㄱ 스님의 식성에 있었다. 볼이 미어질 만큼 사과 서너 쪽을 동시에 입안에 넣고 우걱우걱하면서도, 손에도 역시 연이어 밀어 넣을 사과 쪽을 계속 들고 있었다.

"아, ㅈㄱ 스님. 천천히 좀 먹어요. 누가 뺏어 먹어요? 어차피 여기 사과 9할은 스님이 다 먹겠구만."

"전 말입니더……"

"……?"

"머이든……"

"……?"

"머이든…… 입안에…… 꽉 차야 맛입니더."

다들 웃다 지쳐갈 즈음, 누군가가 불쑥 물었다.

"스님, 출가하기 전에 뭐 했어요? 아니 뭘 좋아했어요?"

"저요? '후까시' 잡는 걸 좋아했지예."

"후까시?"

"예. 이를테면 헌병들 '똥폼' 잡는 거라예."

"헌병이었어요?"

"군대서는 헌병이었지예."

그는 강릉 사람이었다. 도회지는 아니고 변두리의 농촌이었던 것 같다.

"고등학교 졸업하고 집안 형편 땜에 대학 못 갔어예. 집에서 농사짓자 해서 쫌 하다가, 답답해서 무작정 상경했지예. 첨에는 신문도 돌리고 닥치는 대로 이것저것 하면서, 머 쫌 후까시 잡을 만한 기 머가 있나 보이, 호텔 같은 데서 바텐더 하면 딱 멋질 것 같데예. 바텐더 학원이 눈에 띄서 거기 학원 등록할라꼬 신문도 몇 배돌리고 벨 짓 다 했어예. 하마 바 아시겠지만 지는 배고프면 죽고 못 사는데, 후까시 좀 잡아볼라고 쫄쫄 굶으면서……. 수강료 대면서 바텐더 학원 여러 달 다니는 동안은 먹고 사는 것이 지옥 같

앉지예. 어쩌다 라면이나 하나씩 끼리 무면서 악바리 같이 버텼어
예. 드디어, 수백 가지 칵테일을 만들 수 있게 돼 가 시험까지 통
과하고 학원 수료하는 날, 강사가 수료증과 함께, 등록할 때 약속
한 대로 취직할 데로 추천서를 써서 나눠 주는 날이 왔어예. 요레
보니까, 수십 명 학생들 중 성적 안 좋은 애들부터 부르데예. 부
르면, 어디 지방이나 별로 안 좋은 호텔 추천서부터 차례차례 받
아가, 받는 대로 교실을 나가예. 한마디로, 늦게까지 남는 사람이
성적이 좋은 사람이고, 좋은 호텔로 배정이 되는 거지예. 마지막
다섯 명 남았는데, 하나씩 다 5성급 특급호텔로 보내는 기라예.

'내가 그마이 잘 했나? 하기는 그렇게 죽기 살기로 했으니까.'
하는 생각에 심장이 두근두근했지예. 마지막 두 명 남았을 때까
지 나를 안 불러예. 심장이 갈수록 더 심하게 뛰데예. 그 두 명
중 한 명을 불렀는데, 내가 아니었어예. 심장이 금방 막 터질라고
하데예.

그런데 아들 다 가고, 이 강사하고 교실에 나하고 둘이만 남았
는데, 내 이름을 얼른 안 부르는 거라예. '나는 그렇게 좋은 데 안
보내 줘도 괜찮은데, 빨리 부르기나 하지.' 하다가, 낸중에는 몸이
덜덜 떨렸어예. 근데, 강사는 담배를 피워 물더니 창가로 가서 밖
에만 보고 있는 기라예. 그대로 있다가는 죽을 것 같아서 일어났
어예. 창가로 다가가서 물었지예?

'지는 우에 됩니꺼?'

'넌 그냥 가 봐.'

'예? 어디로예?'

'집으로!'

'머, 머라꼬예?'

'집으로 가라고! 너 거울 안 봐? 상판을 좀 봐봐. 누가 너 같은 놈을 데리고 있겠냐? 호텔 손님 다 도망가 버리겠다.'

말이 안 나왔어예. 주먹을 불끈 몇 번이나 쥐었다 폈다 했지예. 그런데 한참 고래 있다 보이 입에서는 불쌍한 말이 나오데예.

'하모 아무 데나 써 주이소. 다 괘안십니더.'

고민 끝에 강사가 추천서 써준 데는 어느 변두리 레스토랑이었어예. 찾아갔더니, 칵테일은 만들어볼 기회도 안 주고 손님들 서빙을 시키는 거라예. 내가 이 짓 할라꼬 그동안 그렇게 굶주리면서 아득바득 살았나 싶을 뿐이었지예. 다 접고 고향으로 돌아가자, 이런 결론이었지예.

서울 떠나서 고향 가는데, '이놈의 서울 땅 다시는 한 발이라도 들여놓나 봐라.' 카는 생각뿐이었어예. '앞으로 서울 놈들 만나기만 하모 내 다 그냥 때리 쥐뿐다.'

고향 갔는데 곧 영장이 나와서 군대 갔어예. 군대서 덩치 때문인지 헌병으로 뽑혔고예. 기분 째지데예! 헌병이라 카는 게 하는 일의 90프로는 후까시 잡는 거라예. 딱 내 체질이라예. 제복을 칼 같이 대리가, 바짓단에다 사슬 집어넣고 사슬 소리 척척 내며 저벅저벅 걸으면 어깨에 힘이 막 드가가 한없이 벌어지고 가슴이 터질라고 해예. 여자대학교 앞길 같은 데를 저벅저벅 지나가면, 남자 아새끼들은 슬슬 피하고 여자아들은 무한한 존경과 흠모의 눈초리로 우러러봐예. 모른 척하고 후까시만 잡으면 끝나는 기라예. 지는 지금도 밤에 꿈만 꾸면, 꿈속에서도 헌병 옷 입고 후까시 잡십니더."

ㅈㄱ 스님은 밥을 많이 먹는 편이었지만, 누가 봐도 그것은 응당

그러해야 할 것처럼 보였다. 전혀 탐욕스런 느낌을 주지 않았고, 자연스럽고 건강하게 보였으며, 그가 뭐든 먹고 있는 것을 보면 함께 유쾌해지고 주변에 활기가 넘쳐났다. 알고 보니, 그의 몸매는 건장하고 듬직한 것이지, 전혀 위압적이거나 부담스럽거나 둔중하거나 거북해 보이지 않았다. 이마의 내 천 자도 선하고 솔직한 함박웃음과 너무 잘 어울리는 것이, 그가 살아온 고난의 시간에 조금도 굴하지 않은 인생길의 승자임을 보여주는 듯했다.

물론, 충분한 양을 먹을 수 없으면 그는 슬퍼 보였다. 선원에서는 매 끼를 예외 없이, 정진하던 자리에서 대중이 둘러앉아 발우공양을 했는데, 죽비가 공양 시작을 알리기 전에 일어나, 앉아 계신 어른 스님들과 상판 스님들 발우에 청수淸水, 밥, 국 등을 돌아가며 퍼 드리는 '진지'라는 것은 맨 하판에 앉은 우리들 몫이었다. 나는 국을 푸고 그는 밥을 뜨는데, ㅈㄱ 스님은 좌차가 위니까 당연히 자기 밥을 먼저 담고 내 밥을 마지막으로 퍼야 할 텐데도, 언제나 내 발우에 밥을 먼저 담아주었다.

그런데 문제는 밥이 모자랄 때였다. 그때 밥 짓는 운문암 공양주 보살님은 밥이 먹고 남으면 안 된다고 언제나 위태위태, 아슬아슬 빠듯빠듯하게 양 조절을 했다.

밥 푸는 사람은 일단 밥을 다 돌리고 나면, 대중이 자기 발우에 담긴 밥이 너무 많거나 모자랄 경우 적당히 가감하는 '가반加飯'을 할 수 있도록 밥그릇을 들고 한 바퀴 더 돈다. 자기 발우에 담긴 밥이 부족한 ㅈㄱ 스님은 그렇게 가반하는 차제에 대중이 한 숟갈씩이라도 덜어주기를 기대하는 눈치가 역력하였다. 가끔은 그 기대마저 물거품이 되는 날이 있었고 그럴 때, 한 술도 안 되는 밥을 먹으려고 제 자리로 돌아와 앉는 스님을 보면 거의 표정이 울상이었다는 말이다. 그런데도 그는 공양주에게 달려가 밥을 좀 넉넉히 하라고 성화를 하거나 다른 일에 불평을 터뜨리는 일이 없었다. 그는 부족함이나 불만스런 것들을 언제나 거뜬히 참고 가볍게 웃어넘기고 다른 것으로 달랠 줄을 알았다.

처음엔, 선방 좌복 위에 하루 10시간 이상을 앉아만 있는 일이 그에겐 거의 지옥훈련이나 고문 같겠다는 생각도 들었다. 남들 허리통만 한 다리를 꺾어 가부좌를 하고 앉아 버티는 그를 곁눈질로 보면 거의 주리를 틀리는 형국으로 보였다. 무릎에 놓인 주먹을 불끈불끈 쥐고, 이를 악물었으며, 어깨와 허리를 몰래 뒤틀었다. 기다리던 방선 죽비가 울리면 한숨을 훅 내쉬며 다리를 아예 쭉 뻗어버리기도 했다. 어깨와 머리를 푹 떨군 채 오래 고개를 들지 않았다.

그러나 그는 집요했다. 뜻한 바를 이루기 위해 결코 물러서지 않았고, 인욕하고, 끝없이 다시 밀어붙였다. 반 철쯤 지나자 그는 더 이상 몸을 뒤틀지 않았다. 어떤 때는 거의 바윗덩이처럼 앉아 있었다.

그런데, 그쯤에서 새로운 마장魔障이 그를 괴롭히는 모양이었다. 다름 아닌 수마睡魔. 그가 조는 동작은 모션도 커서 상체가 굽어질 때마다 풀 먹인 옷깃 스치는 소리가 났고, 큰 덩치로 졸다 보면 드르렁 하고 난데없는 코고는 소리를 내버리기도 했다.

"누가 선방에까지 와 앉아서 코까지 골며 자는 거예요?"

한번은 입승스님에게 그런 경책까지 받게 되자, 그는 심사숙고하던 끝에 어디서 두 자쯤 되는 막대기를 깎아다 옆 자리에 앉는 나에게 내밀었다.

"제가 졸면 마 이걸로 찔러서 쫌 깨워주이소, 스님."

항우장사도 졸릴 때 제 눈꺼풀 들 힘은 없다더니……. 그러나 그의 진실함과 결의는 얼마나 고매한가.

불도 수행의 목적은 제 마음의 본체를 꿰뚫는 데 있고, 수행의 핵심은 제 마음을 바르게 챙겨가는 일, 정념正念에 있다. 자기 내면을 향해 곧게 나아가는 이 외길을 통하지 않고는, 그 누구도 진리를 깨달아 열반에 이를 수 없다.

정념의 두 칼날은 고요함과 깨어있음, 적적寂寂함과 성성醒醒함, 지止와 관觀, 사마타와 위빠사나, 정정과 혜慧, 곧 선정禪定과 반야般若에 있다. 이 정념 수행을 가로막고 훼방하는 것 또한 오로지 혼산이마昏散二魔, 즉 혼침昏沈과 산란심散亂心의 두 마장이다. 이 두 가지 양극의 마장에 균형을 잃고 떨어지거나 포기하지 않고 마음을 챙겨가는 것이 중도中道의 바른 수행이며, 그 바른 길은 오로지 위에서 말한 정념의 두 칼날에 의지할 뿐이다. 산란한 마음은 부수어 적적함, 지止, 사마타, 선정禪定으로 돌이켜야 하고, 혼침은 깨뜨려 성성함, 관觀, 위빠사나, 반야로 일깨워야 한다. 혼산이마昏散二魔도 자기 안에서 일어나고, 그것을 쳐부수는 정념의 칼도 수행자 안에 있다. 스승과 도반은 그 칼을 건네주거나 마장을 대신 막아주는 게 아니라, 이미 수행자 안에 있는 그 칼의 존재와 그것을 쓰는 법을 일러주거나 그 싸움을 지켜봐줄 뿐이다.

실제로 내가 그 막대기로 ㅈㄱ스님 옆구리를 찌른 것은 몇 번 되지 않았다. 입승스님에게서 경책을 받고 고민하는 동안, 아니면 나무막대를 다듬어 깎는 동안, 수마는 지레 겁을 먹고 이미 꼬리를 내렸을 것이다. 스님은 얼마 지나지 않아, 좌복 위에 태산같이 앉아있게 되었다.

나는 그가 바텐더나 후까시 잡는 헌병 대신 운수납자가 되는 길로 이끈 그의 인생 역정에 깊은 경의를 표하고 싶었다. 그 곁에 앉아 한 공간에서 좌선할 수 있게 된 인연에, 모두가 함께 가는 그 한 길에 감사하고 감사했다.

순수한 열정, 소박하지만 결연한 정직성과 진실함, 소탈하고 가식 없는 인간미……. 그가 가진 이런 장점과 매력이 너무 크고 강렬했으므로, 그의 단점과 실수는 금방 그것들에 묻히고 잊혀졌다. 그렇지만, 옥에서 티를 찾아내듯, 함께 안거하는 동안 발견한 그의 단점 하나를 굳이 밉상스레 들추자면, 주위를 과히 청결히 하지 않는다는 것이었다.

다각실 싱크대 위에는 그릇 등을 씻고 나서 젖은 손을 닦는 수건이 하나 걸려 있었다. 그의 청결함에 대한 인식수준은 그 수건이 고스란히 반영하고 있었다. 날이 가고 달이 가면서, 이 사람 저 사람 손을 닦아 점점 때에 절어 가는 수건. 싱크대에서 손이나 그릇을 씻고 난 후, 젖은 손의 물기를 닦을까 하고 수건을 힐끗 쳐다보았다가, 순간적으로 단념하고 차라리 자기 옷깃에 닦고 마는 사람이 늘어갔다.

그 수건을 간간이 빨고 새것으로 걸어두는 것은 전적으로 ㅈㄱ 스님의 소임이었다. 나도 다각 소임을 보고 있긴 했지만, 처음에 그 일을 ㅈㄱ 스님이 하기로 한 이상, 불쑥 그 더러워진 수건을 걷어다 빠는 것은 상대방의 소임에 대한 간섭이나 침해일 수 있었다.

그 더러워진 수건에 대하여 다시 논하자면, 문제는 ㅈㄱ 스님의 마음가짐이나 태도에 있었다기보다는, 저마다의 생활습관이나 어떤 것을 두고 더럽다 깨끗하다 느끼는 우리들 각자의 '청결지수' 같은 것이 다르다는 데에 있다고 말할 수도 있을 것이다. 더럽다 깨끗하다, 밉다 예쁘다, 좋다 나쁘다, 옳다 그르다 등의 모든 판단은 한낱 개개인의 주관적인 분별일 수도 있다. 어디에 이것들을 나누는 불변의 기준이 있고 절대적 가치가 있을까?

어떻든, 그해 안거의 반이 거의 되어가는데도 한 번도 빨지 않은 수건을 가리키며, 어느 날 나는 웃음 띤 얼굴로 ㅈㄱ 스님에게 가볍게 말하였다.

"스님, 이 수건 언제 빠실 거예요?"

"아, 이거요? 진즉 빨아야겠다 생각은 했는데. 지금 당장 빨아야겠네요."

스님은 타월을 걷어서 목욕탕으로 직행하였다.

다음날 보니, 빨래판에다 얼마나 문질러댔는지 너덜너덜해지기 직전의 수건이 제자리에 걸려있었다. 괜히 그 수건한테나 ㅈㄱ 스님한테나 미안한 생각이 들었다.

그러나, 나머지 안거 기간이 다 지나도록 스님은 더 이상 한 번도 수건을 빨지 않았다. 그러나 나에게 이 사건은 그저 재미있는 기억의 한 편일 따름이다. 다른 대중도 모두 마찬가지였으리라.

소임 所任

절집 안의 '소임'이라는 것에 대해 생각해본 적이 있다.

출가하여 승중에 든 사람은 무엇을 해야 하는가? 물론 애초의 보리심대로 부지런히, 일심으로 수행해야 할 것이다. 이것을 젖혀두고 어디에 우리의 본분이 있을 수 있겠는가?

그러나 수행이 우리가 할 수 있는 가장 거룩하고 높은 가치를 가진 인간의 노력이라 해도, 승속을 막론하고 육신을 가지고 태어난 사람은 의당 그 생존을 위해 무엇인가를 하지 않을 수 없다. 이러한 최소한의 생계유지 활동은 승가에서는 훨씬 단순하면서도 체계적으로, 자발적이면서도 협동적으로 이뤄진다. 이것을 체험해본 사람은 이러한 공존과 동행의 방식이 얼마나 아름답고 편리한 일인지를 잘 안다. 이렇게, 모두의 평화로운 공존과 수행을 위해 저마다 맡게 되는 역할이 바로 소임이다.

좋은 승가 안에서는 본질적으로 모든 인간과 생명이 원칙적으로 평등하고, 누구나 주인이다. 방장스님, 주지스님이 갓 계를 받은 스님이나 절에 들어온 행자와 같은 밥을 먹고 같이 울력을 한다. 그런 일상 가운데서, 누구나 모든 것의 근원인 절대의 가치를 자기 안에서 찾고, 공유하고, 더불어 격발시키면서, 서로 긴밀하게 교감하고, 도와 이끌고, 의지한다.

승가의 조직에서 이런 공동체의 유지와 가치 구현을 위해 저마다 무엇인가를 해야 한다. 소임이란 어떤 경우에는 자신의 수행력과 분에 따라 대중으로부터 위임된 높고 낮은 '자리'나 직책일 수도 있지만, 어떤 일이라도 이름이나 포지션에 굳이 얽매이지 않고 극히 자발적이고 대승적인 마음으로 행하여, 마땅한 작위나 자취가 없는 역할을 소임이라 보는 것이 본래의 불법佛法에 입각한, 훨씬 깊이 있는 해석이다.

함께 열반을 향해 나아가기 위해 속세의 모든 것을 버리고 승가에 들어왔다는 사람이 자리나 이익 같은 것을 의식하거나 탐하는 것은 청정승단의 일원으로서 치명적인 결격사유이며, 몹시 수치스런 일이다. 자고로 자신의 도덕과 안목을 냉철히 돌아보아 대중 앞에 나서거나 남을 가르치는 일에서조차 정직하고 겸허해야 할진대, 영원한 절대의 가치인 '모두의 열반'을 구현하기 위해 승가에 들어온 사람이 당초에 품은 뜻과 입은 은혜를 저버리고 사사로운 이해에 사로잡히고 삿된 욕망을 가진다면 그 과보도 불 보듯 뻔한 일이거니와, 스스로 자신의 심경이 결코 당당하고 만족스러울 수 없으며, 수행을 통하여 승가에 합류한 보람을 누리는 것은 애초에 사상누각에 지나지 않게 된다.

이삼십 년 사이에 눈에 띄게 우리 승가의 승풍僧風이 해이해지고 작금의 시류에 휩쓸려 2천6백여 년을 통하여 승가에 지켜져 온 금과옥조와 같은 허다한 전통과 관행들이 무너져가는 현실을 통탄할 때가 많았다. 불과 몇십 년 전만 해도 절집 안의 분위기나 스님들의 생각이 결코 이렇지는 않았다. 어느 절에 가도 맑은 귀감이 있었고, 좋은 어른이 계셨고, 사부대중이 운집하면 뭉클한 환희로움이 있었으며, 도처에 가슴을 치고 의식을 일깨우는 도반의 밀행密行이 있었고, 불자들의 신심 어린 후원과 더불어 함께하는 공명과 어울림이 있었다.

그리고 이 모든 것들은, 누구나 스스로를 부끄러워하고 내세우지 않으며, 대신 오직 우리 모두의 행복과 대자유를 바라는 보리심菩提心에 기인하였다. 가장 민주적이고 순수한 승가의 공동체의 정신이 살아있고, 더불어 각각 말없이 구도하며 묵묵히 자기 소임을 다하는 승속僧俗 수행자들의 각성이 있어 가능했던 아름다움이었다. 이 세상에서 이러한 삶의 양식과 지향이 퇴색하고 사라져간다는 것은 얼마나 피눈물 나는 비극인가.

'이판사판理判事判'이라는 말. 오늘날 우리가 매우 천박한 개념으로 오용하고 있는 것과 달리 불가에서 쓰일 때는 비교할 수 없이 깊은 뜻을 지닌 말이었다. 이것은 다분히, 조선조 오백 년 숭유억불崇儒抑佛의 소산이다. '구름처럼 몰려든 대중에게 설법하기 위해 비좁은 전각 안이 아니라 널찍한 야외에 마련한 '법석'이라는 뜻의 '야단법석野檀法席'이라는 말도 마찬가지다. '야단스럽다', '법석을 떨다', '야단법석이다'와 같이 부정적이고 좋지 않은 뉘앙스의 전혀 딴 말로 와전되어 쓰이게 된 것을 보라. 흔히, 유생들은 밑도 끝도 없이 스님들을 하대하고 불법을 비방하였으며,

불교에 대한 사람들의 인식까지 호도하였다. 입신양명을 위해 익힌 글줄을 무기삼아 사대적 세계관, 교조적 성리학 이론에 국집하여 사회를 떠받치는 민중 위에 군림하던 봉건적 지배세력이, 우리 민족 천 년의 역사를 선도하고 숨결을 같이해온 불교를 너무 쉽게 배척하고 사상적, 언어적으로 갖은 왜곡을 일삼았다. 우리의 언어생활 속에 파고들어 남은 흔적이 오늘날까지 지워지지 않고 있다. 근대화 이후 사회의 모든 부문과 인간정신까지 잠식해오는 외세, 특히 서구문명의 거대한 패러다임은 뒤를 이어 그보다 더한 일을 하고 있지만…….

선종禪宗이 주류를 이뤄온 절집 안의 소임을 두 가지로 대별하면, 곧 이판理判과 사판事判이다. 이판승理判僧이란 본래 불문佛門의 종지宗旨인 선리禪理를 참구하는 단계에 있는 운수납자雲水衲子, 선객禪客이나 수도승을 뜻하였다. 그들은 대개 일정한 거처와 소유 없이 운수처럼 떠돌면서 뜻을 오직 마음 밝히는 일, 화두참구로써 종문宗門의 일관一關을 꿰뚫어 견성하는 일에 두어 진력하였고, 소임은 철철이 방부 들이고 함께 안거하는 대중 가운데서 지극히 순수한 보살심으로 임하여, 굳이 힘들고 궂은일도 마다하지 않았다. 반면, 사판승事判僧이란 이미 선리를 투득透得하여 납자를 제접하고 중생을 교화할 안목과 기량을 갖춘 다음, 주지住持나 조실祖室이 되어 몸소 회상會上을 열거나, 깨달은 바를 보림保任하며 대중 가운데 머물며 수행대중을 위해 공양을 짓거나 농삿일 따위를 하는 등, 장차 만중생을 제도할 복연을 닦는 큰 수행을 하는 승려를 일컫는 말이었다. 이사理事에 막힘이 없는 수행력은 물론이고, 진정한 보리심과 큰 원력을 품어야 비로소 감당할 수 있는 것이 사판의 소임이었음을 알 수 있다.

서역의 보리달마가 동토東土로 와 최상승最上乘의 법등法燈을 전해온 이래, 선종禪宗은 중국에서 교종敎宗의 불법이 흔들리고 탄압 받던 시기에 도리어 융성하여 북방불교의 주류가 되었다. 그 저력은 다름 아니라, 실다운 수행으로 진실한 깨달음에 이르는 것을 불제자의 본분으로 여기는 이판理判의 실증實證과 더불어, 저 백장 선사의 一日不作 一日不食, 하루 일하지 않으면 하루 먹지 않는다는 정신이 대표하듯, 수행자의 생계와 일상을 권력의 비호나 재가자의 후원에 의존하기보다는 수행자들이 논밭과 들판으로 나가 직접 경작하여 자급자족하는 가운데 수행과 일상 깨달음과 교화, 자리와 이타를 일치시키는 사판적事判的 실천이 철저하게 결합된 선종 승가로부터 나온 것이었다.

불교의 다양한 전통 가운데 가장 실천적이고 생동감 넘치는 선종사 속에는 기라성 같은 거장들의 일상 속 법담이 넘쳐난다.

어느 날 황벽은 제자 임제와 함께 밭으로 울력을 가고 있었다. 그런데 돌아보니, 이미 스승의 격발로 깨달음을 이룬 바 있는 제자 임제는 무슨 속셈인지, 김을 매러 가는 길에 연장도 없이 휘적휘적 따라오고 있었다.

"이리 가까이 오너라. 너와 논할 것이 있다."

스승은 자신이 들고 가던 괭이를 땅에 세우더니 말하였다.

"나의 이것은 천하의 누가 와도 뽑아갈 수 없다."

임제는 단번에 괭이를 치켜들며 말하였다.

"그런데 왜 이것이 제 손아귀에 있습니까?"

스승 황벽이 돌아서며 말하였다.

"오늘 울력은 너 혼자 가거라."

선의 정신과 전통은 해동海東에 들어와서도 거의 원형대로, 어쩌면 더욱 융성하게 펼쳐져 왔다. 통일 신라 말에는 구산선문이 생겨나 곳곳의 심산 명찰에서 기라성 같은 본분 납자들이 쏟아져 나왔고, 고려조에도 그대로 이어져 숱한 고승 대덕들이 백성과 나라의 스승이 되었다. 심지어는 지독한 사상적 제도적 탄압과 박해를 거치며 오백 년을 흘러온 조선왕조시대에도, 국권을 잃고 온 민족이 도탄과 실의에 빠져있던 일제 치하에서도, 선불교의 전통은 면면이 이어져오며 난세의 명안明眼과 사표師表를 길러 내지 않았던가.

아, 그러나 오늘날 한국 승단의 모습은 어떠한가? 출가자들의 근기도 선풍도 너무 빠르게 약해져가고 있음을 본다. 제대로 보리심도 발하지 못하고서 승복을 걸쳐 입고 승단에 들어왔다가, 수행으로 선리를 밝히려는 이판理判의 본분은 일찌감치 포기해버리고, 사람들에게 그저 기복祈福이나 가르치고 스스로도 눈 먼 복이나 지으려 들거나, 한 술 더 떠 높은 직책이나 젯밥에 눈이 어두워 직업승職業僧 노릇을 하거나, 아예 인면수심人面獸心이 되어 세인 못지않은 탐욕과 권모술수로 명리를 좇는 엉터리 사판승들이 급증하고 있다. 결국은 그런 부류에 의해 승가의 흐름이 좌지우지 되고, 중심부와 말단의 조직이 다 재편되어가고, 사찰의 재산권과 운영권조차 잠식당하는 지경으로 치닫고 있다. 이런 현상은 근현대 한국의 역사적 배경과 전개, 혹은 세간의 인간사 모든 측면이 급격하게 변화해가는 시류와 맞물려 참으로 우려스러운 수준까지 진행되어간다.

그럼에도 불구하고 지나치게 주관적인 것일지 모르나, 아직 혹자는 우리의 민족문화유산 가운데 현대에 이르러서도 가장 뛰어난 세계적 가치를 지니는 것은, 1500년 불교 역사의 면면한 흐름을 통해 철철이 하안거夏安居, 동안거冬安居를 계속해온 한국 선종의 승가, 혹은 안거제도 자체라고 주장한다. 알고 보면 깊이 공감이 가는 이야기다. 승가나 안거제도가 외국사람들에게 보여줄 만한 무슨 대단한 구경거리나 자랑거리여서가 아니다. 오랜 역사 속에서 거의 원형대로 지켜져 온, 다른 나라에 비견할 만한 유례가 거의 없는 전통이어서만도 아니다. 무엇보다, 불교 역사에서 지금껏 지켜져 온 우리 승가와 그 운용방식이야말로 이 시대와 인류의 문명을 구원할 유일무이한 공동체적 대안의 전형이자, 역사 속에 현실로 나타나 지금껏 이어져온 가장 이상적인 인간의 존재양식, 혹은 인간사회의 가장 조화롭고 의미 있는 구성방식으로 여겨지기 때문이다.

고귀한 전통을 지닌 한국의 승가가 이러한 시대적 역할을 다하지 못하고 도리어 갈수록 흔들리고 위태로워져 가는 것은, 빠른 속도로 우리 사회의 근대화과정을 주도하며 밀려든 서구식의 물질만능주의나 개인주의와 같은 외부로부터의 도전이나 위협 때문이라기에 앞서, 이사理事 양면에서 승가 내부 성원들의 진실성과 도덕성이 흐려지고 있는 탓이며, 우리 스스로가 승가의 진가에 대한 자각과 인식이 부족하기 때문이다.

이 승가의 가능성에 주목하지 못하는 인간이 삶의 목적과 의미를 찾기란 요원한 일이다. 근원적인 무지와 혼란을 벗어나기 힘들며, 맹목적으로 이기적이고 탐욕적이며 폭력적인 삶을 살아가기 쉽다. 현대에 들어와 인간들의 탐진치貪瞋痴는 옛 시대의 고전적 내면적 가치의 몰락이나, 정치경제사회문화의 인간 생활 모든 단면을 뒤흔든 전체적인 가치관의 혼란으로 인하여 더욱 조장되고 통제가 어려운 상황으로 치닫고 있다. 이런 세상일수록 사람들에게는 승가적 삶에 눈뜨고 동참할 인연이나 기회가 절실하게 필요한데, 답답하게도 지금의 한국 승가는 무엇을 하고 있는 것일까?

석가모니 부처님은 정각을 성취하시면서 얻은 숙명통으로 무량겁 과거세 부처님 세계를 다 살펴보시고, 계율을 정하여 승단의 제자들에게 지켜가도록 가르친 부처님들의 세상에서는 그렇지 않은 부처님 세상보다 한결 승단과 불법이 오래 가면서 훗날의 중생까지를 두루 제도하게 된 것을 아시었다. 그리하여 당신의 교단도 출가, 재가를 막론하고 제자라면 응당 계율을 지키며 가르침을 배우고 수행을 해가도록 이끄셨다.

모든 계율이 절대적으로 지켜져야 하는 고정불변의 철칙이었던 것은 아니다. 많은 것들은 시간과 장소, 상황에 따라 얼마든지 다르게 조정될 수 있는 것이었다. 무슨 일을 하건 절대적인 방식이나 기준이 꼭 있어야 하는 것은 아닌 것과 마찬가지다. 그러나 계율이나 청규, 관행이나 전통과 같은 것들이 대체로 존중되고 지켜져 갈 때, 세상과 승가의 성원들 사이에는 화합과 질서와 평화가 자연스레 깃든다. 그리하여 마침내 승가의 일원들이 저마다 이 존재계 안에서 바라는 바, 참으로 얻을 가치가 있는 것을 성취하게 한다. 도덕성이란 전체의 존립을 위하여 개인의 자유를 제한하는 것이 아니라, 도리어 자신과 모두가 의미 있게 살아가게 하면서 보다 크고 완전한 행복을 향해 나아가도록 하는 필요불가결의 조건인 것이다. 아름다운 세상이란 그런 것이 아니겠는가? 부처님께서는 친히 술회하셨다.

"천상에서도, 천하에서도 여래는 화합승가보다 더 아름다운 꽃을 아직 보지 못하였다."

우리는 이판에서도 사판에서도, 부처님 당시나 초기 선가禪家의 수행자들이 보였던 모범을 돌아보아야 하고, 기준 삼아야 하며, 이 시대에 맞도록 실천해 가야 한다.

공양주

송강사 강원에 있으면서 불일암에 주석하시는 은사 법정 스님께 시봉을 다니던 때가 있었다.

어느 날 스님께서 순천 시내에 살 것들이 있어 나가신다고, 나도 병원에 갈 거면 따라가자고 하셨다. 장작을 패다가 튀어 오르는 장작에 이마의 살가죽이 조금 찢겨 병원에서 봉합하는 치료를 한 지 며칠이 지난 터라, 그날 가서 실밥을 뽑으면 좋겠다고 미리 말씀드렸기 때문이었다.

스님은 차 안에서 5만 원을 주시면서 이따가 치료비 계산을 이 돈으로 하라고 하셨다.

내가 병원에 들렀다 오는 시간이 길어지자, 스님은 서두르기 시작하셨다.

우체국 앞에 차를 댄 다음, 얼른 편지를 한 통 부치고 오라고 건네셨다. 도로에 서 있는 교통경찰관을 가리키시는 것으로 보아, 서둘러야 한다는 뜻이었다.

보통은 우체국 건물 밖에도 우체통이 있었던 것 같은데 거기는 없었다. 안으로 들어가니 그날따라 공과금 내러 온 사람들이 북적거리고 길게 줄을 서 있었다. 여기 우체통 어디에 있어요? 직원이 턱으로 가리킨 곳으로 가봤으나, 그 빨간 애물단지는 그쪽에도 없었다. 밀려 나오는 울화를 참고, 다시 몇 단계를 거쳐, 마침내 편지를 그 빨간 주둥이에 쑤셔 넣고 달려 나왔다.

그런데, 길가에 정차해 있어야 할 스님 차는 보이지 않았다. 당혹해 하며 두리번두리번 찾다가 뒤쪽 저만치서 멈칫거리는 크림을 많이 탄 커피색 차를 향해 막 달리려던 찰나, 저 앞쪽에서 신경질적으로 길게 울리는 경적소리를 들었다. 방향을 바꿔 앞쪽으로 허겁지겁 달려가 차에 올라타는 순간, 스님께서는 세상에서 제일 멍청한 놈을 보고 한 마디 하신다는 투로 한 말씀 하셨다. 교통순경이 차를 거기 대지 말고 빨리 빼라고 하면 후진해서 뒤로 가는 사람이 있겠어?

시장통을 지나며 이거 사, 이거 사, 이거, 이거, 그리고 이거, 하시면서 지나쳐가셨다. 값을 치르고 물건 챙기고 나면 언제 어느 골목으로 들어가셨는지 모습이 보이지 않았다. 나는 더욱 혼비백산하기 시작하였다. 스님께서 왜 오늘 화가 나셨는지, 왜 기분이 좋지 않으신지 생각해보려고 했지만, 가늠할 시간도 없었다.

저 지업사에 가서 아스테이지 있나 봐.

없대요.

저기 가봐. 없다는데요. 어디 또 지업사 있나 간판들 잘 봐봐. 저기요. 가봐. 문 닫았어요.

스님은 약 살 게 있다고 약국으로 들어가셨다. 그때 길 건너편으로 문구점이 하나 보였다. 아, 저기 가면 아스테이지가 있을지 모른다.

  스님은 며칠 전에 겨울 채비 하시느라 문과 창에 창호지를 새로 바르셨다. 홑문으로 외풍을 막기엔 역부족이다. 바깥쪽에 아스테이지를 붙이면 한지 창호의 외관을 크게 손상하지 않으면서 방의 보온에 한결 도움이 된다.

  차에서 나와 서둘러 횡단보도를 건넜다.
  아스테이지 있어요? 네. 그런데 시간대가 아이들 방과 직후인지, 꼬맹이들이 가게 안에 꽉 차 있다. 이거 얼마예요? 5백 원. 아저씨 이건요? 2백 원. 아저씨 이거 아까 거랑 합하면 1300원이죠? 아까 뭐? 지우개랑 볼펜요. 아저씨 여기 1000원요. 아스테이지 있어요? 빨리 좀 주세요. 몇 미터요? 4~5미터 정도요. 아저씨 이거 얼마예요? 8백 원. 얼마 끊어 드려요? 5미터요.

아저씨 우리 계산 해주셔야죠. 알았어, 이따가. 주인은 사다리를
아이들 틈에 위태롭게 세워놓고 위로 올라가 먼지 덮인 두루마리
들 틈에서 아스테이지를 찾아 메고 위태롭게 내려왔다. 아저씨
이거 얼마냐구요? 가만 있어봐.

　주인은 조금도 서두르지 않았다. 어디서 30센티 자를 찾아 들
고 있었다. 아까 얼마 끊어 달라고 하셨죠? 5미터요. 5미터요?
그는 세월이 가더라도 30센티 자로 저 아스테이지를 꼭 재고야
말 사람이었다. 속이 바짝바짝 탄다. 잠깐만요. 그걸 언제 다 재
려고 하세요? 통째로 얼마예요? 두루마리 전체. 이거요? 4만
원. 자, 여깄어요, 4만 원. 일루 주세요.

　전리품처럼 아스테이지 두루마리를 메고 나타나자, 스승은 악
전고투의 개선장군을 어이없다는 눈초리로 다시 빤히 바라보셨
다. 거 뭐야? 아스테이지요. 아니, 창 두 개 바르는 데 쓰겠다고
그걸 다 사? 이거, 원. 얼마치야? 4만 원어치요. ……. 이 담에
누가 큰절 원주라도 하라고 하면 절대 하지 마, 알았어? 절 살림
다 말아먹겠어.

　스님은 암자로 돌아와, 내가 겨우 2미터 정도의 아스테이지를
끊어 창을 두르고 나자, 그 두루말이를 잘 싼 다음, 다락에 올려놓
기 전에 매직펜으로 쓰셨다.

　'아스테이지. 4만 원어치.'

　운문암 선원에서는 안거 시작 전 결제結制를 할 때 그 철 수행
을 하러 온 대중 가운데서 누가 원주 소임을 자임해야 했다. 정진
하는 틈틈이 대중의 수용과 절의 살림살이를 챙겨야 하는 벅찬 소
임을 어찌 나 같은 하판의 중이 맡을 수 있겠는가. 그런데 그 해에

는 모인 대중이 다 나처럼 생각했는지 아무도 자원하는 사람이 없었다.

산철에 인사드리러 송광사 불일암에 갔다가 은사스님과의 그런 일이 있은 지 얼마 지나지도 않아, 내가 운문암 선방 원주가 될 줄을 누가 알았으랴. 절 살림을 챙기는 소임을 맡을 깜냥은 전혀 못 된다는 말씀이 생각나지 않은 건 아니지만, 선지식 회상에 이렇게 좋은 뜻으로 뭉친 대중이 모여 정진하는데 무슨 짓인들 못하랴 하는 이판사판의 심정으로 스스로 하겠다고 나선 것이다. 일주일에 한두 번 시장 보러 나가는 것 말고는 정진시간을 거를 일도 별로 없었다. 더구나, 입산한 지 얼마 안 되었지만 나이도 지긋하고 운전을 잘하는 청산 스님이 별좌別座가 되어 돕는다고 한다.

처음에 내가 원주가 됐다고 가장 좋아하던 사람은 몇 년째 그 절에 와서 공양주를 하고 있던 보살님이었다. 그런데 막상 내가 살림을 맡으면서 이것저것 너무 따지고 간섭하여, 이 음식은 이렇게 하고 저 음식은 저렇게 하라며 뭔가를 자꾸 지시하고 요구하다 보니, 차츰 입이 튀어나오게 되었다. 반면, 전에는 뭔가 늘 부족하고 입맛에 척척 맞지 않아 불편해하던 대중은 내가 음식을 꼼꼼히 챙기는 바람에 먹고 지내기가 아주 좋아졌다고 다들 흡족해하며 사뭇 환영하고 나섰기 때문에, 나는 공양주 보살님의 불만을 짐짓 모른 체하며 노선을 바꾸지 않았다. 그러자 보살님이 어느 날은 내 면전에서 이렇게 투덜거리는 것이었다.

"사람은 겪어봐야 안다 카더이……"

"나 오래 겪어보지 않았어요?"

"인상만 보고 마 속은 기라예."

"더 겪어보세요."

나는 새벽정진을 마치고 나와서 직접 아침 죽을 끓이기에는 시간이 부족해서, 재료 준비와 시작을 공양주 보살님이 하고 있으면 끝나고 나와서 돕겠다고 하고, 메뉴는 전날 저녁에 미리 칠판에 적어놓을 테니 그에 맞춰 준비하시라고 공양주보살님에게 일렀다. 그런데 보니까, 이 보살님이 들깨죽이라고 적어놓으면 뜬금없이 호박죽을 준비하고 있거나 잣죽을 끓이자고 했는데 팥죽을 끓이려고 하고 있거나 하는 일이 번번이 거듭되었다. 이 양반이 이제 본격적으로 저항을 하시는구나. 나도 언짢은 표정을 지었다.

"보살님, 저 정말 싫어요? 왜 이렇게 엇나가시는 거예요? 여기 칠판에 적어놓은 것 안 보이세요?"

그러자 날아온 공양주 보살님의 반격은 너무 뜻밖이었다.

"나 글자 몰라예!"

"정말요?"

"와 거짓말을 하겠는교?"

문득 지난 하안거 때 있었던 한 사건이 머리를 쳤다.

스님들은 대체로 면종류를 무척 좋아하셨다. 옛날부터 국수를 승소僧笑라고 했다는데, 국수만 나오면 스님들이 좋아서 싱글벙글 한다고 해서 붙은 말이라고 한다.

더운 여름날 점심으로 마침 맛있는 냉면이 나와 다들 정신없이 먹어 치우고 있는데, 한 스님이 그릇 바닥에 뭔가 정체를 알 수 없는 가루가 섞여 있다고 말했다. 그러고 보니 모두의 발우에 상당히 많은 까만 이물질이 국수 밑에 가라앉아 있었다.

"후춧가룬가?"

"후추 냄새는 하나도 안 나는데요."

"냉면에 후추를 칠 리가 없잖아요?"

그러자 그 하얀거 때의 원주스님이 뭔가 짚이는 데가 있다는 듯 공양간으로 뛰어갔다. 그리고 쓰레기통에 들어있었다며 찢긴 분말스프 봉지 같은 걸 한 줌 들고 왔다.

"다 병원에 가셔야겠어요."

"왜요?"

"그거 방부제였어요."

"방부제? 여기 '먹지 마시오.'라고 분명히 쓰여있는데 공양주 보살님이 왜 이걸 일일이 찢어 넣었을까?"

"살해 음모가 있었던 것 같습니다!"

"하하, 그럴 리가? 공양주가 스님들 이거 드시고 법체 잘 보존해서 죽더라도 썩지 말라고 공양 올린 거겠지."

모두가 좀 걱정하며 의도치 않고 당한 임상실험 결과를 기다렸지만, 다행히 오후 정진을 마치고 나도 아무도 배가 아프거나 속에 문제가 있다고 느끼는 스님은 없었다.

"원주스님, 공양주한테 너무 뭐라고 하지 마요. 가뜩이나 일이 많고 바쁜데 그거 읽어보고 넣었겠어? 대신 그 생면 만든 회사에 전화해서 '먹지 마시오.' 대신, '이 방부제는 드셔도 됩니다.'라고 써 넣으라고 하세요."

그 결정적 사건이 있었을 때조차도 공양주보살님이 문맹이라는 것을 아무도 몰랐었다는 것은 한편으로는 당사자가 그 사실을 많이 창피해해서 드러내기 싫어했기 때문이기도 했겠지만, 다른 한편으로는 그녀가 최소한 일상생활에서 전혀 사람들에게 조금이라도 모자라거나 둔한 사람이라는 인상을 주지 않을 정도의 지능을 지닌 사람이라는 것을 의미했다. 나는 그녀가 오히려 아주머리가 좋은 편에 속한다는 단적인 증거도 가지고 있었다.

어느 햇살 좋은 날 오후, 점심을 마치고 산등성이를 돌아오는 오솔길로 포행을 하고 있었는데, 멀리 떨어지지 않은 바위께에서 여인의 노랫소리가 들려왔다. 걸음을 멈추고 지팡이를 짚은 채 듣고 있다가, 노래가 한두 곡으로 끝나지 않고 하염없이 이어지는 바람에 나중에는 아주 길가 돌섶에 자리 잡고 앉아 흐뭇하게 감상을 하였다. 누굴까 궁금한 생각이 떠나지 않았는데, 어느 순간에 문득 그 주인공이 우리 절의 노보살이라는 것을 알아차리게 되었다. 그녀의 입에서 흘러나온 옛노래들의 가락은 매우 구성지고 고와서, 가슴이 뭉클할 정도였다.

"보살님, 내가 한글 읽는 거 가르쳐드릴까요?"

"냅 두이소, 마. 지는 안 됩니더."

"왜요?"

"타고나기를 그래 멍청하게 타고났는데 우얍니꺼?"

"보살님!"

"……"

"그 많은 뽕짝 가사는 어떻게 다 외셨어요?"

"노래 가사하고 기역 니은 하고, 어데 같은교?"

"화투 칠 줄 아세요?"

"화투 못 치는 사람이 다 있는교?"

"일월이 솔, 이월이 매조…… 이런 거 알겠네요?"

"내가 머 바보 천칩니꺼?"

"바보 천치도 배울 수 있는 게 한글이에요. 보살님은 아마 30분이면 될 것 같은데요."

나는 ㄱ을 칠판에 그렸다.

"이거 읽을 줄 아세요?"

"누가 낫 놓고 기역자도 모를 줄 압니꺼?"

"좋아요. 이건 그냥 '기역' 하지 말고 '그'라고 읽으세요. 자, 그리고 이것, ㅋ. '칵' 하고 낫으로 뭘 자르는 모양인 이것은 '크'라고 읽어요."

"크."

"이렇게 낫을 내려놓으면, '내려놓다'에서 처음 소리를 따서 '느'라고 읽으세요."

"느!"

"이건 '얼굴'처럼 동그라니까 '으'라고 읽고, 이건 '할아버지 모자 쓴 모양'이니까 '흐'라고 읽어요. '막혀 있는 이것'은 '므'라고 읽고, '바라보며 막힌 것 양쪽에 서있는 이것'은 '브'라고 읽고, '평평하게 펴 놓은 이것'은 '프'예요. '들어갈 수 있는 이것'은 '드', '톱날' 같은 이것은 '트', '라면'처럼 꼬부라진 이것은 '르'. '서 있는 이것'은 '스', '지고 서 있는 이것'은 '즈', '창을 지고 서 있는 이것'은 '츠'……"

두 번 반복하고 나자 세 번째는 짚기 바쁘게 읽으신다. ㄸ, ㅃ, ㅆ, ㅉ처럼 경음이 나는 쌍자음은 한 번에 마스터.

"방금 가르쳐 드린 것들은 '아빠소리'예요. 이번엔 '엄마소리'. [ㅡ]와 [ㅣ]는 누워있는 엄마예요. 이건 '으~' 하며 누워서 좋아라 하는 엄마니까 으."

"으."

"이건 일어서 있는 엄마니까, 이."

"이."

여기에 찍히는 점(·)은 엄마가 좋아하는 선물이에요. 일어서 있는 엄마한테 선물을 드리면 '아!' 하고, 또 하나 드리면 '야!' 하시죠. 등 뒤에서 선물을 드리면 '어!', 누워있을 때 드리면 '오!' 하시고, 엄마가 누웠는데 선물이 등 뒤에 깔리면 '우!' 하시겠죠?"

"세상 쉽네예."

남녀가 만나서 결혼하고 아들 딸 낳는 이치는 보살님이 물론 나보다 훨씬 잘 아셨다. 자음과 모음이 결합하는 것, 한 자음에 이중모음이 붙기도 하는 것, 받침이 한둘 붙은 음절이 되는 것을 다 설명하고 났지만, 미처 30분이 지나지 않은 시간이었다.

옆에 놓인 신문 기사 제목을 가리켰다. 한 글자 한 글자 떠듬떠듬 읽어내는 동안 상기된 얼굴에 몇십 년 미뤄온 감격이 서린다. 이내 본문을 떠듬떠듬, 느릿느릿, 줄줄 읽어 내려가는 노보살님 얼굴이 꽃처럼 피어났었다.

이후로는 매일 아침 죽이 정확하게 칠판에 적힌 대로 준비되었음은 말할 것도 없고, 그 공양주 노보살님과 어설픈 의욕이 넘치는 소임자 원주스님과의 관계는 급속도로 호전되었다.

"보살님, 아들 군대 갔다 오면 출가해서 스님이나 되라고 해 보지 그래요?"

"그래 말입니더. 전에는 이 스님 저 스님, 내가 아들 얘기만 하모, 아들 중 맹글어라 캐서 팔짝 뛰었는데 내 여서 공양주 하메 보이, 만고에 상팔자가 스님들 같애예."

"그래요?"

"와 아입니꺼? 허구한 날 속 편하이 따땃한 방바닥에 앉아있기만 허다, 비 오면 지 신발만 고마 퍼뜩 딜이나 뿌먼 되고, 세상 만고에 일이 없지 머예."

눈

겨울, 운문암. 눈, 눈, 눈…….

겨울이면 운문암에는 거의 매일같이 눈이 왔다. '운문雲門'이라는 이름이 그냥 붙은 것 같지 않았다. 동안거冬安居 중에는 암자로 올라오는 산길에 쌓이는 눈을 치우는 것이 단순한 울력거리를 지나, 거의 보급로를 뚫는 고투였다.

적게 쌓인 가루눈은 비질로, 떡눈은 눈삽을 잇대어 밀고 내려가는 방식으로 치우다가, 한겨울이 되어 적설량이 많아지면서 제설작업은 큰 일거리가 되어갔다. 이삼일이 멀다하고 눈삽으로 한 삽 한 삽 일일이 퍼내자니 다들 진력이 났다.

며칠째 시장갈 날을 기다렸지만 기약이 없었다. 좋아진 공양주의 기분은 공양간의 분위기로, 결국은 음식의 질로 나타났고,

덕분에 대중은 편안하고 흐뭇해하며 정진들도 잘 이루어져가는 듯한데, 그치지 않는 눈발로 길이 막히자 식자재를 조달하는 일도 요원해졌다. 입승스님 이하의 대중들은 먹는 일이나 제설울력을 좀 소홀히 하더라도 정진의 리듬을 되도록 깨뜨리지 말자고 입을 모았다. 중간에서 속이 타는 것은 원주였다.

"……?"

"눈길엔 운전 안 하는 거죠."

"스님, 농담할 때가 아녜요. 공양간에 부식거리가 다 떨어져 가요. 대중들 일용품도 못 구해다 드린 지 너무 오래고. 체인 채우고 한번 내려가 보면 어떻겠어요?"

"스님 뜻이 정 그러시다면 가 봐야죠. 플라스틱 체인이 있긴 해요. 도움은 되겠죠. 그렇지만 혹시 사고 나면, 힘없는 별좌보다는 결정권자인 원주스님 책임이겠죠?"

다행히 점심시간에 입승스님이, 오후엔 어떻게든 대중이 함께 제설 울력을 할 거라고 발표하셨다. 나와 별좌는 아무한테도 말하지 않고 차에 체인을 채우고 기다리고 있다가, 대중이 암자 바로 아래 가장 가파른 구간의 눈을 다 치워갈 때쯤, 무작정 차를 몰고 비교적 빠른 속도로 내려갔다. 눈을 치우던 스님들 몇몇은 어안이 벙벙해서 지나쳐가는 차를 바라보았다.

큰절 가까이 내려오면서 보니 적설량은 고도에 따라 현저하게 적었다. 시내로 나가는 큰길에는 하나도 눈이 쌓여있지 않아 체인을 도로 벗겨내야 할 지경이었다. 딴 나라에 살다가 온 것 같은 느낌이었다. 시장을 샅샅이 돌며 이것저것 사 모으다 보니 차 뒷자리와 트렁크가 가득 찼다. 원주가 된 이래 제일 큰 장을 본 셈이었다.

흡족한 마음으로 돌아오는데 눈발이 날리기 시작했다. 4륜구동으로 움직이는 우리 SUV도 길 위에서 가끔 미끄러져 위태롭게 춤을 추었다.

백양사까지는 무사히 돌아왔지만, 다시 암자로 가기 위해 산길을 오르는 건 너무 무모한 일일 듯했다. 운문암에 전화했다. 입승스님은 절대 올라올 생각하지 말고 큰절에서 자라고 하셨다. 내일 대중이 다 내려와 장 봐온 물건을 등짐으로 지고 올라갈 수도 있다고 하시니, 거역할 수 없었다.

큰절에 말하고 묵을 방에 들어갔다. 그러나, 쓰지 않던 방은 냉골이고 덥혀질 기미가 보이지 않았다. 텅 비고 차갑기만 한 방에선 할 것도 없고 처량맞기만 했다. 차 안의 식자재도 그대로 두면 밤새 다 얼고 말 것이다. 어디로든 날라 옮기려고 물색하다 보니 장소를 얻기도 힘들고 더욱 난감하기만 했다.

"스님, 그냥 차 몰고 올라갈까?"

"낮에 녹았던 길이 다 얼어있을 텐데요."

"스님 눈이 쌓이면 보온효과가 생기는 거 몰라요? 내가 보기엔 눈 밑에 얼음은 없어. 눈에 미끄러지지만 않으면 충분히 가능할 것 같은데."

"에이, 나도 모르겠어요. 그렇다고 플라스틱 체인 저거 너무 믿으면 안 되는데."

"내가 옆자리에서 화두 들고 있어볼게. 그럼 될 대로 되겠지."

"스님, 화두 믿으세요?"

"물론이지. 우린 화두밖에 믿을 것 없는 사람들 아니야?"

"그럼, 갑시다. 나도 갑자기 믿어지네요."

우리는 차 있는 데로 다시 가서, 더욱 굵어진 눈발 속에서 흐릿

한 플래시 빛에 의지하여 겨우겨우 다시 체인을 채웠다.

　차에 시동이 걸리고 나는 호흡을 가다듬었다.　헤드라이트에 비추인 깊이 눈 덮인 밤산은 길과 길 아닌 곳의 경계조차 명료하지 않았다.　겁나게 아름다웠다.

　차가 움직이면서 순백의 눈길을 가르자 풍광도 이런 풍광이, 여행도 이런 여행이, 선방도 이런 선방이 없었다.　돈이든, 권력이든, 자아도취든, 아름다움이든, 인간은 자기가 추구하는 것을 성취하기 위하여 못하는 짓이 없다.　그러나 그 추구와 성취 사이의 역리逆理를 깨닫는 사람은 정말 많지 않다.　가진 것을 버려야 정말 가치 있는 것을 얻고, 아만我慢을 꺾어야 참으로 높아지며, 자기가 사라졌을 때에만 우리의 마음은 지고의 행복을 경험한다. 최상의 아름다움은 인위의 노력을 포기하고 자연 그대로와 하나되는 데 있음을 알기란 왜 이다지도 어려운 것인가?　나는 중이 되면서, 진짜 중이 되려고 노력하면서, 어쩌다 이 역리의 그림자 같은 것이라도 힐끗 보게 된 것일까.

　밤산의 적요를 깨뜨리는 것은 수만 송이의 함박눈이 아니라 평소보다 다섯 배쯤 크게 들리는 우리 차의 엔진 소리였다.　그마저도 그 순간에는 산과, 스승들의 은총과, 납자들의 가난한 의기와, 내 안의 화두와 하나가 되어, 소음이 아니라 거칠 것 없는 절대계의 포효인 양 울려왔다.　그렇게 차바퀴는 세 바퀴 돌면 한두 바퀴는 눈 위를 헛돌면서도 앞으로 앞으로 올라 올라 갔다.

　"어, 어!"

　경사도가 더욱 심해지는 비탈길을 앞두고 갑자기 별좌스님이 운전대를 꽉 그러쥐고 있었다.

　저만큼의 앞길을 마치 바리케이드처럼 무엇인가가 탁 가로막고 있었다. 치고 오르던 차가 아주 잠깐 머뭇머뭇하는 게 느껴졌다. 위험하다. 뒤로 미끄러지기 시작하면 모든 게 끝날 수 있다.

"밟아!"

나도 모르게 고함이 터져 나왔다. 엔진 소리는 더욱 커지고 차는 멧돼지처럼 돌진하여 장애물을 들이받았다. 눈을 뒤집어쓰고 거의 눕다시피 바닥에 닿게 휘어져 있는 길가의 가늘고 긴 소나무였다. 범퍼와 부딪치는 충격으로 나무는 활시위처럼 팅기듯 일어섰고, 솔가지 위의 눈이 흩어지면서 시야가 잠시 흐려졌다. 차가 다시 주춤했다. 한 번 더 소리쳤다.

"밟아!"

뒤는 의식하고 싶지도 않았고, 그럴 겨를도 없었다. 비탈길엔 미끌미끌 올라간 두 줄의 바퀴자국만 새로 내려 쌓이는 눈에 덮여 가고 있었을 테고, 길섶에는 바로 옆 까마득한 골짜기로 떨어지는 벼랑이 있을 뿐이었다.

장애를 지나 오르는 산길로는 다시 물아일체物我一體의 고요함과 깨어 으르렁대는 찻소리만 하나같은 평행선을 그으며 상승하였다.

산을 울리는 난데없는 차 엔진소리에 대중은 더 이상 저녁 정진하던 좌복 위에만 앉아있을 수가 없었던지, 몰려 나와서 우리를 내려다보고 있었다. 산 위를 이리저리 비추던 차의 헤드라이트가 마침내 운문암 마당까지 진입하면서 고개를 숙이자, 선객들은 다들 박수까지 치며 환호하였다.

모두의 도움으로 부식거리랑 다른 물품들을 삽시간에 제 자리에 옮겨다 놓고, 별좌와 나는 선덕禪德 스님께 참회하러 갔다.

"대중 모두의 정진에 관계된 일을 한다면서 너무 무모하게 군점, 깊이 참회합니다."

우리의 경솔한 처신과 행동은 큰스님들과 대중의 하해와 같은 아량과 가피로 단번에 용서되었다.

다시 ㅈㄱ 스님 생각으로 돌아간다. 이번에는 다시 ㅈㄱ 스님의 장점과 놀라운 면모를 들어 찬탄하지 않을 수 없다.

그는 먹은 만큼, 아니 그 이상, 섭취한 칼로리와는 비교할 수 없이 일하고, 마치 금강역사처럼 힘을 썼다.

어느 날 아침, 눈 때문에 또 다시 난감한 상황이 벌어졌다. 큰절 백양사에서 방장스님 법문이 있는 날이라, 아침 일찍 대중은 방장스님을 모시고 큰절에 내려가기로 되어있었다. 외부에서 큰스님의 법문을 들으러 오는 대중도 적지 않을 터라, 행사를 위해 전날 오후 늦게, 큰절 고불선원 대중들은 눈을 치우며 올라오고 운문암 대중은 치우며 내려가서 길을 말끔히 정리해 두었는데, 새벽에 일어나 보니 다시 폭설이 쌓여 제설작업은 완전히 원점으로 돌아가 있었다. 날 새기를 기다려 부지런히 치운다 해도 법회 시간에 맞추기란 아예 불가능해 보였다.

나와 ㅈㄱ 스님 등, 젊은 행동파 몇 명이 머리를 맞대고 논의한 끝에 묘책을 찾아 입승스님께 건의하여 허락을 얻었다. 눈 치우는 것은 일단 오후로 미루고, 아침 일찍 눈썰매를 만들어 방장스님을 모셔 태우고 대중이 백양사에 함께 내려간다는 전략이었다. 우리는 산에서 적당한 굵기의 나무를 베어다 묶고 못질하여 오래 걸리지 않아, 길고 근사한 가마 같은 썰매를 만들었다. 가운데는 나무의자를 가져다 놓고 푹신한 자리를 깔고 단단히 고정시켰다.

시자가 방장스님을 모시고 내려와 좌정하시게 하고 담요와 목

도리 등을 둘러드렸다. 그대로 법상에 앉으신 듯, 너무나 위엄 있고 고고해 보이는 장면이었다.

대중이 썰매를 끌고 호위하여 큰절에 도착하자 광제 선사와 주지스님, 대중이 다 나와 노고를 치하하였다.

그날은 생애를 걸쳐 손꼽아도 몇 되지 않는, 안팎을 걸쳐 전 존재가 행복에 겨웠던 내 기억속의 어느 하루다. 모르긴 해도, ㅈㄱ 스님 역시 헌병으로 후까시 잡을 때보다는 훨씬 가슴이 벅차는 것 같았다.

그로부터 얼마 지나지 않은 어느 날, ㅈㄱ 스님이 나에게 조용히 제설작업에 관한 다른 제안을 하나 해 왔다.

"스님, 창고에 보이, 나무로 이렇게 틀을 짜 가 함석을 세워 덧대서 만든 기 있어예. 멀까 생각을 해봤는데, 아무래도 이기 눈 치우는 물건이라예. 아, 이마 요걸 산길로 끌고 내리가믄 한꺼번에 눈이 치워지겠다 싶은 거라예. 그런데 높이 놓고 보이 너무 오래 돼가 나무가 썩고 그대로는 몬 쓰겠어예. 스님, 우리가 새로 그마이 한번 만들어 볼까예?"

아주 좋은 생각이었다. 우리는 다시 의기투합해서 방선시간에 또닥거려, 나중에 우리가 '눈새'라 이름 붙인 그 제설장치를 성공적으로 재현하였다.

효과 만점이었다. 비탈길을 눈새가 한번 쓸고 내려가기만 하면 제설울력은 그걸로 끝이었다. 속도도 너무 빨라서 전에는 대중 전체가 두서너 시간 걸려 하던 울력이, 젊고 기동성 있는 인력 반만으로도 한 시간 안에 끝나버렸다. 전진하는 것은 거의 방향 잡이에 불과하고, 도리어 뒤에서 끌어당겨 제동을 거는 것이 쉽지 않을 지경이었다. 제설울력이 놀이처럼 끝나고 나면, 짓궂은 스님들은 여유시간에 눈삽을 썰매처럼 타며 동심으로 돌아가 놀기도 했다.

그런데 몇 번의 시험 운행으로 너무 낙관만 하고 있었던가, 곧 눈새의 한계가 나타났다. 눈이 내린 지 오래되거나 날이 과히 춥지 않을 때 내려 조금씩 녹으면서 떡눈이 된 경우에는 눈새가 그 눈을 치우는 게 아니라, 도리어 밟아 다지고 지나가 버리는 것이었다. 어떤 구참스님들은 젊은 스님들의 객기 같은 꼼수를 빗대어 질책하기도 했다.

"저놈이 일을 돕는 게 아니라 더 만드네. 갖다 버려!"

그러나 미련을 버릴 수가 없어 궁리하다가, 결국 생각해 낸 묘안은 눈새에 큼직한 돌덩이를 하나 굴려 얹어 체중을 불리는 것이었다. 그 방책 역시 적중하였다. 이제 눈새는 훨씬 듬직하게 움직이며 길 위에 쌓인 눈을 정확하게 반으로 갈라 좌우로 밀어젖히며 나아가게 되었다.

모두가 매일매일 흐뭇하고, 아무도 내리는 눈을 싫어하거나 걱정하는 사람이 없게 되었다.

그러나, 언제나 일은 방심하고 있을 때 다시 벌어진다.

하루는 그 당시 불국사 조실로 계시던 월산月山 스님께서 서옹 스님을 만나러 오셨다. 월산 노사는 그 몇 년 전, 내가 지리산 정각사 선원에서 지낼 때 그곳 정일正日 선사의 초빙으로 가끔 절에 오셔서 대중법문을 해주시기도 했는데, 그 빼어나고 활협한 도골道骨과 더불어, 간결하고 직절한 법문이 정말 인상적인 큰스님이셨다. 대중은 산 같은 두 노사가 한 도량에서 어울려 움직이시는 걸 보고 무한한 신심을 일으켰다.

노사의 운전기사로 따라온 이는 키가 2미터는 됨직한 거구의 청년이었다. 체구에 비해 퍽 유순하고 순박해 보였다. 듣자니 현직 씨름선수라고 했다.

다음날 월산 노사께서 불국사로 떠나실 즈음 간밤부터 쏟아져 쌓인 눈이 또 길을 막고 있었다. 그 정도야, 별 걱정거리는 아니었다. 우리에겐 눈새가 있었으니까.

오전 정진을 마치고 울력 채비를 갖추기 위해 먼저 나섰던 사람들이 보고했다.

"입승스님, 큰일 났습니다. 눈새 위에다 올려놓던 돌팍이 바닥에 얼어붙어 버렸는데요."

"이런. 어떻게든 그걸 떼어내야지. 여럿이 함께 달려들어서 해봐요."

다들 합세하여 밀어 붙여보려 했지만 도리가 없었다. 당혹감에 무력감이 더해졌을 뿐이었다.

"아, 참. 누가 가서 그 씨름선수 오라고 해봐. 이럴 때 진가를 발휘해야지."

씨름선수는 마치 대기하고 있었다는 듯이 금방 왔다. 힘을 제대로 쓸 줄 아는 사람 같았다. 씨름하는 자세로 바위를 끌어안고 끙끙대자, 불과 이삼십 초 사이에 이마에 땀이 송골송골 맺혔다가 비 오듯 떨어져 내렸다. 그럼에도, 길바닥에 눌러 붙은 바위는 미동도 하지 않았다. 전날 날이 사뭇 풀려 비탈길 위쪽에서 녹아 내린 눈물이 하필 낮은 데 놓아둔 바위 밑으로 기어들었다가 밤새 기온이 내려가면서 얼어붙어 한 덩이가 되어버린 것이다.

"안 되겠는데요."

씨름선수가 이마를 훔치며 일어섰다. 어떤 스님은 해머나 지렛대를 가지러 간다고 하고, 어떤 스님은 물을 끓여 와야 한다고 했다.

"제가 한번 해볼까요?"

그때, 별 대수가 아니라는 말투와 표정으로 ㅈㄱ 스님이 나타났다.

"안 돼, ㅈㄱ 스님. 포클레인이나 불러오면 모를까. 저 거구가 덤벼도 끄떡 않는데, 스님이 어떻게 하겠어?"

그러나 ㅈㄱ 스님은 이미 바위 밑에 두 손을 넣고 반쯤 쪼그리고 앉아 호흡을 가다듬고 있었다.

"으억!"

"와!"

세상에. 실로 불가사의한 힘이었다. 바위가 큼직한 엉덩짝 자국을 얼음 위에 남기고 일어나버린 것이다. 물리적으로 도저히 설명하기 힘든 일이 정말 목전에서 벌어질 수도 있구나 싶었다. ㅈㄱ 스님은 그 길로 혼자서 바위를 들어다 눈새 위에 올려놓더니, 씩 웃으며 돌아섰다. 믿을 수가 없었다.

그 일만이 아니었다.

운문암 긴 마당 아래에는 반지하 형태로 욕실이 있었다. 그 욕실로 가자면 마당 끝까지 가서 돌아내려 가야 했기 때문에 사람들은 적잖이 불편해했다. 큰절 총무스님은 언젠가 바로 질러 내려가는 계단을 만들 거라고 장대석 같이 긴 돌을 그 자리에다 덤프해두었으나, 그것을 쌓아 실제로 쓸 수 있게 만드는 일은 봄이 와서 날이나 풀리면 될지 어떨지 기약할 수 없는 일이었다. 돌아가기

귀찮아서 그 돌무더기를 딛고 축대를 오르내리는 사람들은 점점 많아졌다. 눈이 덮여 있을 때는 더욱 위험해 보였으나, 편리함에 길들여진 사람들은 자꾸 불안한 모험을 감수하고 있었다. 원주인 나는 책임감을 느끼고 결국, 방선시간에 조금씩 작업해서 그 계단을 만들기로 했다.

곡괭이 같은 걸로 돌 놓을 자리의 언 땅을 고르고 지렛대로 장대석을 조금씩 움직여 원하는 위치로 이동시키는 작업은 하루에 한두 계단이 될까 말까한 느린 속도로 진행되었다. 그래도 당장 필요한 작업이라고 생각했으니까 그만둘 수는 없었다.

"스님, 뭐하십니꺼?"

거기로 올라가려다가 등 뒤에서 말을 건 사람은 또 다름 아닌 ㅈㄱ 스님. 하는 일에 대해 대강 설명했다.

"그래예? 그라모 제가 퍼뜩 도와드리겠심더."

"그러시겠어요? 그럼 작업이 훨씬 빨라지겠네요."

그 말이 끝나자마자 나는 눈을 휘둥그레 떠야 했다. ㅈㄱ 스님이 장대석 하나를 이미 불끈 들고 서서,

"어디다 놓을까예?"했기 때문이다. 그것은 마치 사극 드라마 같은 데서 건장한 주인공 남자나 힘깨나 쓰게 생긴 사람이 스티로폼 등으로 만든 가짜 돌을 들고 있는 것처럼 보였다.

아, 또 세상에. 그렇게 해서 계단 전체를 거의 아무런 손색없이 놓는 데 채 30분도 걸리지 않았다. 하나 놓으면 한 계단, 두 개 놓으면 두 계단, ㅈㄱ 스님은 마치 아이들이 쌓기놀이 하는 것처럼 별 하자 없는 계단을 순식간에 완성하였다.

작별

　해제를 하고 나면 대중선원에서 안거하던 선객들은 떠나기 바빴다. 기다리는 사람도 없이, 떠나야 할 이유도 없이, 온통 떠나는 즐거움에만 사로잡혀 초를 다투듯, 퍽이나 정들었을 법한 터전과 인연들을 뒤돌아보지도 않고 떠나갔다.

　어떤 스님은 버스 기다리기가 너무 지루하여 택시를 잡아탔는데 막상 택시 기사가,

　"스님, 어디로 모실까요?" 하고 묻자, 갑자기 자신이 어디 갈 데가 없는 사람이라는 것을 깨닫고 몹시 난감해졌다고 들었다.

　"에, 일단 만 원어치만 갑시다."

　그때 그 선객의 입에서 멈칫멈칫 튀어나간 대답이 그랬다고 하니, 중이 되어 선방에서 안거를 지내보지 않은 사람들은 가히 짐작하기 어려운 심경일 듯하다.

　내 업습에 새겨진 떠돌이병을 잘 아는 나는 출가하면서, 특히 선원에 입방할 때마다, 부디 이번에는 이곳을 떠나지 말고 뭔가 이루고 얻을 때까지 최대한 오래 버티며 살아보자고 번번이 자신

에게 다짐했었다. 운문암에서는 더욱 그랬던 것 같다. 그 바람에 안거가 끝나고 대중이 다 흩어지고 난 뒤에도, 나는 남거나, 꼭 필요한 일만 보고 일찍 되돌아와, 그 쓸쓸하고 고즈넉한 산사의 아린 느낌을 고스란히 앓고는 했다.

그렇게 살다가도 아주 떠나야 하는 인연이 끝내 도래하고 나면, 한때의 다짐이나 헤어지기 싫은 아쉬움이란 아무 소용이 없는 허망한 것이다.

내가 극도의 아쉬움을 안고 운문암을 떠나야 했던 것은 결제 직후 상기 증상이 찾아와 거의 폐인처럼 한 철을 지낸 후였다. 어느 날 새벽 정진을 위해 잠자리에서 일어나려다가 뒷목이 끊어질 듯한 통증을 느끼면서 시작된, 수행생활 최대의 고비였다. 가누어지지 않는 머리를 두 손으로 들고 데굴데굴 굴러 간신히 일어나 그길로 간병실看病室에 가 누워버렸다. 정진하는 사람이 가장 꺼리는 것은 다른 사람의 수행을 돕지는 못할망정 피해를 끼치는 일일 텐데, 대중과 같이 호흡하지 못하고 그렇게 빈 방에 뻗어 있을 지경이면 최대한 빨리 그곳을 빠져나오는 것이 도리일 것이다. 그런데 상황이 수습 불가능한 지경이고 보니, 그럴 엄두조차 내지 못하고 한 철을 다 보내고 말았던 것이다.

시력을 거의 잃었었다. 솟구친 기운이 시신경을 끊어놓았는지 아무것도 보이지 않았고, 사람이나 물체를 보면 희뿌연 안개 덩이처럼만 보였다. 대신, 눈만 감으면 어떤 때는 만다라 같은; 또 어떤 때는 이 세상의 동물이 아닌 듯한 온갖 생명체들의 환시가 어른거렸다.

병원에서는 안구 뒤쪽에 생기는 포도막염이라고 말했다. 어떤 경우에 그런 병이 오느냐고 물었더니, 정신분열증이나 간질 환자가 대개 합병증으로 겪게 되는 증상이라는 의사의 설명이었다.

아니나 다를까, 정말 이대로 미치거나 죽게 될지도 모른다는 생각도 들었다. 그럼에도 불구하고 바탕의 심경은 무척 태평스럽고 퍽이나 무감한 것이, 스스로도 도무지 이해할 수 없었다. 그간 최선을 다했고, 살 만큼 살았다는 홀가분한 기분이랄까, 더는 사는 일에 미련이 없어진 듯한 착각이었다. 선배와 도반스님들은 백방으로 수소문하여 좋은 치유책을 찾아내고 병원에 데려가고 명의를 불러왔다.

초기에 순창의 할아버지 의원에게 가서 목 뒤에 침을 꽂고 끝을 불로 달구는 치료를 받으면서 목의 통증만은 가라앉았으나, 눈알이 토끼 눈처럼 빨개지고 얼굴에 열꽃이 빈틈없이 돋았다. 온몸의 힘이 다 솟구쳐 빠져나간 듯, 주먹 한 번 쥘 힘도 없고 걸음마다 무릎이 퍽퍽 꺾였다.

병원에서 얻어온 항생제 주사를 출가 전에 소한테 주사를 놓아본 적 있다는 스님에게 부탁해서 몇 차례 맞다가, 며칠 뒤부터는 엉덩이에다 직접 놓을 수 있게 되었다. 그러자, 불완전하지만 시력이 조금씩 돌아왔다.

기감氣感으로 체질을 감별하여 그때그때 맞는 식단을 알려주는 식이요법 전문가의 도움으로, 그 철 중간에 백암산을 넘어가는 대중 산행을 기를 쓰고 따라나설 만큼 체력도 돌아오기 시작했다. 다른 무엇보다 함께 정진하는 도반스님들의 한결같은 자비심 덕분임을 평생토록 잊을 수 없을 듯했다.

해제를 맞아 병자 행색으로나마 제 발로 걸어나올 수 있게 되어 나는 결국 운문암을 떠나왔다.

훗날, 서옹 노사께서 천화하셨다는 소식도 혼자 토굴에서 세상 모르고 지내다가 다비식이 끝난 뒤에야 전해 들었다. 가슴 한 쪽이 무너지는 것 같았다.

우리는 저마다의 인연을 따라 생로병사의 길을 간다. 길 위에서 만나고 길 위에서 작별한다.

인연에 미혹하지 않은, 눈 가진 사람의 길은 가히 불조佛祖나 보살의 도道라 이를 것이다. 미혹하여 자재하지 못한 중생의 길은 오나가나 울음 그치지 않는 생사의 방황이다.

생사의 길에서 남보다 무작정 빨리 가려 하거나, 결국은 다 잃어버릴, 더 많은 것을 잡으려 헤맬 것이 아니라, 우리는 이 오고감의 의미를 먼저 배워야 한다. 그러기 위해 저마다 어서어서 눈 뜬 스승을 만나야 한다. 우리도 눈 뜨고 저들도 눈 띄워야 하지 않겠는가? 그 밖에 삶이 무엇이란 말인가. 우리가 이렇게 만나고 헤어지는 뜻이 무엇이란 말인가?

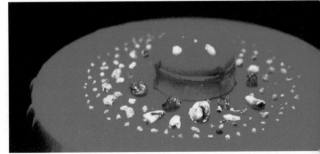

서옹 스님 사리

2부

진리의 화원

옷깃의 인연

나 어릴 때, 시골 농촌에서는 그래도 많은 사람들이 가끔 무명옷
이나 삼베옷을 입고 지냈다. 대개 사람들이 자기 집에서 손수 만
든 것들이었다. 다들 자기네 밭에 목화를 심어 가꾸고 가을 들녘
온 밭에 하얗게 핀 목화솜을 따 모은 다음 바쁜 가을걷이가 한 고
비 넘으면 집집마다 물레질을 하여 무명실을 잣고, 춥고 적요한 겨
울밤, 고독한 여인네들이 삐걱대는 베틀에 앉아 한 올 한 올 무명
천을 짰다. 그리고 그렇게 해서 어렵게 어렵게 얻어진 무명 몇 필
로 마침내 가족들의 옷을 솜씨대로 지은 것이다.

삼 농사는 따로따로 지어도 삼실을 얻는 과정 중에는 수확한 삼
대를 같이 쪄내야 하는 약간의 공동작업이 필요했다. 그 일은 동
네 사람들이 날을 잡아 큰 가마를 만들어서 해냈다. 그것을 제외
한 나머지 공정은 결국 삼베를 얻거나 옷을 짓는 과정이 무명과 비
슷했던 것 같다.

대부분의 사람들이 집집마다 봄가을로 뽕나무를 기르고 누에를
쳐 수확한 누에고치를 집하장에 내다 팔기도 했는데 비단을 짜는
일까지는 본 적이 없다.

이 모든 일들은 내 유년의 지극히 평범한 일상의 풍경이었지만, 지금은 몹시 아련해져 바랠 대로 바랜 기억들이다. 생각해보면 결코 길지 않은 한 인간의 생이 얼마나 많은, 그리고 얼마나 빠른 시대적 변화를 스쳐가는지 실감이 나기도 한다.

전근대 농경사회의 자연스러운 흐름은 삶과 일과 놀이를 통하여 세상 모든 것을 지배하는 인연법因緣法을 찬찬히 가르친다. 사냥과 유목, 침략과 약탈 대신 씨 뿌려 가꾸어야 거두는 이치를, 그리고 모든 것들이 자기정체성만을 고집하여 대립하고 경쟁하고 싸우는 대신, 서로서로 깊이깊이 맞물리고 상호의존성 속의 교감과 나눔을 타고 흘러가야 하는 것임을 뼛속 깊이 체득시킨다.

문익점의 붓두껍에서 나온 목화씨에서 모든 목화솜이 거둬지고, 똑같이 가볍고 하얗고 연약한 목화솜에서 물레질로 자아져 너와 나는 각기 다른 질기고 긴 실이 된다. 그리하여 베틀에서 어떤 가닥은 씨실이 되고 어떤 가닥은 날실이 되었다가 서로 정교하고 질서 있는 조합을 거쳐 다시 실의 이름을 잊고 부드러우면서도 강한, 그리하여 온갖 쓰임새를 지닌 천으로 태어난다. 선의 1차원에서 면의 2차원으로 건너온 이 천이 강보가 되기도 하고, 가족의 옷자락이 되기도 하고, 상복이나 주검을 싸는 수의가 되어 3차원, 4차원 인간생활의 모든 단면을 지탱한다.

이 무아無我와 상의상관相依相關의 진리는, 한 개체가 생성되고 태어나는 순간부터 성인으로 성장하기까지, 그리고 서서히 늙어가고 마침내 사멸하기까지 전체사회의 룰과 우주의 질서로서 매우 아날로그적으로 침투하고 아주 평화롭게 녹아든다. 그 결과 개체와 개체의 연결, 개체와 전체의 연결 또한 올올이 다 완전한 유기적 감동과 조화의 아름다움이 흐른다.

산하와 들판 대신 콘크리트나 철제의 박스를 삶의 터전으로 삼고, 아날로그적인 모든 수고로움이 버튼 하나를 누르는 디지털의 간편함으로 대체된 시대에 이제 21세기의 호모 사피엔스 사피엔스는 항상 버튼을 잘못 누르지 않을까 하는 스트레스에 시달리고 있으며, 점차 눌러야 할 버튼이 많아져 지쳐가고 있다. 곧, 소중한 하루하루와 아름답고 생기 넘치는 인체의 힘을 오직 버튼 누르는 데 온통 탕진하게 될지도 모른다. 가끔 전자오락실에서 버튼만 누르다 죽는 사람들처럼……

스키너의 실험상자에서 이루어진 무서운 실험이 있다. 상자 속에 들어온 쥐는 여기저기 다니다가 우연히 한 구석에 놓인 페달을 밟는다. 그 순간 전류가 흐르고, 그 전기 자극은 코드를 따라 쥐의 뇌 속 쾌감을 느끼는 지점을 건드린다. 페달을 밟으면 머릿속에 짜릿한 쾌감이 온다는 것을 쥐가 조건반사를 통하여 배우는 데는 그리 오래 걸리지 않는다. 결국 그 쥐는 식음을 전폐하고 페달만 밟아대다가 며칠 안 가 죽는다.

디지털의 버튼으로 벌어들인 시간은 우리 머릿속의 망상처럼, 간편한 듯하지만 결국은 우리를 소모시킨다. 그것은 독재자의 전횡처럼 우리 사이에 금을 긋고 가르고 폭력을 휘두른다. 그 말과 기호의 시간은 유리遊離의 시간이요, 소외의 시간이다. 그러나 존재의 시간은 어머니의 것. 낳고 기르고, 살아 두리번거리며 외로이 헤매는 것들을 감싸는 강보 같은 것. 땅에 배를 찰싹 붙이고 가는 달팽이의 아날로그, 진리의 시간이다.

네팔에 두 번 갔었다. 첫 번째 갔을 때 그들은 오나가나 '레쌈삐리리Rresham firiri'라는 노래를 부르고 있었는데, 그것은 7년 만에 두 번째 갔을 때도 마찬가지였다. '바람에 날리는 비단자락처럼'이라는 뜻이라고 들은 듯하다.

레쌈삐리리 레쌈삐리리
우레라 자우끼 다라마 번쟝
레쌈삐리리 ……

어떻게 그렇게 똑같은 가락과 읊조림을 세월이 가도 똑같이 좋아할 수 있을까. 아이들처럼.
임태경의 '옷깃'이라는 노래도 들을 만하다.

잠시 스쳐간 옷깃의 인연으로 나는 오랫동안 비틀거립니다
저 바람은 한숨 되고 햇살은 눈 시리죠
이 세상 모든 움직임이 그댄 떠났다고 하네요
그대 안의 내 모습 재가 되어 날려도

고운 손등 위에 눈물 묻지 않기를 기도합니다
사랑이란 걸 우리가 했지만
인연을 주는 건 하늘의 일인가 봐요
내 신앙 같고 내겐 형벌 같았던
그대의 옷깃 끝내 나 놓칩니다
이 생 다 지나고 다음 생에 또 만나기를,
사랑 그것만으로 함께 할 수 있다면 ……
편히 돌아서길
마음도 남길 것 없죠
눈물은 거둬요
그댈 위해서 나를 버리길 ……
함께 있어도 멀어져 지내도
눈물로 살 텐데 같이 울면 안되나요
내 신앙 같고 내겐 형벌 같았던
그대의 옷깃 이제 나 보냅니다
이 생 다 지나고 다음 생에 또 만나기를
사랑 그것만으로 함께할 수 있다면 ……
편히 돌아서길
마음도 남길 것 없죠
그대 눈에 눈물 다 일 테니
그댈 위해서 나를 버리길 ……

엄마여, 누이여, 옛 시간이여. 우릴 다시 그대 품에 부르라. 그
대 옷자락에 안겨 심장의 리듬을 다시 배우게 하라. 젖을 먹고 자
란 것들은 다 칼날 앞에서 떠나니……. 우리 옷깃 스친 인연으로
이렇게 시간의 옷깃 속에서 만났다네.

2010. 12

멈 춰 라

올 가을 도량에서는 갓 창단한 국군오케스트라가 브람스의 '헝가리 무곡'과 쇼스타코비치의 '왈츠' 등을 놀랄 만큼 멋지게 연주했다. 그 연주는 아직 분단시대의 아픔 속에 있는 우리 젊은이들의 감성을 높이 승화시킨 눈물처럼 여겨졌다.

그런데 그날로부터 얼마 지나지 않아 서해 연평도에선 포화가 피어올랐다. 다시 서해에서 벌어지는 남북의 교전이다.

정말 많은 세월이 지나가도 남쪽과 북쪽은 서로를 향한 적의를 좀처럼 누그러뜨리지 않는다. 이 반도에서 한때 젊었던 사람들이 서로에게 겨눈 총칼을 내려놓지 못한 채 늙어간다. 앞 세대들은 싸우다 더러 죽었고, 살아남은 자도 세월이 가면서 하나 둘 죽어간다. 그러나 여전히 그들은 서로의 시체 너머로 그들만의 허황된 무지개를 보고 있다.

수요일이면, 모여서 참선하는 것으로 함께 매일 아침을 여는 좌선반 도반들과 더불어 성곽길을 돈다.

산길을 걷는 것과 밋밋한 평지를 걷는 것은 다르다. 대개 산길은 한 걸음 한 걸음을 그냥 터덜거릴 수 없다.

가벼워진 심신에 카타르시스를 주는 아다지오로, 뚜벅뚜벅 체중과 힘을 실어 오르내리게 된다. 호흡은 깊어져 가슴 가득 맑은 공기가 들고나고 심장은 고요한 기쁨과 열정으로 박동한다. 직립보행直立步行하는 인간의 존재감을 새삼 일깨우는 걷기. 도시의 포도鋪道를 배회할 땐 금세 지치지만, 산길은 오래 걸어도 진이 빠지지 않는다.

하반신으로 차오른 기운은 걸을수록 단전에 모이고 조심조심 올라서는 걸음을 살피며 걷다가 문득 돌아서서 멀리 시선을 펼치면, 가벼워진 어깨는 매의 날개처럼 바람을 눌러 타고 장천長天을 저어 날 듯하다.

무학스님은 새 왕조의 주인 이성계와 함께 저 삼각산 상봉에 올라, 봄볕에 눈 녹은 산자락을 따라 새 도읍을 에워싸고 지킬 산성을 쌓는 것이 좋겠다고 했는데, 그것이 이 북한산성이 되었다고 한다.

결코 작지 않은 바윗돌을 다듬어 정교하게 짜맞춘 이 성곽은 600여 년이 지난 지금, 더 이상 외적을 막는 울타리가 아니다. 2000년대 성북의 사람들이 건강의 적인 게으름과 운동부족을 물리치는 산책길,

일주일에 한 번씩 행선行禪을 하는 무학無學의 후예 우리 좌선반 도반들이 둘레를 거닐며 마음의 적을 싸워 물리치는 포행길이 되었다.

침묵 속에서 고요히 마음을 챙기며 걷기만 하던 착한 아낙들이, 목조 전망대의 테이블 위에 내려 쌓인 싸라기눈을 털어내고 가지고 온 음식을 차린다.

"수행자들에겐 밥보다 법이 먼저니까, 오늘은 드시기 전에 법담法談을 먼저 할게요. ……여러분 정진 잘 되세요?"

"아니요…….."

"선주보살님, 저만큼 걸어갔다 와 보세요."

"……?"

"무엇이 걸어갔다 걸어왔어요?"

"제가요."

"그 '제'가 뭐예요?"

"……"

"고봉高峰 스님은 선요禪要라는 어록語錄에서, '많은 수행자들이 그토록 애를 쓰는데 도를 이루는 이가 참으로 적은 것은 무엇 때문인가? 번뇌 망상 때문인가, 업장이 두터워서인가, 경계에 팔리고 속기 때문인가, ……공부를 하다 말다 하다 말다 해서인가? 다들 이보다 훨씬 더 큰 장애를 물리치지 못해서이니, 그것은 삼조연하三條椽下 칠척단전七尺團前에 있다.'고 하셨습니다. 삼조연하 칠척단전에 무엇이 있을까요? 옛날 선방에서 한 스님이 앉는 자리 위엔 서까래 세 개가 지나고 한 사람 앉는 포단의 길이는 7척이었다고 합니다. 그러니까 세 개의 서까래 아래, 7척의 포단에 있는 것은 수행자 자신, 혹은 수행자의 몸뚱이를 가리키죠.

여러분, 불교 수행은 마음공부입니다. 마음을 가지고 마음을 닦아 마음을 쉬고 마음을 깨닫는 일. 몸뚱이 하나 가지고 살아가기도 참 버거운 일이지만, 이 몸뚱이를 가지고 수행을 하려 들면 온갖 장애가 주렁주렁 따라옵니다. 우선 몸뚱이를 놓아버리고 마음으로만 마음을 챙겨 정념正念을 이뤄보세요. 몸뚱이가 스스로 걸어왔다 걸어갔다 하는 것이 아니라, 마음이 오고 마음이 가는 것 아닌가요? 육신을 잊어버리고 그 마음만으로 화두를 들어보면 수행이 가볍고 한결 쉬워집니다. 순풍에 돛단배가 가듯이 되어가요.”

차려진 음식은, 겨우 마당만 한 서해의 한 작은 섬에 간월암看月庵을 짓고, 끼니를 잇기 어려워 갯바위에서 굴을 따 드시다, 지나가는 사람들이 스님이 고기를 드신다고 책망하자 “이것은 고기가 아니라 돌에 핀 꽃, 석화石花요.”하고 받아넘기던 무학대사無學大師는 물론이고, 온 백성이 꿈꾸었을 북벌의 꿈을 배반하고 새로 개국하여 왕위를 차지한 이태조李太祖도 먹어보지 못했을 법한, 21세기의 성찬이다. 블루베리 케이크, 깎은 생밤, 바리스타가 신심을 기울여 타온 커피, 산수유차……. 수라상보다 감동적이지만, 아직 무학無學(깨달음을 이룬 아라한)에 이르지 못한 후학들에겐 감사하고 황송할 뿐인 식탁이다.

“내려가기 전에, 저길 좀 보세요. 저어기, 보현봉 아래 절이 있는 것 같은데 그 뒤에 하얗게 서 있는 게 뭐죠?”
“불상 같아요. 분명 부처님인데, ……관세음보살님인가?”
“저건 돌이에요.”
모두 웃는다.

"저 돌을 보고 있는 여러분이 부처님입니다. 바로 여러분! 여기 하나, 둘, 셋, 넷……, 열하나. 아, 십일면관세음보살十一面觀世音菩薩님이시네요!"

싸락눈을 맞으며 미소 띤 십일면관세음이 하산을 시작한다.

지난 가을, 단풍 사이로 우리는 포행정진을 시작했었다. 늦은 계절엔 멀리 따뜻한 새 하늘 아래로 안행雁行해 가는 물오리나 기러기들을 바라보기도 했었다. 그런데 다리에 힘이 채 오르기 전에 달력보다 빨리 겨울이 왔고, 가을빛처럼 약간 들떴던 마음은 서너 번만의 산행에 겨울의 침묵으로 가라앉았으며, 이젠 눈발처럼 가벼워졌다.

성북천의 발원지 언저리를 지나오다 마른 갈잎에 희미하게 싸락눈 속삭이는 소리를 듣고 돌아선다.

"산죽 숲에 싸락눈 내리는 소리 아세요? 제가 세상에서 제일

좋아하는 소리인데, 살다가 언젠가 이 소리를 듣게 되면 누구라도 불식간에 걸음이 멈춰서게 될 거예요."

포레스트 검프Forrest Gump! 그 멋진 영화 끝부분에 나오는 장면. 평생을 달리기로 일관한 주인공이, 달리는 구루Guru(정신적 스승)가 되어 수많은 추종자들을 이끌고 갈기를 휘날리며 하염없이 달려가다, 문득 멈춰서며 하던 그 독백이 떠오른다.

"나는 이제 지쳤어. 집으로 돌아갈 거야."

잘 걷지 못하는 장애를 타고 태어나 다리에 차고 있던 보행보조 기구를 풀어 던지고 뛰기 시작한 이래, 포레스트 검프의 달리는 이유는 오직 '자유'였고, 말 이전의 그것은 그의 종교였으며, 그 열매는 거짓 없는 기쁨이었다. 그런데 그 달리기가 어느 순간 문득 죽은 종교가 되려 하자, 검프는 벼랑 끝에 이른 것처럼 멈춰 섰다. '왜 나는 이렇게 달릴까?'

부처님 경전 안의 이야기도 떠오른다.

앙굴리말라[脂鬘:손가락목걸이라는 뜻]는 칼을 빼어 들고 자신을 낳아준 여인을 향해 달려들고 있었다. 이미 아흔아홉 명을 죽이고 엄지손가락을 잘라간 살인마가 두려워 온 성안 사람들이 다 문을 닫아걸었을 때, 오직 그의 어머니가 아들을 찾아 나섰다. 본래 천품이 선량하기 그지없었고 도를 구하러 출가까지 했던 아들이 저지른다는 그 연쇄살인극을 그녀는 도무지 납득할 수 없었을 것이다. 그러나 아들의 백 번째 살인을 그녀로서도 막을 수 없었다. 그리고 그 마지막 살인의 대상은 어머니인 그녀 자신이었다.

그때, 세상일을 다 아는 분[世間解]이시고 열반에 완전하게 이르신 분[善逝]이신 부처님이 두 모자 사이에 나타나셨다.

구도의 열정은 불길처럼 강렬했지만 선근이 부족했고 지혜가 모자랐던 앙굴리말라는 아직 불법을 모르고 깨닫지 못한 외도 스승의 제자가 되었었다. 그 스승의 아내는, 매우 기품 있고 준수한 용모를 가진 젊은 제자 앙굴리말라를 보고 연모의 정이 동하여 몰래 유혹했다. 그러나 그 유혹은 전혀 통하지 않았고, 연모의 정은 즉시 원한으로 돌변하여, 그 사악한 여인은 앙굴리말라가 자신을 겁탈하려 했다고 소문을 퍼뜨리기에 이르렀다. 소문은 출중한 제자를 시기하던 많은 다른 제자들의 입을 통하여 스승에게 전해졌다. 스승은 사실 그 소문이 믿기지 않았으나, 자신의 체면을 지키면서 교단에서 앙굴리말라를 흔적 없이 축출할 계책을 찾기에 골몰했다. 그리하여 마침내 제자를 불렀다.

"정말 뛰어난 수행인인 네가 해탈을 성취하지 못하는 것은 너의 그 자비심 때문이다."

"자비심을 버려야 합니까?"

"버려야 한다."

"어떻게 해야 자비심을 버리게 됩니까?"

"그것은 쉽지 않다. 다행히 내게 신묘한 방편이 있다. 이 길로 거리에 나가 닥치는 대로 사람을 죽여라. 죽인 사람마다 그 엄지손가락을 잘라 목걸이를 만드는 것이다. 백 번째 사람을 죽여 목걸이를 완성하여 목에 거는 순간, 너는 해탈하게 될 것이다."

이제 앙굴리말라는 자신의 어머니를 가로막고 선 사문, 부처님을 향해 덤벼들었다. 그런데 믿을 수 없는 일이 일어났다. 아무리 달려들어도 고요히 서 있기만 하는 사문과의 거리가 도통 좁혀지지 않는 것이었다. 살인마는 칼을 치켜들고 더욱 무서운 기세로 돌진했지만, 거리는 여전히 전혀 줄어들지 않았다. 앙굴리말라는 발악하듯이 외쳤다.

"게 섰거라, 사문아! 멈춰라, 멈춰 서!"

그러다 문득, 단 한 마디 말끝에, 손가락목걸이를 목에 거는 일을 해탈이라 믿었던 미친 구도자는 힘없이 칼을 떨어뜨리며 순간적으로 광기에서 깨어났다. 미동도 없이 서 있던, 그 부동심과 자비심의 완성자에게서, 온유하고 자비하여 진실로 강한 음성이 날아왔기 때문이었다.

"멈춰 서지 못하는 것은 네 마음이 아니냐?"

그 길로 삼보에 귀의한 앙굴리말라는, 벗어나기 어려운 무겁고 무거운 죄업을 벗고 머지않아 삼계의 해탈자, 아라한이 되었다.

우리는 부질없이 걷기를, 달리기를, 싸움을, 업의 흐름을, 마음의 움직임을 멈춰야 한다. 거기에 고통과 무의미한 소진의 끝이, 휴식과 평화가, 완성과 사랑이 있다.

2011. 01

근하신년謹賀新年

비질하는 소리가 들린다. 누군가 어둠 속에서 눈 내린 도량을
쓸고 있다.

아직 제설울력을 시작한 것도 아닌데, 내리는 눈발처럼이나 고
요히 새벽을 여는 저 소리는 아직 21세기의 인류에게 미래가 닫혀
있는 것은 아니라고, 어쩌면 새로운 새벽은 이제 동천東天에서 막
밝아오고 있다고 말해주는 듯하다.

한지창에 조금씩 빛이 스미니 그윽한 실루엣을 드러내는 난에
눈이 간다. 시봉하는 동자가 물주는 걸 자꾸 걸러서 포기가 많이
늘지는 않았으나 이 설야雪夜에 같이 깨어있는 드문 군자君子다.
도심 한가운데 절의 주지로 부임하여 이불도 없이 자던 며칠 사이에, <맑고 향기롭게> 부산본부장님이 보내주신 화분이다. 외로운 시간이 많이 지났고, 그 사이 저 고사高士의 필적筆跡같은 난 잎의 선들은 바라볼 때마다 세상을 헛되이 살지 않으려는 사람의 지조와 도덕성을 일깨워주었다.

성선설性善說을 주장한 맹자는, 만일 당신이 물가를 지나는데 어떤 사람이 물에 빠져 허우적거리며 사람 살리라고 외치면 백이면 백, 다 그냥 지나치지 않고 생각할 틈도 없이 물에 뛰어들거나, 주위에서 막대기나 밧줄을 찾거나, 어떻게든 살려보려고 하지 않겠느냐는 것으로 그 논거를 들었다.

물론 사랑하는 사람도 미워하는 사람도 두지 말라고 가르치신 부처님께서도 사랑과 미움, 두 극단의 감정을 여읜 우리 마음은 나무토막이나 기왓장처럼 무미건조하고 싸늘한 것이 아니라, 오히려 그 중도中道의 샘으로부터 진실하고 참된 자비심이 솟아난다고 하셨다. 다른 경전에는 사람의 선한 마음과 악한 마음 가운데 어느 편이 더 강한가 하는 질문에 대하여 선한 마음이 더 강하다는 단호한 대답을 확인할 수 있다. 왜냐하면, 선한 행은 시간이 지나면서 편안하게 잊혀지지만, 악업을 짓고 나면 그 업이 씻어질 때까지 두고두고 양심의 가책이 따르기 때문이다.

아, 그렇게 이해하고 보면 우리가 끝없이 선악의 업을 짓고 그 과보를 받으면서 수많은 생을 두고 윤회를 거듭하는 과정은 그 전체가 그대로 성불을 향해 가는 영혼의 진화과정이라고 할 수 있다. 살면서 우리가 겪는 크고 작은 온갖 고통도 알고 보면 신이나 운명이 부여하는 것이라기보다는 과거에 우리가 지은 악업에 대해 우리 안에 내재한 양심이 일으키는 가책이라 할 수 있다. 심신을 파고드는 형벌 같은 모든 고통도 결국은 우리를 저 청정하고 안락한 본심으로 데려가는 자비의 손길이요, 업장을 씻어주는 다디단 감로수다. 무간아비지옥의 고통조차 그저 극심한 죄업에 대한 벌이기에 앞서 스스로 눌어 붙은 때를 시원하게 벗겨내는 쇠수세미질이다. 극심한 고통 속에서는 아무것도 보이지 않고 오직 그 고통에서 벗어나야겠다는 생각뿐이지만, 조금 떨어져서 보면 모든 일의 앞뒤가 자명하다. 그리고 인과因果 속에서 벌어지는 이 모든 일의 의미는 결국 우리가 성불成佛을 향하여 나아가는 데 다 필요하다는 것이다.

　어젯밤에는 어린 나이에 출가한 동자승 처월處月이 머리가 너무 아프다면서 온 이마를 감싸 쥐고 엉엉 울었었다. 병원에 가봐도 병명조차 제대로 확인하지 못하는 이 병은, 아마도 영혼의 성장통成

長痛이다. 나도 어릴 때 그랬었고 영성이 뛰어나 보이는 다른 아이가 그쯤의 나이에 비슷한 고통을 호소하는 것을 몇 차례 본 적이 있다. 그 시간만 지나면 또 언제 그랬냐는 듯 거짓말 같이 멀쩡하다.

울다 잠든 처월은 새벽도량석 소리에 아무렇지도 않게 일어나 며칠 동안 연습해온 이산선사 발원문을 오늘 예불시간에 처음으로 읽는다. 아이의 옆에서 서투르고 다소 떨리는 발원문 낭송을 듣고 있으니, 덩달아 불안하기도 하고 기특하기도 하고 우습기도 하다. "……세상일에 물 안 들고 아이로서 출가하여……" 하는 부분에선 코끝이 다 시려진다.

새벽예불에 왔다가 눈길을 헤치고 돌아가는 보살님에게 조심하라 이르고, 선열당禪悅堂에 가서 아침공양으로 떡국을 한 발우 들었다.

시봉하겠다고 따라 들어온 처월에게 삼배를 올리고 앉으라고 한다.

"그동안 네가, 너는 왜 화두 안 주느냐고 졸랐으니까 오늘 하나 물어보겠다. 어젯밤에 네가 아파서 울 때, 이 아픔이 나으면 열심히 도를 닦아 깨달음을 얻어 다른 사람들 아픈 것도 다 낫게 해주겠다고 발심發心하라고 했을 때, 넌 니무 아파서 아무 생각도 할 수가 없다고 했지? 살다 보면 누구나 그런 아픔을 아주 많이 겪게 된다. 그리고 죽을 때 고통은 훨씬 더 심하지. 어제 그렇게 아프고도 오늘은 이렇게 멀쩡한데, 오죽 아프면 사람이 못 살고 죽을까. 너희 엄마도 돌아가실 때 얼마나 아프셨겠니? 그런데 부처님은 이런 고통을 보고 발심출가發心出家하셔서 고통을 다 넘어서

시고 그 길을 우리에게 일러주셨고, 수많은 옛 수행자들도 그 길을 가서 고통 없는 마음에 이르러 도인이 되셨던 거야. 자, 잘 듣고 대답해 봐라.

옛날에 어떤 도인이 몹시 아파서 앓아 누워있었더니 어떤 제자가 와서 물었다.

'이렇게 아프신 중에 스님 안에 아프지 않은 것이 있습니까, 없습니까?'

'있다.'

'그것이 무엇입니까?'

그러자 그 스님은 대답했다.

'아이고 아야, 아이고 아야!'

너 이게 무슨 뜻인지 알겠니? 왜 죽을 고통 속에서도 아프지 않은 것이 무엇이냐고 물었는데 그것을 깨달아 일러주는 스님이, '아이고 아야!' 하고 대답했을까? 말해 봐라."

"모르겠어요. 전혀……"

아이는 몹시 궁금해 한다.

"네가 빨리 알아내서 사람들이랑 나한테 가르쳐 줘라. 이것을 알면 아무리 아파도 아프지 않을 것이다. 그렇게 하겠니?"

"네."

눈은 하염없이 내린다. 대중들이 울력을 해서 한 차례 눈을 치우기로 했다. 될수록 좀 닳아서 잘 쓸릴 듯한 대빗자루를 챙겨 들고 길에 나서니, 동자들이 신바람이 나서 눈장난을 치고 있다.

"이놈들아, 울력시간에는 정성껏 울력을 해야지. 처월이 넌 어제는 그렇게 목놓아 울더니 고작 하룻밤 자고 나니까 벌써 까맣게 잊고 이렇게 시시덕거려? 도대체 쓸개가 있는 놈이야, 없는 놈이야?

    ……

"화두 잘 들고 눈 똑바로 치워."

이렇게 질책하지만, 지난 밤 우는 아이 보는 것보다는 까불고 노는 모습 보는 것이 한결 낫다. 그리고 이 경책은 사실은 나 자신을 향해 다그치는 것이다.

우리는 어디로 가고 있는가? 울며불며 모두 성불成佛을 향해 가고 있다.

맑고 향기로운 새날은 언제 어떻게 열리는가? 오늘처럼 바로 이렇게 우리 가슴에서 열린다.

아파도 아프지 않은 것은 무엇인가?
유마의 투병을 말하지 말라. 쉿!

눈이 드문 항구도시 부산에 눈 덮인 정초의 행복을 전한다. 새로운 시대 그 지평을 열어가는 <맑고 향기롭게> 부산회원들의 안부를 묻고, 처염상정處染常淨의 높은 선비 명진거사님의 건강을 기원한다.

2011. 02

봄꽃을 기 다 리 며

유명한 잇뀨一休선사의 일화가 있다.

하루는 잇뀨가 산길을 가는데 험상궂은 중들이 나타나 불법이
어디 있는가 물었다. 잇뀨는 자기 옷섶을 헤쳐 보이며 말했다.
"내 가슴 속에 있다."
그러자 그들 중 하나가 단도를 들이대며,
"진짜 있는지 가슴을 한번 열어봐야겠다."고 을러댔다.
잇뀨는 태연히 시를 한 수 지어 읊었다.
"해마다 때가 되면 여기저기 흐드러진 산벚꽃. 그러나 벚나무
쪼개봐라, 벚꽃이 나오는가."

가슴은 무엇일까? 우리의 중심, 모든 존재의 근원이다. 모든 진리와 선과 아름다움, 조화와 숭고함의 발원지다.

가슴, 그 근원은 비어있다. 칼로 도려낼 수 없다. 그 어떤 해부학도 그것을 찾지 못한다. 이 비어있는 중심에서 온갖 아름다운 공화空華가 피고 진다. 이것이 불법佛法이다.

영화 <뷰티풀 마인드 A Beautiful Mind>는 너무 머리가 좋아 모든 자연계와 사회의 현상을 머리로, 수학이나 물리학으로 규명하려 드는 천재수학자 존 내쉬John Forbes Nash Jr.의 이야기다. 지나치리만큼 뛰어난 두뇌는 그를 극심한 편집증에 시달리게 하였고, 그 편집증에서 벗어나고자 다시 두뇌를 혹사시킨 그는 서서히 만신창이가 되어간다. 그런 존 내쉬를 진심으로 사랑하는 여인은 병든 천재의 가슴을 가리키며 눈물어린 목소리로 말한다.

"이 모든 문제를 벗어나는 길은 머리가 아니라 이 가슴으로 나 있는지 몰라요."

마음과 세상과 자연이 본래 청정한 것이라 하는데 우리가 경험하는 현실은 그렇지 못한 것이 부인할 수 없는 사실이다.

마음은 탐진치貪嗔痴와 온갖 번뇌에 절어 벗어날 기약이 없어 보이고, 세상에는 온갖 악과 부조화와 갈등이 그칠 날 없으며, 우리가 의지하고 살아가는 자연계도 대단히 불안정하고 여의치 않으며, 때론 위협적이다.

지금껏 우리가 우리 마음과 세상의 청정을 위해 고민하지 않고 모색하지 않고 애써오지 않은 것은 아니지만, 이제까지 기울여온 노력이 만족할 만한 성과를 내지 못했다면, 이제는 문제의 진단과 그 처방이 바른 것이었던가를 반성적으로 살펴볼 필요가 있다. 그리고 그 반성적 고찰은 한편으로는 옛 모범이나 선인들의 지혜를 빌려 이루어져야 하며, 또 한편으로는 지금 우리에게 내재해 있는 이성적 사유와 더불어, 가슴으로부터의 깊고 진실한 직관적 통찰에 의존해야 한다.

이 세상 모든 문제의 출발은 근본적으로 이 모든 것들이 존재한다는 것이다. 이 세계가 있고, 내가 있고, 타인들이 있고……, 그리고 우리들의 생사生死가 있다.

이 모든 것들이 애초에 존재하지 않는다면 도대체 무엇이 문제이겠는가? 태초에 이 모든 것들이 생겨나지 않았다면 무엇이 문제이겠는가? 그런데 조금만 더 깊이 들여다보면 이 세상 어떤 문제라 한들 그것이 문제인 까닭은, 그것이 누군가에게 불편함과 고통을 끼치기 때문이다. 불편과 고통의 원인은 그것이 결코 좋지 않게 보이기 때문이고, 좋지 않게 보이기 전에 그것이 존재로 지각되기 때문이며, 존재로 지각되는 이유는 기본적으로 그것을 지각하는 자가 있기 때문이다. 뒤집어서 말하면 이 모든 것을 지각하는 자가 없다면 세상 어디에도, 마음 안에도 밖에도 아무것도 없고 아무 문제도 없다는 것이다. 아무 일도 없다는 것이다.

그렇다면 문제의 본질은 다름 아니라 이 모든 것을 지각하고 경험하는 자, 문제 삼는 자가 존재한다는 사실 그 자체다. 필연적인 귀결로써 모든 문제의 해결은 결국, 문제 삼는 자의 사라짐이 된다.

우리는 이 모든 것들이 지나간다는 것을 알고 있다. 지금 여기 존재하는 것처럼 보이는 것들이 결국 다 지나가는 것들이라고 보면 그것은 이미 지나가 버린 것들과 본질적으로 다르지 않고, 아직 오지 않아서 드러나지 않은 것들과도 다르지 않다. 이미 가버려서 다시 잡을 수 없는 것들이나, 아직 오지 않아서 전혀 구체적이고 경험적이지 않은 것들이 '꿈'이라고 불린다는 것과 꼭 같은 이유로, 지금 여기 존재로 여겨지는, 한 찰나에도 한결같은 모습으로 머물지 못하는 이 무상한 모든 것들도 온통 꿈일 뿐이다.

그런데 과거 현재 미래의 시간에 속한 것들이 따지고 보면 모조리 덧없는 꿈결의 허상임에도 불구하고, 진짜 문제는 이것들이 실제로 착각된다는 데 있다. 이것은 우리가 수면 중에 꾸는 꿈속에서 경험하는 것들이 당시에는 현실로 지각된다는 것과 조금도 다르지 않다. 꿈속에서 벌어지는 온갖 문제의 진실한 해결이 꿈속에 있지 않고 꿈에서 깨어나는 데 있듯이, 이 생사의 꿈속에서 우리가 겪는 온갖 문제의 해결 또한 생사로부터의 벗어남, 즉 깨달음과 해탈에 있다.

꿈에서 깨어나는 것은 '꿈' 그 자체와 '꿈속의 나'가 마치 물거품처럼 일순간에 사라지는 일이지만, 사실 잠들어 꿈꾸던 사람과 꿈에서 깨어난 사람은 다른 사람이 아니다. 꿈은 꿈일 뿐, 실제가 아니기 때문에 꿈에서 깨어나지 못했다고 해서 더 나쁘거나 못한 사람이 아니며, 꿈에서 깨어났다고 더 좋아지거나 특별히 나은 사람이 되는 것도 아니다. 그러나 한바탕 꿈에서 깨어나기 전에는 그것이 꿈결임을 모른다는 것이 문제다. 그것 때문에 꿈꾸는 자가 고통을 당한다는 것은 엄연한 사실이고.

그렇다면 꿈 깨는 길은 어디에 있을까?

우리는 육체와 오관을 통하여 존재와 세계를 지각해왔으며 우리의 사유와 인식도 흔히 내면의 공간적인 장 안에서 이루어지기 때문에, 흔히 깨달음이나 해탈 또한 내부가 있는 어떤 공간으로부터의 벗어나는 것으로 생각한다.

그러나 깨달음과 해탈이란 오히려 본래 자리로 돌아감이며, 단지 망상과 꿈결의 부질없는 방황이나 모색을 그치는 일일 뿐이다. 그것은 온갖 어지러운 마음의 모습[相]과 쓰임[用]을 거두어 그 본체本體에 계합함이다.

중생의 마음이 한번 어리석음과 갈애와 증오에 휘둘려 업業의 굴레에 사로잡히면, 본심本心의 왕성王城을 떠나 무량겁無量劫으로 이어진 고로苦路에 떠돈다. 끝없는 혼침昏沈과 산란散亂의 양변兩邊에 떨어져 허덕이고, 애증愛憎의 치우친 정에 사로잡혀 울고 웃는 쳇바퀴에서 벗어나지 못한다.

수행이란 중도中道의 외나무다리를 건너 마음의 본향本鄕으로 돌아가는 것. 산란심을 다잡아 고요히 하여 선정을 이루고, 혼침을 떨쳐 명징한 지혜를 얻어 성적등지惺寂等持의 진정한 맑음을 회복한다. 애착도 놓고 증오도 버려 본래의 자비심, 그 진향眞香, 사라지지 않는 향기로움을 되찾는다. 선禪을 통한 깨달음은 무아無我와 무심無心의 고도古都에, 그 적적료료寂寂寥寥한 본지本地에 몰록 뛰어드는 것이다.

꿈에서 깨어나라. 귀근득지歸根得旨, 본래 자리로 돌아가 얻어야 할 것을 얻으라.

그곳의 풍광은 어떠한가? 잇규는 말한다. 해마다 때가 되면 흐드러지게 산벚꽃이 핀다고…….

2010. 01

자문自問

　그대 살아가는 목적이 오로지 그대 자신과 모든 생명을 이 삶과 죽음의 고통에서 건지는 것이 되게 할 수 있는가?　오직 그 하나의 일을 위하여 먹고, 입고, 쓸 수 있는가?　가진 것 없이 맨발로 천하를 거닐 수 있는가?

　한 발 한 발, 쓰러질 때까지 그렇게 걷고, 한 숨 한 숨, 마지막 숨까지 그렇게 들이쉬고 내쉴 수 있는가?

　그리고 그뿐, 지나온 외로움에 눈물짓거나 길의 쓰라림에 후회하지 않으며, 스쳐온 중생들의 추루함을 깨끗이 잊을 수 있는가?

　걸음걸음이 꿈길임을 알 수 있는가?　끝까지 갈 수 있는가?　끝없는 길을 갈 수 있는가?

부러진 다리를 버드나무 껍질로 동여매고 다시 사나운 말을 잡아탈 수 있는가? 목숨 걸어야 할 때 목숨 걸고, 무릎 꿇을 사람 앞에 무릎 꿇을 수 있는가?

한 사람을 만나 지난 모든 것을 잊을 수 있는가?

처자의 목을 베고 적진으로 갈 수 있는가?

모든 것을 참고, 모든 것을 버릴 수 있는가?

다른 이들이 갈구하고 추앙하는 것들을 이미 지녔으되 어느 것하나 붙들거나 소유하지 않고 나, 무심히 그것들이 지나는 길이 되어 모두가 진정 필요한 이들에게 흘러가게 할 수 있는가?

얽혀 지냈던 긴 기쁨에 닻을 내리기보다 벗어나는 홀가분함과 날아오르는 가벼움을 날개 삼을 수 있는가? 뿌리내리는 집요함 대신 꽃의 향기로 피어나 보다 우아한 바람에 춤출 수 있는가?

말없이 돕고 흔적 없이 떠날 수 있는가? 웅크리고 잠든 자에게 이불을 덮어주고, 그대 자신의 일을 위하여 떠나기 전에 힘든 일 마치고 지쳐 돌아올 이를 위하여 식탁을 준비할 수 있는가?

지금 피 흐르는 자신의 발에 난 상처는 그냥 딛고 가되, 고개 들어 다른 이의 오래 묵은 흉터에 입 맞출 수 있는가?

샘물처럼 편안히, 누가 오든 말든, 마시든 말든, 맑고 차디찬 물을 끝없이 토할 수 있는가? 햇발처럼 오만하게, 구름이 끼든 말든, 지구가 구르든 말든, 누가 따뜻하건 말건, 떠죽건 말건, 장렬하게 내리꽂힐 수 있는가?

가장 높은 것을 지향하고 그 정점에 설 수 있는가?

그대 정녕 부처의 이름을 지우고 불법을 멸하게 할 수 있는가?

만에 하나라도 그대가 그렇게 할 수 있다면 왜 그대의 그 높은 가
능성을 버리고 돌보지 않는가?

왜 그 길로 나아가지 않는가? 정녕 그대에게 아직 많은 날들이
남아 있다고 믿는가?

우리의 근본 되는 스승은 무상사無上師이며 정등각자正等覺
者. 그보다 더 높은 곳 없는 그곳, 그러나 수많은 과거의 부처가
이미 이르렀고, 미래의 그 누구라도 다시 이를 수 있는 그 정상에
이르신 분. 그대 왜 그 봉우리를 향해 묵묵히 오르지 않는가? 한
번 이르면 영원히 퇴전치 않는 불멸의 평안, 이르고 보면 본래 떠
나온 고향이었던 기쁨의 경계 없는 땅, 그 실지失地를 왜 회복하
려들지 않는가?

그대 이미 진실되고 정확하게 그곳을 향해 길 떠났다면 한 걸음
한 걸음마다, 두리번두리번 앞서 간 사람의 발자국을 찾아 주춤거
리지 않으리. 丈夫自由衝天志 不向如來行處行 장부자유충천지
불향여래행처행, 장부라면 저마다 하늘을 찌르는 기상 있으니, 부
처님 가는 길이라 해도 따라 가지 않는다.

땀 흘러도 덥다 덥다 하지 말라. 오래지 않아 서릿발 달빛 아래
코끝 스치는 국화향이 그대 오래 묵은 눈물샘을 바늘처럼 뚫으리.

가라, 그리고 돌아오지 말라.

2010. 09

삶은 이유 없이 살아지지 않는다.
의미 없는 삶처럼 가혹한 고문은 없다.
누구나 다 그 의미에 목말라하고
무언가에 의미를 부여하기 위해서 애쓰는데
그렇게 부여된 의미, 찾아진 의미는 일시적인 것이며,
끝내는 우리를 기만하고 만다.
진정한 삶의 의미는 밖에서 얻어지는 것이 아니고
바로 우리 자신의 존재다.
바로 우리가 그 의미다.

행 복

인생의 목적은 무엇일까? 행복인가?

이 말을 처음 들었을 때 얼른 동의할 수 없었던 생각이 난다. 아마 삶의 목적은 그냥 일상적이거나 인간적인 행복 이상의 고귀한 무엇이며, 그것을 위해 우리 인생이 있는 것이라는 느낌이 들었던 것 같다.

사람들은 인생의 목적이 행복이라는 아리스토텔레스의 말에 너무 쉽게 동의한다. 이 고대 희랍 철인의 권위 때문일까, 아니면 우리의 흔한 통념이나 느낌에 비추어 너무 당연하다고 쉽게 수긍하고 마는 것일까.

단지 인간이 '행복을 추구하는 동물'이라고 했다면 그것은 인간의 내면에 대한 솔직한 고백이라 볼 수 있을 것이다. 그러나 우리 살아가는 이유가 다만 '행복을 누리기 위해서'라고 대철학자께서 말씀하시면, 이 수많은 가녀린 인생의 학생들 대부분은 행복을 찾으려 끝없는 좌절을 반복하는 생을 보내다 처절한 회한과 고통이 가득 쌓인 속에서 죽어갈 것이다. 거듭되는 중생의 생사, 그 궁극의 끝이 열반이라고 한다면 참으로 깊은 통찰이며 가장 위대한 희망이지만, 우리 살아가는 목적이 그저 세속적 행복추구에 있다고 하면 저 수많은 사람들로 하여금 허겁지겁 속된 행복을 찾아 헤매게 할 뿐이다.

대부분의 우리들은 진정한 행복이 무엇인지 모르고, 사실 인생의 의미조차 아직 모른다.

왜 우리는 여기, 생사 가운데 있는가? 우리 인생은 무엇 때문에 시작된 것이고, 무엇을 향해 가는 것인가? 이렇게 많은 상처를 안고 이토록 가혹한 수모를 겪으면서도, 끝을 모르는 삶의 길을 우린 왜 가고 있는 것일까?

사유와 번민을 통해서는 결코 풀 수 없는 이 지성의 수렁은 철학적 탐구의 가장 고전적인 영역이었으면서도, 뚜렷한 결론 없이 어물어물 종교의 영역에 떠넘겨진 숙제로 보인다. 그리고 어설픈 종교들은 여기에 존재를 확인할 수도 없는 초월자를 내세우고 검증할 수도 없는 내세나 이상적 낙원을 약속하며, 사람들의 무지 위에 군림해왔다. 엄밀히 말해 그런 종교들은 이데올로기적인 기만성과 사이비, 혹은 미신에 기반을 둔 상업적 착취구조로 존속하면서 많은 사람들의 소중한 삶을 유린해왔는지도 모른다.

실존은 본질에 선행한다고 말한 사람도 있었다. 답을 찾을 수 없는 근원적 물음들에 매달리기보다 이렇게 분명한 지금 현 상황에서 내 존재의 존재방식과 행동에 대하여 솔직해지자는 것이다. 그러나 무지의 베일을 쓴, 그리고 두근거리는 심장을 가진 인간이 스스로 자신을 둘러싼 상황을 바라볼 때, 자신의 실존을 체감하고 보면 더욱 두렵고 고통스럽다. 그가 얻어 쓰는 육신의 시간은 덧없고 빠르며, 죽음을 향해서만 진행하는 시간의 초침은 매 순간 불안하게 떨린다.

어떤 사람들은 우리가 행복하기 위해 태어났다고 우선 듣기 좋은 소리를 하면서, 누구나 당연히 행복을 추구하고 요구할 권리가 있다고 주장한다.

누구든 능력 있고 기회만 잘 잡으면 얼마든지 더 행복해질 수 있다는, 대단히 인본주의적이고 자유주의적인 이 관점은 사람들의 생래적 이기성에 편승하여 시대적으로 널리 호응을 얻고 있다.

요즘의 아이들은 '엄마', '아빠' 다음으로 '싫어', '좋아' 라는 말을 먼저 배우며 평생 상품의 선택권을 가진 구매자가 되거나 스타들의 팬이 되기를 자청한다. 마치 스스로 인간상품이나 스타가 되기 위해 성장하는 듯하다.

그러나, 이렇게 모두가 쾌락주의자로 키워지는 이 사회에서 밑빠진 독을 채우지 못하는 공허감은 무엇이 달래주고, 조화롭고 정의가 행해지는 사회를 위한 도덕성은 무엇으로 세울 것인가?

어떤 사람들은 이 존재의 고뇌와 부조리를 잊고자 애써 행복을 가장한다. 자신은 행복하다고 스스로를 속이고 다른 사람들 앞에서 쇼를 한다. 과장해서 광고하고, 만들어진 거짓 행복을 팔기까지 한다.

자신을 파고드는 고통은 예리하게 느끼지만 타인의 고통은 직접 느끼지 못하는 우리는, 대개 다른 사람들은 별 문제 없이 행복하게들 사는데 자신은 왜 이렇게 문제투성이의 비참하고 우울한 상황 속에 던져져 벗어나지 못하는지 답답해하던 끝에, 이 싸구려 행복론을 사들인다.

그러나 정작 가면 뒤에서 울고 있을 광대를 상상해보았는가?.

간혹 울다 지친 광대의 돌연한 자살소식을 접하고 충격을 금치 못하기도 한다. 한때 가짜 행복을 샀던 사람들도 순간의 도취가 지나고 나면 즉시 일상의 불행으로 돌아간다. 그것은 개그콘서트처럼, 그저 한 순간의 공허한 위로에 지나지 않는다.

또 어떤 사람들은 인생의 세속적 성공을 통해서 행복을 얻는다고 말하며 세속의 성공론을 팔아먹는다. 이는 사람들의 저급한 통념과 우리의 성장과 교육과정에서 쉴 새 없이 우리를 세뇌하며 몰아댄 세상의 거대한 풍조와 궤를 같이하며, 우리를 끊임없이 기만한다. 억울하면 출세해야 한다.

그러나 우리 모두 각자 억울하다고 한다면, 우리 모두가 다같이 출세하는 일이 이론적으로 가능하기나 한가? 또 과연 그 누가 세상의 성공을 통해서 영원한 행복을 얻었던가. 어느 분야에서 아무리 찬란하게 성공한 사람일지라도 얼마 안 가 끝내 괴로움 속에서 덧없이 늙고 죽어간다. 그의 영화도 함께, 한때의 불꽃처럼 스러지고 만다.

우리가 진실로 행복해지기 위해서는, 그리고 영원히 행복하기 위해서는 전혀 다른 행복론이 필요하다.

諸行無常 나타난 모든 것 무상하여라
是生滅法 다 생멸하는 것들이네
生滅滅已 생멸이 다한 자리 열반이
寂滅爲樂 진정한 즐거움이다

진실로 행복을 찾아 질주하던 사람이면 누구나 불교의 이 말에 갑자기 머리를 꽝 부딪친 느낌이 들 것이다.

먼저 우린 삼계무안三界無安임을 깊이 인정해야 한다. 하늘에
도 땅에도 영원한 안락은 없다. 세상의 즐거움은 결코 영원하지
않고 진실한 즐거움도 아니다.

우리는 태어나자마자 맨 먼저 이것을 배웠어야 했는지 모른다.
세상의 고락에 너무 연연하기보다는 거기 물들지 않고 초연한 태
도를 지니기를, 세상의 행복에 너무 목말라하거나 그것에 탐닉하
지 않기를…….

삼계 안에 행복이 없다면 삼계 밖엔 있을까? 그렇다면 삼계 밖
은 어디일까? 시간 공간도 아니고 정신세계도 아닌 그곳이 어디
란 말인가?

제자가 열반을 얻은 스승에게 물었다.
"무엇이 대열반大涅槃입니까?"
"생사의 업을 짓지 않는 것이다."
"그럼 무엇이 생사의 업입니까?"
"대열반을 구하는 것이니라."

삼계 밖은 우리의 빈 마음이다. 줄기차게 쾌락을 구하는 마음
이 그치지 않으면 진정한 기쁨은 얻을 수 없다.

존재의 깊은 기쁨은 빈 마음으로 있을 때 선물처럼 문득 느껴져
오는 것. 그것은 무지개처럼 저 멀리 있는 듯 다가가면 멀어지고,
잡으려 하면 사라져버리는 것이 아니다. 또한 그것은 어느 날 뜻
밖에 호주머니 속에서 찾아낸 보배처럼 원래 내 것이며, 산골의 맑
은 샘물처럼 내 안에서 솟아난다. 자연의 아름다운 풍광처럼 조작
되지 않은 것이다. 빈 마음으로, 원래의 자연스러움으로 있지 못

하고 권태로워하며 자칫 도박이나 유치한 오락 따위에 빠져드는 퀭한 눈으로는 절대 그 아름다운 기쁨을 볼 수 없다.

어떤 사람이 부처님께 와서 물었다.

"당신의 제자들은 세속의 온갖 즐거움을 등지고 무슨 재미로 숲 속에서 살아갑니까?"

부처님이 말씀하셨다.

"여래의 제자들은 오욕락五慾樂의 덧없음을 알아, 그에 대한 갈망과 집착을 떨치고 마음을 챙겨 순수한 집중[Vitakka]과 관觀의 지속[Vicara]이 순일해진 상태의 청정을 얻으니, 이것이 세속을 떨친 첫 번째 즐거움이다. 이것이 깊어지면 심신을 사로잡는 큰 환희심을 얻으니, 이것이 두 번째 즐거움이다. 이 환희심에 대한 집착을 놓으면 그보다 훨씬 안정되고 깊은 행복감을 얻으니, 이것이 세 번째 즐거움이다. 그런데 이 행복감에도 집착하지 않으면 선정이, 마음이 마치 맑은 거울과 같아진 명징함을 얻으니, 이것이 네 번째 즐거움이다. 여래의 제자들이 닦아 누리는 이 즐거움들에 비하며, 세인들이 탐하는 오욕의 즐거움은 그 16분의 1, 32분의 1에도 미치지 못한다."

그러자 그 사람이 다시 부처님께 여쭈었다.

"그럼 부처님께서는 무슨 즐거움으로 살아가십니까?"

부처님은 말씀하셨다.

"여래는 무욕無慾의 즐거움으로 살아가느니라."

행복하라. 그러나 행복을 구하지는 말라. 구하지 않을 때 그것을 얻을 수 있으며, 두드릴 필요도 없다. 그 문은 원래 열려 있기 때문이다. 그대가 아직 이해하지 못한다면 부처님의 다른 행복론을 실천해 보라.

諸惡莫作 무릇 일체의 악을 짓지 말고
衆善奉行 모든 선을 받들어 행하며
自淨其意 그 마음을 맑히라
是諸佛敎 이것이 모든 부처님들의 한결같은 가르침이다

이렇게 하는 것조차 어렵다면 그대를 어찌 할까. 그대 울려고 왔는가, 웃으려고 왔는가? 그대 진정 행복을 찾는 나그네인가?
그렇다면 해야 될 일을 하고, 하지 말아야 할 일은 하지 말라. 그 다음에 할 수 있는 일이면 하고, 할 수 없는 일이면 부질없이 꿈꾸지 말라.

2010. 11

진리, 바로 나임에도 그리운 당신

오도悟道 이후, 경허 스님의 허다한 기행과 격格 밖의 선지禪 듭는 화들짝 중생의 잠을 깨우는 죽비의 경책과도 같았다.

주장자 하나 메고 하늘가의 방랑객이 되어 천하를 주유하던 경허 스님이, 어느 날 시골 아이들 앞에 섰다.

"너희들, 내가 보이느냐?"
"네."
"내가 누군지는 아느냐?"
"모릅니다."
"누구인지도 모르면서 어찌 보인다고 하느냐?"
"……."

진리는 옳다 그르다, 좋다 나쁘다 판단하기 이전에 있다. 말이나 기호, 온갖 상징 등으로 설명되기 이전에 있고, 우리에게 보이고 지각되기 이전에 있다. 진리는 모든 것이 있는 그대로 존재하는 그 차원에 있는 것이다. 그것은 믿음이나 알음알이의 대상이 아니라 닦아서 깨달아야 할 그 무엇이다. 진정한 이해와 사랑은 그로부터 샘솟아난다.

나는 당신이 보고 싶고, 당신이 알고 싶다. 그러나 그것이 가능한 일일까?

불불불상견佛佛不相見. 부처와 부처가 서로 보지 못한다. 나 스스로를 본 적이 없고, 스스로를 알지 못하는 내가 당신을 도대체 볼 수나 있고 알 수 있는 일일까?

우리는 언제나 사실을 잘못 알 수 있다. 잘못 듣고 잘못 볼 수도 있다. 아니, 사실은 존재의 실상을 바로 알지 못한 그 최초의 근본 무명 때문에, 이 기나긴 생사이 꿈을 꾸고 있다.

도불원인 인자원의道不遠人 人自遠矣. 도는 사람을 멀리 하지 않는데 사람이 스스로 도에서 멀어져 있다. 도가 본디 어디 숨어 있는 것이 아니고 안개에 가려지거나 베일을 쓰고 있는 것이 아니라 해도, 중생의 시력은 본래 한계가 있고 생래적으로 이미 색안경을 끼고 있는 경우가 많다. 우리는 이토록 불완전한 인식의 틀을 가지고, 또 몹시 어설픈 의사전달이나 소통의 수단을 동원하여 이러쿵저러쿵 떠들면서, 도에, 진리에, 진실에 아득바득 가까이 가고자 하고 끝없이 연모하지만, 그것은 참 힘 **빠지는** 짝사랑일 **뿐**이다.

혹독하게 말하면, 기호나 상징, 언어와 문자를 이용한 인간의 소통과 전달, 기록과 저작의 역사는 많은 부분이 온통 곡해와 기만의 역사일 뿐이다.

과연 관찰과 탐구, 조사와 연구는 얼마나 진실하게 이루어지는 것인지, 그것을 거쳐 표현되고 기술된 것들은 도대체 있는 그대로의 실체적 진실을 비슷하게나 묘사하고 있는 것인지, 믿을 수가 없다. 멀리 있거나 오래된 것들도 그렇고 가까이 있거나 지금 우리 곁에서 벌어지고 있는 것들도 전혀 예외가 아니다.

인간은 과연 원숭이에서 진화한 것인지, 천안함은 어쩌다 물속에 가라앉은 것인지……. 모든 것이 오리무중일 때, '신만은 아시겠지.'라고 습관처럼 되뇌지만, 그런 신은 한 번도 나서서 진실을 증명한 적이 없다.

텔레비전에 내가 나온다면 정말 좋을까?

나는, 고난의 한때를 살아가는 이웃들에게 쉽고도 은근한 방법으로 구원의 길을 제시하려는 깊은 뜻을 품은 대가로 의도하지 않은 유명세에 늘 지치고 피곤해 하시는 스승을 젊은 날에 보면서, 목숨을 보존하려면 절대 유명해지지 말아야겠다고 단단히 결심을 했다. 그러나 아이러니컬하게도, 그 스승 때문에 중으로서는 이미 퍽 불명예스럽고 불편할 만큼 세상에 얼굴이 노출되고 말았다.

몇 차례 대중매체 등과 인터뷰를 하거나 취재에 응하게 된 것은 그 때문이었고, 그 결과는 당연히 악순환을 가져왔다.

　무슨 일엔가 회의나 의문을 가지는 것은 근본적으로 우리의 심리를 불안하고 불편하게 하기 때문에, 우리는 본능적으로 많은 것을 애써 덮어두거나 모른 체하며, 아니면 반대로 눈 딱 감고 믿어버리는 데 안주한다. 오래 전해져온 것이나 다수가 믿는 것, 이미 일상이 되어버린 것들, 어떤 권위가 강요해오는 것들을 그냥 순한 양처럼 순순히 믿고 지나간다.

　우리는 매일 접하는 신문이나 방송에 실리는 뉴스 대부분을 객관적인 사실일 것이라고 순진하게 믿는다. 바쁜 일상 속에 자꾸자꾸 흐려지는 안경을 닦으며 허둥지둥 살아가는 우리이거니, 내가 보고 살아가는 이 구석진 울타리 밖의 저 드넓은 세계를, 마치 놀라운 전지자全知者의 눈처럼 샅샅이 보고 사그리 다 알아낸 다음, 친절하고 자비롭게도 안방에 앉은 나에게 속속들이 전해주는 매체들을 어찌 믿지 않고, 어찌 귀의하고 숭배하지 않을 수 있으랴. 스타가 되거나 스펙터클의 지휘자가 되어 헐리우드나 발리우드Bollywood(인도영화산업), 한류우드에 살진 못하더라도 잠시라도 '텔레비전에 내가 나온다면…….' 하고 꿈이라도 안고 살아야지.

　그러다 어느 날 문득, 속기하는 기자의 펜 앞이나 카메라의 앵글 앞에서 어색한 마음으로 취재를 당하거나 직접 텔레비전에 나가보면, 그리고 며칠 뒤 마침내 내 모습이나 이야기가 활자로, 화면으로 만인 앞에 공개되는 것을 보면……, 어떤 느낌일까? 불행하게도 내 느낌은 썩 좋지 않았다. 조금 속았다는 느낌이고 이용

당했다는 느낌이었다. 저 신문이나 텔레비전 화면 뒤에 숨은 거대하고 막강한 조직이나 시스템의 힘이 비로소 무섭게 느껴졌었다.

보도된 것은 언제나 왜곡 가능성이 있으며, 정확한 사실의 보도라 해도 그것은 부분일 뿐 전체가 아니다. 이것은 하루의 일기가 그날 하루에 벌어진 일 그대로가 아니며, 역사 기록이 역사 그 자체는 아닌 것과 같다.

시대를 돌이킨다는 것은 한번 흘러와버린 강물을 역류시키는 것처럼 불가능한 일. 날로 첨단화되는 온갖 장비와 온·오프라인 상의 온갖 매체의 발전에 힘입어 이렇게 고도로 정보화된 현대사회의 흐름은 막을 수가 없다. 이런 시대에 그나마 양식이 있고 미래에 대해 꿈을 잃지 않으려는 사람들의 역할은 그 흐름의 방향을 잡는 일이다. 방수防水하는 것이 아니라 치수治水하는 것이다.

"군주는 인간인 동시에 야수로, 사자인 동시에 여우로 행동하는 법을 체득해야 한다. 자신의 이익에 상반될 때는 약속을 지키지 말아야 하며 지킬 수도 없다. 정직은 언제나 불리하다. 반면 자비롭고 청렴하며 인도적이고 신실한 것처럼 보이면 유익하다. 덕망으로 위장하는 것만큼 유익한 일은 없는 것이다."

『군주론』을 쓴 마키아벨리의 말이다.

선악의 싸움은 어디에나 있고, 지금 그 결전장의 전방은 스펙터클 안의 온갖 이미지와 영상과 정보와 데이터들이 떠오르고 배치되어 집결되고 다듬어지고 조작되고 왜곡되는 장들이다. 오늘의 전장에서 선의 편에서 싸움을 하려는 사람들은 눈에 보이지 않는 이 정보의 검을 들고 저 거인처럼 위세 좋게 달려드는 마키아벨리

스트들과 겨루어야 한다.

어느 시대에나 진실을 믿고, 사랑하고, 그 앞에 자신의 안위와 명리를 던질 줄 아는 사람은 고결하다. 그들이 의지한 진실은 한때 무력하고 외로워 역사 속에서 속절없이 패배하는 듯싶지만, 결코 덧없지 않은 인간의 내면에서는 그 순간 이미 영원한 승리를 획득한다.

우리가 진정한 구도자이기를 바란다면, 우선 냅다 그냥 믿고 싶은 유혹에서 벗어나야 하며, 더러는 모른다고 솔직하게 말해야 한다. 절대의 권력이 내 편이라고 믿고 강아지처럼 기대기보다는 땅에서 나무처럼 내 발로 일어서야 하며, 양심의 힘으로 가지를 들어야 한다. 편리한 믿음의 이불을 덮고 잘 것이 아니라 탐구심으로 눈을 뜨고 실험정신으로 기지개를 켜야 한다. 잘 알지 못한 채 되는대로 떠드는 대신, 침묵하고 기다리기라도 해야 한다.

아, 그러나 사실은 이 구도를 향한 일전一戰조차 우리의 꿈속에서, 마음 안에서 덧없이 벌어진다. 사실 그것은 우리 마음속의 선의지와 악업의 싸움이며, 분별과 무분별의 싸움이며, 이해득실과 무소유의 정신 혹은 무욕청정심의 싸움이다. 이기적 자아와, 무아無我를 통찰하는 반야般若의 싸움이다.

모든 것은 마음의 숨, 마음의 꿈, 마음의 춤이다. 민주주의도 결국 표의 대결이나 축구경기 같은 골 대결이 아니라, 온갖 미망에서 깨어나 무아 속에서 참 자아를 찾은 자가 온 법계의 주인이 되는 마지막 승부가 될 것이다. 우리 모두가 승리하여 마침내 가장 높은 왕좌에 오르는 싸움이 될 것이다.

불조佛祖처럼 이심전심은 하지 못할지라도 저 광음천光音天의 신들처럼 빛으로 말하고 당신의 마음에서 발하는 빛을 통해 당신의 마음을 읽고 싶은 오늘이다.

나무야 어서 걸어오너라. 광겁廣劫의 잠에서 깨어 너를 타고 갈 데가 있다.

2010. 07

우울한 자리

살면서 무엇이 되고 싶거나 무슨 감투를 쓰고 싶은 생각이 전혀 없는 사람도 많다.

그렇지만 겉으로 드러내든 다듬어 속으로 갈무리하든, 사람은 누구나 일정한 자존감自尊感을 지니고 살고 싶어하며, 그것은 미래에, 혹은 사후에 타인들이나 심판자로 믿어지는 존재 앞에 떨리는 마음으로 서게 될 그 순간의 심경보다 훨씬 진실하고 더 깊은 의미가 있을 수도 있다. 삶의 끝은 결국 자기 자신이고, 지나온 궤적에 대한 궁극의 평가는 마침내 스스로 내려야 하기 때문이다.

우리는 '헛이름 나기 전에 수행하라.'는 말을 종종 들으며 중노릇을 해왔다. 도인이니 큰스님이니 하고 알려지기 전에 생사를 훤칠하게 벗어나 몸소 진리를 증득하고 모든 인연에 걸림 없이 중생을 교화할 자기 살림살이를 갖추라는, 체험에서 우러난 고인들의 고백이다. 그런데 이 자리에 있게 되면서 간간이 축하한다는 말을 들을 때마다 우울해지는 까닭은, 이미 나기 시작했는지 모르는

'헛이름'에 속으로 자신의 처지를 돌아보며 신세를 한탄해서만이 아니다. 누구에게 속 시원히 털어놓을 수 없는 저간의 사정과 동시대를 살아가는 중생들의 모습에 가슴이 답답해져 오는 것이다.

상고上古의 시대 이전부터 대륙의 중심에서 유랑하거나 떠밀려 이 반도에 이른 사람들의 집단무의식엔 분열과 동족상잔의 모티브가 병인病因처럼 잠복하고 있는 듯하다. 낱낱 백성들의 속내를 긍정적으로 보면 몹시 영민하고 재주가 많으며, 퍽 어질고 질직質直하고 정이나 격정적 흥이 많은 이 땅 사람들의 천성에, 왜 타박네의 패배의식이나 한스러움, 울고 불며 얽히고 쥐어뜯고 싸우는 소아적 경쟁주의가 침투하게 되었을까. 왜 군자의 풍모와 영웅의 기상, 대국적 포부를 지닌 사람은 그렇게 귀하고, 반도의 크고 작은 정치사는 이토록 속되고 비루하고 노여울까.

암울한 마음을 풀 길 없던 차에 서울을 벗어날 기회가 왔다. 양평 상원사에서 혼자 3년 동안 산문 밖을 나서지 않기로 하고 정진 중인 해안스님을 찾아 나선다.

그는 출가한 지 몇 년 만에 한국 사람보다 더 한국 사람 같고 한국 스님보다 더 한국 스님 같아진, 바닷빛 눈을 지닌 영국인 스님이다. 차분하고 가라앉은 목소리로 매우 세련된 우리말을 아주 자연스럽게 구사한다. 한국 문화의 거의 모든 면모를 소상히 이해하며 한의학에도 조예가 있으며, 한국불교에 대한 흔들림 없는 신信이 있어 우리 불교 현실의 폐단과 병폐를 누구보다 잘 알면서도 그 폭과 깊이에 체험적인 이해를 갖추고 깨달음을 향하여 진실한 실참實參의 길을 가고 있다.

비교적 길게 내린 봄비 뒤끝에 자연스러우면서도 시원스럽게 계곡의 바위틈을 타고 내리는 청류淸流를 거슬러 오르며 차창을 여니 폐 가득 스며오는 흰 구름.

상원사는 고려 말에 석옥 청공 선사로부터 심인心印을 받아 임제종의 법맥을 이어옴으로써 한국 선종사의 가장 장대한 물줄기를 열었던 태고 보우 선사가 견성하신 곳이며, 이태조를 도와 조선왕조를 개국케 한 무학대사가 오래 머물렀던 도량이라는 해안 스님의 소개를 듣는다.

크지 않아도 무척 무게감 있게 잘 지어진 선원에 들어가 죽비를 들고 계신 문수보살상 앞에 삼배를 올린다. 해안 스님의 방엔 조주 스님의 영정, 그리고 효봉 노사曉峰老師와 지금 살아 계신 우리 선지식 스님 몇 분의 작은 사진들이 모셔져 있었다.

"법정 스님은 말세에 출현하기 어려운 대보살이셨고, 수행인의 행리가 어떠해야 하는지를 삶과 죽음으로 보여주셨습니다."

그는 이 한 문장의 말로, 스님 입적에 당하여 전에 내게 보내 왔던 편지와 마찬가지로 놀라운 한국말 실력을 새삼 과시한다. 말이 그냥 말이 아니고 한 인격의 가장 진솔한 노정임을 다시 일깨운다. 마치 낯빛이 그러하듯이.

산철이라 대중 대부분이 출타한 빈 절, 다각실에 그와 마주 앉았다.

물밖에 잠시 고개를 내민 잠수부처럼 나는 오랜만에 시간 밖에서 차다운 차를 마시고……, 취하였다.

나는 그와 함께 모든 굴레를 벗어던지고 국경이 없는 나그네 길에서 놀며 법희선열法喜禪悅에 소요할 머지않은 날들을 꿈꾸었다. 우리는 하루 대부분을 시간을 짜서 틀고 앉아 있는 정진보다 하루 몇 시간이라도 제일 좋은 시간대에 울력도 하고, 법문도 듣고, 탁마도 하며 동정動靜에 일여한 공부를 지어가는 정진에 대하여 이야기했다.

사실 그를 찾아가는 길에는 우리 절에 그 같은 스님이 같이 살 수 있다면 얼마나 좋을까, 하며 제갈량을 삼고초려三顧草廬하는 유비 생각이 났었다. 그런데 오는 길에는 쿠바혁명을 성사시키고도 자신이 믿는 혁명을, 전리품 위에서가 아니라 길 위에서 완수하기 위해 다시 전장으로 떠난 체 게바라를 떠올렸다.

졸다가 깨어보니 길상사가 가까워지고 있었고, 채근담菜根譚의 한 구절이 조금 쇠어가는 늦봄의 나물처럼 질긴 듯 참맛이 우러나며 채식주의자의 입안에서 오래오래 씹힌다.

"권세와 명리의 번화함은 가까이하지 않는 이가 깨끗하다고 하나, 가까이할지라도 물들지 않는 이가 더욱 깨끗하다. 권모와 술수를 모르는 이를 높다고 하나, 알아도 쓰지 않는 이를 더욱 높다할 것이다."

검을 거둔다.
나무인욕바라밀南無忍辱波羅蜜.

2010. 06

사사곡思師曲
- 법정 스님 추모사

투명한 봄 햇살이 누리에 가득하다.

새벽달은 그냥 예처럼 밝았다.

몸살이 나서야 조금 생긴 여유. 그러나 도량 거니는 발걸음 헛헛해라.

담벼락의 투박함 뒤에 숨어 있다 꽃봄의 문을 여는 영춘화迎春花의 놀라운 웃음.

문득 눈이 뜨인다. 아, 스님도 그랬었구나. 서슬이 죽지 않은 크리스탈처럼 끌리지만 만질 수 없는 사람이었으되, 문득 가슴 따뜻한 사람을 만나면 온 영혼을 열어 함께 피던 꽃이었구나.

모퉁이 돌아서면, 스님처럼 사람 없는 곳에서 더 빛나는 이 매화의 고졸함이 있다. 스님은 섬진강가 마을 먹점골 매화가 제일 좋다고 그 청매 꽃그늘에서 차를 드시기도 하셨었지.

담장 밑 조금 낮은 곳에는 5월의 영광을 미리 준비하는 모란의 불그레한 새순들도 눈에 띈다. 가을 녘에 남쪽 암자에 내려와 손수 전지가위를 들고 잎 지고 난 모란 가지들을 다듬곤 하시던 스님. 난 스님의 말씀을 따라 추위 타는 겨울 모란이 좋아한다는 톱밥을 큰 절에서 얻어다가 이불처럼 밑동 주위에 둘러 덮어주었었다.

　　그렇지만 이제, 꽃이 다 뭐란 말인가. 봄날에 가시겠다던 약속을 끝내 당신은 지키셨지만, 그리움만으로 남겨진 자들에게는 이토록 밀물지듯 엄습해오는 봄이란 그저 가슴 아리게 여울져오는 처연함일 뿐.

　　이 세상의 눈부신 것들을 당신이 앓으셨듯이, 그렇지만 사랑하셨듯이, 우리도 이 덧없는 세상의 꽃들을, 더불어 이 쓰라리고 노여운 담벼락이나 썩은 것들을, 다 껴안아야 하는 것인가? 어떤 때는 다 없었던 것처럼 참고, 어떤 때는 햇살 같은 다사로움으로 기다려 녹이고, 어떤 때는 달빛의 검광劍光으로 물밑을 뚫어야 하는가?

　　자신이 없다.

　　일제치하, 한국동란, 군부독재, 급격한 산업화……, 모든 것이 굴절되는 어둠의 시대를 스님은 한 생애를 던져 투과하며 화살처럼 곧게 날아가셨고, 색깔 없는 수행자의 옷을 입고 가장 깊은 은자처럼 살면서도 세상을 그토록 내밀하게 열애하셨으니, 가장 높고 어려운 것을 가장 단순하고 쉽게 말하고, 말보다 행으로, 행보다 존재로 먼저 드러내 보이셨으니, 그 가운데 처음부터 끝까지 한 순간도 외로움의 지존과 청정함의 아름다움을 잃지 않으셨으니, 도대체 누가 또 그렇게 할 수 있다는 말인가? 그것이 비록 부처님이 정하신 가장 멋진 주인공의 배역이라 해도 이제 누가 있어 그 험한 역을 맡으랴.

도량엔 점점 더 많은 사람들이 온다. 그들의 가슴은 슬픔과 기쁨의 터치에 더 예민하게 떨도록 조율된 악기의 현처럼 마치 누군가의 연주를 다시 기다리고 있는 듯하다. 그러나 막상 그 연주자의 자리는 비어있다. 아무도 감히 앉으려 하지 않는다.

'무소유', '맑고 향기롭게'는 이제 그 언표言表만으로도 사람들의 가슴 한가운데 떨어져 세상 가장 가 쪽까지 퍼져가는 동심원의 파문을 일으키고 있는데, 처음 수면 위에 떨어진 그 돌멩이는 이미 가라앉아 보이지 않는다. 악기의 조율은 얼마나 쉽게 어그러지고, 수면 위엔 얼마나 많은 바람이 부는가. 꽃은 얼마나 빨리 지고 마는가.

낮은 길어졌지만, 하루는 더 빨리 저문다.

저녁 북소리도 공허하다. 몸살감기 덜 떨어진 목소리로 예불 마치고 법당을 나선다.

아, 그런데…… 별이다. 어둠 속에서 승천한 꽃들이다……. 어쩌면 저 산 능선 위로 막 돋은 별이 스님별이다. 눈빛이 닮았으니.

스님은 병원에서 삶이 얼마 남지 않았을 때, 잠겨서 나오지 않는 목소리로, 먼 땅에서 눈에 막혀 아직 오지 못하고 있는 어느 영혼을 부르며 말했었다.

"사랑해."

사람들이 의아해하자, 그 표현은 스님 입에서 나온 최초의 것이라고 누가 말했다. 나는 스님이 들고 있는 수화기의 저쪽에서 전해오는 그 영혼의 떨림을 감지했다.

어느 해 여름, 찾아온 몇 사람에게 스님은 좌선을 가르쳐주셨었다. 그 설명은 그다지 인상적이지 못했었다. 그러나 스님은 낮엔 사람들에게 꽃을 보여주셨고, 밤엔 평상을 마당 한편에 꺼내놓고 별을 보게 하셨다. 그중엔 그 영혼이 끼어있었다. 까맣고 높고 광막한 어둠에, 빛나는 빗금을 긋는 유성을 보고 탄성을 지르던 그 영혼이 물었었다.

"스님, 우주의 끝이 어디예요?"
"우주에 어디 끝이 있겠어? 저 무한한 우주에……"

그 대답도 별로 인상적이지 않았다. 문학적이지도 과학적이지도 않았다. 그러나 스님은 영혼들에게 별을 보여주셨고, 영혼들은 오래 그 많은 별들을 바라보았다. 그리고 그들의 가슴은 열리어, 자신들이 어둠 속에서 잠든 꽃송이임을, 그리고 미래의 어느 날 지고 나면 곧 하늘의 별로 다시 태어나리라는 동일한 상상을 아마 했을 것이다.

그 여름이 저물어 가을이 되고, 가을 암자를 지키며 흩날리는 낙엽을 치우다 지쳐가는 햇중에게 스님은 편지를 보내며 그 끝에 이렇게 쓰셨었다.

"낙엽 치다꺼리에 고생이 많겠다. 잎 지고 빈 가지 끝에서 새 봄의 싹을 찾아보아라."

봄이 어디 있느냐고 묻는 스님에게 난 한 가지 봄꽃을 꺾어 보이지 않을 것이다. 아직 잎 돋지 않은 나뭇가지 사이로 흔들리는 별들, 그 속에서 스님의 사라진 기침소리와 호흡을 본다.

별이 내려 꽃이 되고, 떨어진 꽃들은 하늘에 올라 별이 된다. 우리가 사람으로 산다는 것은, 꽃과 별을 보는 그 눈빛이 되는 일이다. 때론 꽃이 되고 별이 되는 일이다. 그리고, '당신에게 보여지는 나'가 되는 일이다.

2010. 05

'나', 모든 것의 이유

며칠 전에 법정 스님의 49재가 지나갔다. 우리 시대의 빛이었던 스승, 법정 스님. 스님을 보낸 슬픔과 황망함을 딛고 많은 사람들이 의연하게 미래를 향한 희망과 스님이 우리에게 남겨주신 유지를 소홀히 하지 않기 위해 애썼다. 그 노고를 진심으로 치하한다.

많은 분들이 스님께서 꼭 가시지 않은 것 같다고, 어딘가에 살아계신 것 같다고들 한다. 지난해 봄, 법정 스님께선 당신이 이 도량에서 펼친 거의 마지막 법석에서, '봄날은 갑니다. 덧없이 갑니다.'라고 말씀하셨다. 그 봄이 지나갔고, 스님도 가셨다. 그리고 새 봄이 지금 우리 곁에 와 있다.

도대체 우리는 어디에서 왔다가 어디로 가는가? 이 물음은 가신 스승에게 던져진 것이 아니라 이제 우리 가슴에 와 박힌다.

옛날 중국의 황벽 선사 회상에 '배휴'라 하는 당대의 정승이 찾아왔다. 절을 둘러보다가 옛 스님의 영정이 모셔진 전각에서 어떤 스님에게 물었다.

"스님, 여기 영정의 스님은 어디로 가셨습니까?"

그 스님은 대답을 못하고 대신, 지금 절에 황벽 큰스님이 계시니 그 스님께 가서 여쭤보라고 했다.

배휴는 황벽 스님께 가서 똑같이 여쭈었다.

"스님께서 일러주십시오." 하자,

황벽 스님께서는,

"배휴! 어디 있는가?" 하고 소리쳐 물었다.

황벽 스님의 이 물음에 배휴는 대오大悟했다.

우리는 우리가 어딘가에서 왔다가 어딘가로 간다고 생각한다. 우리 삶은 시간 위에서 펼쳐지는 것이고, 죽음이라는 종점을 향해서 제어할 수 없는 속도로 가고 있다고 여긴다. 그런데 우리가 가는 그곳은 과거에서도 미래에서도 찾을 수 없고 지금 우리가 서 있는 바로 이 자리를 살펴야만 알 수 있다. 내가 있는 곳을 알아야한다. 조고각하照顧脚下. 지금 내가 서 있는 자리에서 나 자신을 꿰뚫어 살펴야 한다.

부처님도 세상에 오셨다가 백 년이 안 되는 삶을 살다 가셨고, 수많은 조사스님들도 그렇게 왔다 가셨다. 우리 할아버지, 할머니, 부모님들도 왔다 가셨고, 우리도 그렇게 왔다 가게 마련이다. 그 때문에 도대체 이 길이 어디에서 시작이 됐고 어디에서 끝이 나는가에 대한 의문은 끊이질 않는데, 이에 대한 답은 밖이 아니라 우리 안에서 얻어야 한다.

우리가 가는 길은 과거도 아니고 미래도 아니고 현재의 삶이다. 과거는 지나가서 다시 찾을 수 없고 미래는 아직 오지 않아서 우리 관념 속에서나 떠올릴 수 있지, 실재하는 시간이 아니다.

'바로 지금', 이것이 우리가 살아야 하는 삶이다.

스승들은 앞서 이 생을 지나가면서 우리를 자비의 손길로 이끄시고 어떻게 길을 가는 것인지, 어떻게 머무르고 어떻게 존재하는 것인지 가르쳐 보이셨다. 이제 스승이 떠나셨으니 우리가 홀로되어 가는 길은 스승에게서 배운 바대로 지금 이 순간에 당당하게 실존하는 것이 아니고 무엇이겠는가.

또한 우리 뒤로는 후손들이, 제자들이 따라오고 있다. 우리가 가는 길을 보고 그 자취를 따라올 것이기 때문에 우리 가는 걸음이 비틀거려서는 안 된다. 순간순간 깨어있는 마음으로, 여실하게 길의 시작과 끝을 살피는 마음으로 당당하게 나아가야 한다.

심리학자들은 우리가 정신적으로 완전한 인격체가 되는 것은 부모님을 잃고 난 후라고 한다. 떨어져 있을지라도 어딘가에 살아계시는 부모님께 의존하고 기대는 마음이 남아있다면, 아직 완전한 인격이 아니라고 한다. 내가 어려워지면 만사 제쳐놓고 도와줄 거라고 믿는 분이 있는 한, 삶은 진정으로 독립한 생존이 아니라는 의미다.

얼마 전에 처음으로 수류산방에 다녀왔다. 법정 스님께서 20년 가까이 노년을 보내셨던 곳이다. 인적 없는 산중에 흐르는 맑은 계곡물, 아름답고 깨끗한 바위, 정다운 나무들과 스님께서 애써 심어 가꾸셨다는 진입로의 전나무와 자작나무, 그 밖의 화초들, 그리고 스님 방안 구석구석에 남아 있는 스님다운 조촐함과 맑은 가난을 돌이켜 새기는 일은 살아계신 스님을 뵙는 것보다 더 많은 감동과 가르침이 되었다.

그런데 한편으로는, 내가 왜 여길 구차스레 찾아왔는지 다소 부끄러운 심정이 슬그머니 들기도 했다. 내가 서 있는 자리에서 최선을 다하고, 내 걸음으로 길을 가면 되지.

그래서 그 다음에 한 번 더, 어린 일월이와 처월이를 데리고 다녀와야 했을 때는 산문 밖에서 걸음을 멈추고 더 들어가지 않았다. 개울가에서 물 한 모금 손으로 마시며, '물만 먹고 가지요.' 하며 발길을 돌리고 말았다.

개는 누가 흙덩이를 던지면 흙덩이를 쫓아가지만, 사자는 돌아서서 흙덩이 던진 사람을 물어버린다는 말이 있다. 정말 참다운 제자, 스승의 가르침을 깨달아 온전히 이해하는 제자, 나아가 스승을 능가하는 제자는 스승이 남긴 말 찌꺼기나 유산을 쫓아가지 않는다. 스승의 높고 고결한 가르침은 그런 흙덩이하고는 비교도 안 되는 보배다. 그리고 그것은 이미 내 안에 있다. 내가 안에서 찾아야 할 것이지 밖으로 쫓아서 구하거나 차지할 수 있는 것이 아니다.

많은 분들이 법정 스님을 스승으로 생각하고 있는데, 우리가 진정 깨어있는 법정 스님의 제자라면 이제는 우리 안을 보아야 하고, 우리 안에서 법정 스님이 남기신 사리를 찾아야 한다. 부처님의 진신사리眞身舍利라고 해도 형상이 있고, 장소나 시간을 차지하는 것이라면 그것 역시 인연이 다하면 흩어져버리기 마련이다. 흙덩이와 조금도 다르지 않다.

진실한 부처님의 법은 생사를 넘어서는 것이고, 불생불멸한 자리에 금빛으로 찬연히 빛나고 있다. 그것은 형상과 모양에 속하지 않기 때문에 무너지는 바 없이 언제나 그 자리에 있다. 그것은 우리 안에 있고, 바로 우리의 참모습이다.

우리 안에 있기 때문에 스승이 우리에게 무언가 진실한 것을 전할 때는 '전할 수 없는 것을 전한다.', '네가 이미 가지고 있는 것을 전한다.'고 말씀하시지 않던가?

'네가 가지고 있으면 전해주고, 네가 가지고 있지 않다면 뺏을 것이다.'

이 말의 뜻은 무엇인가?

우리는 살면서 많은 물질과 재산을 갖게도 되지만 그것들은 다 때가 되면 흩어져버리고 만다. 그것들은 결국 영원한 내 것이 아니고, 따지고 보면 지금도 내 것이라고 말할 근거는 없다. 그러나 진정 내 안에 있는 것, 형상도 없고 잡을 수도 없고 알아볼 수도 없지만 진정으로 '나'인 그것은, 아무도 뺏어갈 수 없고 볼 수도 없고 가리켜 보이거나 전해줄 수도 없다. 그 불생불멸한 것을 가르쳐 보이기 위해 스승이 사자후를 토하고, 자비의 손길을 드리우셔서 우리와 다름없는 인생을 살아가시는 것이다.

따라서 진정으로 스승의 자비를 알고자 하는 사람은 눈에 보이는 것들, 만질 수 있는 것들을 떠올리는 대신, 오히려 그런 형상과 이름을 떠난 우리 안의 참 실체에 눈을 돌리고 귀를 기울여야 한다. 그것을 향해 나아가면 나아갈수록, 마음을 기울이면 기울일수록 스승의 은혜가 더욱 깊이 느껴지고, 눈물겹도록 감사할 따름이다. 어쩌면 이 보잘것없고 허름한 육신을 가루로 만들어 수없이 공양을 올릴지라도 부족하다는 생각이 들지도 모른다. 이것은 아름다운 보은報恩이다. 세상에서 가장 아름다운 장면이다.

오조 홍인 스님에게 육조 혜능 스님이 찾아가 도를 깨달아 법맥을 이었다. 홍인 스님의 뒤를 이어서 육조가 되어야겠다고 생각하고 정진했던 많은 수행자들이 혜능 스님을 시기했기 때문에, 홍인 스님께서는 육조 스님을 밤에 몰래 데리고 나와 강을 건네주시며 인연 있는 곳으로 가 보림保任하며 교화의 때를 기다리도록 하셨다.

두 사람이 강을 건너려고 나룻배에 탔을 때 스승인 홍인 스님이 노를 잡자, 제자인 혜능 스님이,

"스님, 이제 젊은 제가 노를 젓겠습니다." 했다.

그러자 스승은,

"아니다. 지금은 내가 너를 건네줄 것이다." 하고 손수 노를 저

어 강을 다 건네주셨다. 나중에는 그 제자가 뒤따르는 수많은 제자들을 고해에서 건져 저 언덕에 이르게 해줄 것이기 때문에 지금은 스승이 몸소 가르쳐 보이려는 것이었다.

수류산방 가는 길가에는 작은 내가 흐른다. 눈이 많이 쌓여있던 한겨울에 이미 한 번 다녀온 적이 있는 처월이가, 그때는 얇은 얼음이 얼어 있어서 차디찬 계곡물에 빠져가면서 건넜다고 했다. 그때 시리도록 차가웠던 고통이 떠올랐던지, 다시 수류산방 찾아가는 길에 아이가 걱정스레 물었다.

"이따가 강을 건너야 하는데 어떻게 건너요?"

"헤엄쳐서 건너야지."

아이는 겁먹은 표정이 되었다.

그런데 냇가에 당도해 보니 그 물은 겨울에 처월이가 느꼈던 것만큼 강이라 부를 만큼 크지 않고 퍽 작아져 보였다. 제일 먼저 신발을 벗고 용감하게 물속으로 걸어 들어가려 했다.

"이번엔 내가 건네줄게."

나는 처월이를 안아 들고 계곡을 건너며 말했다.

"지금은 내가 너를 건네주지만 나중에 네가 어른이 되면 많은 사람들을 건네주고, 나도 늙으면 네가 건네주어라."

며칠 전에는 제주도엘 다녀왔다. 스님께서 마지막으로 서울에 있는 병원에 올라오시기 전에 수류산방의 추운 겨울날씨가 호흡기에 좋지 않아 요양하시느라 지내셨던 곳이다. 스님이 아픈 몸을 이끌고 산책하시던 길이나 스님께서 바라보셨을 바다, 섬들을 하염없이 바라보다 왔다.

그러다 문득 떠오르는 생각에 끄적여본 낙서다.

구멍 뚫린 돌담 틈으로 설움은 침투하고 바람은
종려나무 이파리를 갈가리 찢는다
사람이 살다간 흔적, 바닷가 모래 위 새 발자국 같은 것
오늘은 에메랄드가 녹아 일렁대는
바다, 인생의 간을 맞추러 가끔 찾아오는 바다는
늘 짭짤하고 늘 다른 맛이 났지만
 그냥 바다와, 이제 누군가를 생각하며 바라보는 바다는 다르다
이 물기 많은 별에서 생명은 물로부터 진화했고
중생들은 다 마르지 않은 눈물샘이 있다
어쩌자고
저렇게도 많은 파도는 끝없이 섬으로 상륙하려 드는가,
왜 우리는 눈물로써 이유를 찾고
끝없는 것들은 도무지 이유가 없는가
바다가 쏘아올린 해가 다시 바다로 떨어지는 남쪽에서
지치면, 지구의 시간만큼 물이 쓰다듬은 돌
화살만큼 짧은 하루해에 달궈진 현무암의 체온을 빌려 앉는다
섬은 봄날의 저녁이고
바다는 묵조默照로 좌정坐定한다
무엇이냐?
나, 돌 위에서 삶의 이유로 굳어진다

육조 스님이 홍인 대사의 법을 받아서 떠나버렸다는 말을 듣고
많은 제자들이 허탈해하고 당황해했는데, 그중엔 혜명이라는 스님

도 있었다. 원래 장군 출신이었던 그 스님은 허탈감을 참는 대신 말을 잡아타고 혜능 스님을 뒤쫓았다. 마침내 혜능 스님이 길가에 앉아 쉬고 있는 것을 발견하고 오조 스님의 가사와 발우를 내놓으라고 다그쳤다. 그 가사와 발우는 부처님으로부터 인도에서 28번째 조사셨던 달마 스님에게까지 전해 내려오고, 달마 스님이 중국으로 가져와서 중국의 초조가 된 이래, 2조 혜가, 3조 승찬, 4조 도신, 5조 홍인에게까지 내려 온 부처님의 정법안장의 상징이었다.

그러자 육조 스님께서는,

"법으로서 전한 물건을 어찌 그대가 힘으로 가져갈 수 있겠는가?" 하셨다.

힘센 혜명은 보란 듯이 가사와 발우를 집어 들려고 하는데, 의발衣鉢은 땅에 달라붙기라도 한 것처럼 떨어지지 않았다. 당황하여 식은땀이 흐르며 비로소 참괴慙愧의 마음이 들었다.

그때 혜능 스님이 말했다.

"선도 생각하지 않고 악도 생각하지 않을 때, 무엇이 명상좌, 그대의 본래 면목인가?"

바로 그 물음 끝에 의발을 쫓아왔던 혜명 장군이 눈을 뜬다.

이 이야기는 우리가 구도의 길에서 무엇이 진실한 것이고 무엇이 헛된 것인지, 무엇이 우리가 진정으로 구하고 얻어야 하는 것인지, 무엇이 미망 속에서 잘못 알고 허덕이면서 애써 차지하려고 하는 것인지를 살펴볼 수 있게 해주는 일화다.

우리는 절에 와서, 혹은 출가해서 부처님의 혜명慧命을 잇겠다고 노력하고, 수행이라는 것을 하고, 온갖 공덕을 지으려 한다. 그런데 자칫 이 시간 속에서 정신을 차리지 못하고 중생심에 휘둘리다 보면 진정 내가 구하려고 했던 것이 불생불멸한, 내 마음 안에 빛나는 그 본래면목이라는 것을 잊고, 출가의 길에서 애써 버리고 떠나온 부질없는 이름이나 자리, 혹은 재산이나 절 등을 차지하려고 싸우게 된다. 얼마나 슬프고 안타까운 일인가.

세상의 덧없는 것들을 다 떨쳐 버리고 덧없지 않은 것을 찾아서 길을 떠나왔던 사람이 왜 또 그 덧없는 것에 속고, 마음을 **빼앗기**고, 거기에 인생을 허비하고, 업을 짓고, 여래의 법을 구할 선근마저 잃어버린단 말인가?

부처님이 세상에 계시지 않아도, 부처님의 법은 항상 그 자리에 존재한다. 아무리 말세가 되어도 진심으로 법을 구하는 사람이 있고, 바르게 길을 알아서 믿음과 용맹심으로 나아가는 자가 있으면 그들은 반드시 법을 깨달아서 부처님과 다름없이 그것을 이 세상에 드러내고 사바세계의 수많은 중생을 제도할 것이다. 그렇게 부처님의 법은 시공을 꿰뚫어서 언제나 그 자리에 있지만, 그것을 드러내고 드러내지 못하는 것은 바로 우리 자신들의 몫이지, 부처님의 허물도 아니고 시대를 탓할 것도 아니며 그렇다고 남의 탓으로 돌릴 일도 아니다.

도량에는 지금 많은 관심과 성원이 모아지고 있다. 이미 불법에 인연을 심어온 분들은 이제는 주인이 되고 리더가 되어야 한다. 이전에는 객처럼 드나들고 주변에서 맴돌았다면, 이제는 이 절의 극락전이나 설법전이 중심이 아니라 여러분의 가슴 안에 떳떳하게 흔들림 없이 서 있는 바로 그것이 중심이다. 중심을 향해 나아가면서 지금 새로 오는 사람들, 또 미래에 올 사람들을 이끌어야 한다.

우리 모두가 눈을 밖으로 돌리지 말고 우리 안으로 돌려서, 스승의 진실한 뜻, 스승의 참면모, 또 우리 자신의 참면목, 우리 인생의 목적, 우리가 살아있는 이유, 그것을 찾아야 한다.

삶은 이유 없이 살아지지 않는다. 의미 없는 삶처럼 가혹한 고문은 없다. 누구나 다 그 의미에 목말라하고 무언가에 의미를 부여하기 위해서 애쓰는데, 그렇게 부여된 의미, 찾아진 의미는 일시적인 것이며 끝내는 우리를 기만하고 만다. 진정한 삶의 의미는 밖에서 얻어지는 것이 아니고 바로 우리 자신의 존재다. 바로 우리가 그 의미다.

2010. 05

사사곡 II

잠을 털고
우리 안
차가운 골짜기에 나가면
지금도 당신은
얼음을 깨고 물을 긷고 있다
먼 데를 보는 당신 눈길에
거침없이 불어가는 한겨울 솔바람과
새봄 꽃비 내리는
다사로운 가슴
그 아늑한 땅에서 피어나는
유연하고 고아高雅한 향기는

어떻게 서로를 배반하지 않는가
반복 속의 심화
당신의 봄 여름 가을 겨울
이제 우리는 당신을 만나기 위해
무변無邊의 봄을 찾아가지 않는다
아주 가버리는 겨울도 없고
다신 오지 않을 봄도 없겠지만
우리와 함께 살아있던 날에도
당신은 늘
오는 사람이 아니라
당신이 아는 어딘가로 끝없이
가는 사람이었으니
당신이 딛고 가는 당신 안의 외로움
당신이 가차 없이 휘젓고 가는
우리들의 그리움
이제 우린 헤어져
별수 없이
우리 안으로 간다
당신이 장작개비 쪼개 만든 의자처럼
버려져 기다리지 않으리
거기 아주 잠시 앉았던 당신
그 잘난 옆모습만 보고 있지 않으리

빈 의자를 만지는 사람들
눈가에 맺히는 눈물
혹은 빈 의자에 남긴
당신의 무소유를 파는 사람들의
돌아선 흡족한 웃음이 되지 않으리
우린
불기 26세기 한국 불교의 뒷모습이나 옆모습이 아니라
바람 헤치고 가는 앞모습이 되려 하고
마침내
잿빛의 승복에서도 벗어나야겠지
당신도 잊어야겠지
어쩌다 당신 맘에 들어
계절을 벗어난 그 끝없는 봄에
당신과 마주 앉아
다시 당신 따라 주는 차 한 잔
그 향기 앞에 부끄럽지 않게
미소하려면,
침묵의 충만을 들으려면……
굳이 찾아가지 않으리
섬진강가 매화마을
조계산 소나무 정자
아님, 오대산 밤하늘 아래

울 밑에 선 봉선화를 부르기보다
차라리 당신 자유의 이름으로
천하에 봄소식을 전하는
작은 새의 울음이 될까
가지 끝에 부서지는 햇살이 될까
아, 비구 법정
우리 곁에
우리 안에
여기 봄으로 걸어가네

2012. 02

그림자를 지우며

이 도량에 와서 지낸 지 두 해쯤이 되어가는 마당에 절을 떠나게 되었다.

길상화 보살님의 불심과 회주 법정 스님의 고결한 정신이 깃든 도량, 현대의 도심 생활에 쫓기고 지쳐가는 사람들에게 큰 위로가 되어주고 활로를 열어 주어야 할 큰 절의 주지 소임을 임기 도중에 그만두는 것이, 순수한 희망으로 배움과 수행의 길을 같이하려 했던 많은 어진 사람들에게 얼마나 큰 상처가 될지 생각하면 가슴이 몹시 아프다.

그러나 우리는 누구나 각자의 인연을 따라서 자신의 길을 가야 하는 인생들이다. 우리 모두가 내면에서 서로 연결되어 있고 이 거룩한 승가공동체에서 다 같이 성불의 여정을 가는 존재들일지라도, 눈에 보이는 세상의 길에서 우리는 그 누구와도 영원을 기약할 수 없다. 때론 만남과 공존의 기쁨에 젖고, 때론 헤어져야 하는 슬픔에 좌절하면서 나아가는 것이 무상의 이치요, 생사의 줄거리다. 옛 부처님도 그리 떠나가셨고 이 자리에 모인 우리들도 언젠가는 다 그렇게 가는 것 아니던가.

나는 스승의 유언과도 같은 마지막 분부를 거역할 수 없어 그동안 여기 있었고, 지금은 설령 법정 스님 당신이라 해도 여기를 떠나는 것이 수행자다운 일일 것 같아 산문을 나선다.

머무는 동안은, 물론 스님의 원을 받들어 안팎으로 조금이나마 더 맑고 향기로운 가람을 만들려 했고, 화합하는 청정승가를 이루려고

했으며, 전법과 수행의 도량을 일궈가려 했다. 처음엔 어수선한 분위기에서 적지 않은 반대와 온갖 곱지 않은 시선을 무릅쓰고 부처님의 가르침과 법정 스님의 뜻을 받들며 소신껏 노력하여 도량을 정비하고, 옛 모범과 시대적 요구 사이에서 중도적 통일을 꾀하며 사중 운영의 방향과 목표를 분명히 하여 차근차근 틀을 다져왔다.

그 사이에 스님의 입적을 당했으나, 이 도량의 사부대중은 스님이 남기신 유지를 그대로 지키기 위해 합심하고 성심을 다해 노력하여 도량 내외의 고인에 대한 추모 열기와 기대에 부응하였다.

그러나 사실 개인적으로는, 산중의 한거閑居에나 익숙한 사람이 갑자기 도심의 도량에 나앉아 너무 많은 일을 다뤄야 했고 너무 많은 사람을 만나야 했으며, 너무 크고 복잡다단한 요구와 주문들에 끝없이 시달려왔다. 그 중 가장 어려웠던 것은 멀고 가까운 사

람들의 정제되지 않은 욕심과 야망, 시기심, 그리고 무리의 중심에 있는 사람의 고충과 충심을 헤아리지 않고 그 결정과 처신을 무분별하게 비판하고 매도하는 말들, 그 뒤에 숨은 아상我相들이었다.

승가는 위기를 맞고 있다. 세속의 현란한 물신풍조, 가치 혼란, 정보통신 기술의 방향 없는 질주……. 온갖 것들이 청정한 승단에 존폐의 위협을 가하고 있지만, 여기에서 결코 간과할 수 없는 것은 세상의 정치발전 과정에서 아직 충분히 진화하지 않은 시스템들이 민주주의의 이름으로 유입되고 있다는 점이다. 사실 민주주의는 그 액면상의 가치에도 불구하고 만일 그 성원들이 충분히 교육되고 정화되어 선의로 가득 차 있지 않으면 소수 탐욕과 이기적 야망을 숨긴 정치꾼들의 다수 대중에 대한 기만의 도구로 전락하고 만다.

공동체의 역사상 가장 오래되고 성공적으로 지켜져 온, 그러면서도 가장 자율적이고 민주적인 불교 승가공동체의 생명력은 어디에 있는가? 그것은 물론 부처님 가르침의 진리성이다. 그 진리가 우리를 일깨워 나 없음을 깨닫게 하고 무욕의 삶을 살도록 이끌기 때문이다. 진리에 대한 귀의, 스승의 가르침에 대한 그리움, 그리고 그 결실로서 우리가 누리는 진실한 자유와 행복이 무소유와 무집착의 수행자들로 이루어진 승단을 2600여 년이나 지켜온 것이다.

법이 있고 계율과 청규가 있고, 법을 먼저 닦아 이룬 스승들이 있으며, 소임과 직책의 수평과 수직관계가 가장 아름답게 짜인 조직력이 있는 승가에 무엇이 부족하여 혹을 붙여 불구를 자초할 것인가? 종교공동체에 정치가 들어오기 시작하는 순간, 그 순수성은 근본에서 흔들리고 오염되기 시작한다.

　가는 사람 말이 구구하면 안 되겠지만 내가 떠나는 마당에 진심으로 우리 불자들에게 당부하고 싶은 것은, 각자 자신의 자리에서 본분과 소임을 다하며 묵묵히 구도의 길을 가자는 것이다. 자리를 지키기에 안간힘 쓰기보다 흐름을 따라가며 자신의 일을 하면 된다. 어떤 사람도 영원히 한 곳에 있을 수 없고 한 자리에 머물 수 없다. 그러나 차지한 사람이 바뀌고 모든 것이 변화 속에서 흘러가도 지금 우리가 무엇을 하는가, 우리가 누구인가는 여전히 숙제로 남는다.

　내가 잠시 머물렀던 이곳에서 나와 선의를 가진 불자들을 힘들게 했던 사람들에게는 할 말이 거의 없다. 이 무상의 흐름 속에서 그들은 그들 스스로 자각을 이룰 것이다.

　뜻을 얻으려 하는 자는 욕망을 버려야 하고, 세상을 얻으려는 자는 자기를 비워야 한다. 어서어서 무변의 봄꽃이 피는 마음고향에 돌아가야 하지 않겠는가? 시간이 지나며 영원한 것과 영원하지 않은 것을 갈라놓고 그대를 영원하지 않은 쪽에 집어던지기 전에…….

2011. 02

가만히 있어도 인생은 빈 여행길임을 알고
중심에 고요한 휴식이 있는 사람,
마치 침묵의 나무그늘처럼
지친 나그네의 땀 들이고 쉬게 하는 사람.
번지르르하고 장황한 말을 늘어놓기보다
한번 멋진 미소를 날려
열린 가슴 사이로 따뜻한 바람이 불게 하는 사람.
열매를 너무 탐내지 않고,
진정 꽃답지만 스스로 꽃 대신 꽃대가 되어도 좋고
진흙탕에 더 깊이 내리는 뿌리여도 좋다고 여기는 사람 ……

저 푸른 초원 위에 그림 같은 집을 짓고

세상은 화택火宅이요, 고통의 도가니다. 이 세상 안에 집을 짓는 일은 따라서 영원한 안락을 찾아 길을 나선 수행자의 일이 아니다.

세상의 작고 덧없는 즐거움들은 아무리 끌어 모은다 해도 영원하고 완전한 기쁨이 되지 않으니, 열반을 찾는 나그네들은 발심출가發心出家하여 집착과 얽매임의 집에서 벗어나 구도의 길을 나서야 하고, 위대한 포기를 해야 하고, 버리고 떠나기를 감행해야 한다.

그런데 나는 지금, 이 세상에 지수화풍地水火風으로 된 집을 짓고 있다.

십 년을 경영하여 초려草廬 삼간三間 지어내니
나 한 간, 달 한 간에 청풍 한 간 맡겨두고
청산은 들일 데 없으니 둘러두고 보리라

옛 사람의 이 멋진 풍류를 떠올리면 문득, 근사한 거처를 하나 마련하는 일이 매우 낭만적이고 가슴 부푸는 일로 여겨지기도 한다.

그런데, 이 인간이라는 복잡한 동물의 주거시설은 어디 까치집처럼 나뭇가지 따위나 주워다가 얼기설기 걸쳐놓으면 되는 것도 아니고, 몸뚱이와 함께 덤으로 생겨 저절로 자라나는 조개껍질 같은 것은 더욱 아니고, 설계나 측량도 없이, 건축자재를 외부에서 조달할 필요도 없이, 한 순간도 주저하거나 망설이지 않고 불과 한 시간 안에 지어낼 수 있는 거미집 같은 것도 전혀 아니다. 시간 버리고, 돈 버리고, 성질 버리고, 짓다가 내가 죽을, 어떤 때는 짓고 나서 살아보지도 못하는 원수덩이다.

나는 출가 전 얼마 동안을 건축 공사장에서 남의 집 짓는 일을 한 적이 있는데, 출가한 이후에도 매우 여러 번 집을 고치거나 새로 짓는 일을 해야 했다. 집 떠나와 출가한 사람이 또 자꾸 집을 지어야 하는 운명도 아이러니컬하지만, 집 한 채 지으면 너무 고생스러워 목숨이 십 년은 줄어든다는데, 이렇게 번번이 집을 짓고도 아직 살아있는 걸 보면 내가 본래 고생고생하면서도 아주 오래 살도록 되어 있는, 매우 불행한 사람이라는 생각이 들기도 한다.

집이란 자기 한 몸이나 뉘이고 그 어떤 영화榮華를 한오백년 누리자고 지을 수 있는 것이 아니라는 것을 나는 이미 소싯적에 알았다.

그것은 석굴암을 조성하고 에밀레종을 만들듯이, 최소한 무굴제국의 황제 사자한이 열네 번째 아이를 낳다 죽은 왕비에게 다하지 못한 사랑이 너무 큰 나머지, 나라가 망하는 것을 무릅쓰고 지은 왕비의 무덤 타지마할처럼 그렇게 숭고하고 비장하게 생겨나거나, 무수한 생명과 자원을 희생시켜가며 억지로 억지로 만든 만리장성처럼 비참하게 태어나는 것이다.

요새 큰 빌딩 같은 건물 하나만 지으려 해도, 그 공정이 진행되는 도중에 사람 하나 둘 죽을 것은 미리 예상하고 그 재해보상금을 아예 건축예산에 넣어 잡는다고 한다.

막일에 익숙하지 않은 사람이 집을 짓는 일을 하다 보면 인간이 왜 이렇게 수고롭게 살아야 하는지 새삼스레 서글픈 생각이 들지도 모른다. 극락세계에선 사람이 연꽃 속에 화현化現하고, 아침이면 새로 피고 저녁이면 꽃잎지붕이 닫히는, 그 맑고 향기로운 연꽃이 집이 된다는데, 아프리카 같은 데선 거대한 바오밥나무 고목 밑둥치의 구멍에 사람이 무상으로 그냥 들어가 살면 된다는데……

불교 초기 교단의 수행자들은 부처님의 가르침에 따라 거의 무소유無所有로 떠돌면서 하루 한 끼 탁발한 음식을 먹고 나무 밑에서 자되, 한 나무 밑에서 사흘 이상 머물지 않는 생활을 이어갔다. 물론, 큰 인욕심과 지족知足의 정신, 그리고 고통에 가득 찬 세상에서 벗어나 치열한 보리심으로 대도大道를 구하고 일체 중생을 고해苦海에서 건지려는 원력에 의지한 위대한 수행자들에겐 그 유행주의遊行主義가 집에서 사는 안일과 무각성無覺醒의 늪보다 오히려 훨씬 안전하고 생동감 넘치는 수행의 장, 진정한 도량道場이었을 것이다.

그런데 출가자가 늘어나고 교화권이 커지자 교단은 가장 높고 순수한 원형만을 고수할 수 없게 되어갔다. 때맞추어 이 세상 진리의 고귀함과 그것을 찾고 전해주는 수행자들의 고마움, 그리고 그 수행 터전이 얼마나 소중한지를 아는 불자들이 하나둘씩 물심양면의 노력을 바쳐 가람을 지어 승단에 바쳤다. 오늘날엔 많이 무색해져 가지만, 이것이 바로 이 세상에 부처님 도량이 생겨나 몇 천

년을 이어져 가는 연원이며, 가람의 존재 이유다.

　나는 도량의 꿈을 가졌다. 불문佛門의 가람은 누구나 거기 오면 부처가 되기 위해 제 마음을 찾는, 자고로 선불장選佛場이어야 한다. 어찌 변변찮은 중들의 사유화된 집구석, 복을 팔아 덩치만 자꾸 키워가는 장판이 될 수 있겠는가? 화려한 전각, 수려한 풍광이 눈요깃감이나 되고 속세의 혼탁한 놀음을 더 근사하게 즐기는 명소 따위가 되고 만다면, 심신이 다 지쳐가는 사람들은 이제 어디 가서 이 암담한 동굴의 출구를 찾을 것인가?
　어느 가난한 숲속의 고고한 수행자는 아주 초라한 토굴을 하나 지어 살면서도 이렇게 자조自嘲했다.

　주워 모으면 일간一間 초옥草屋
　풀어 흩으면 본래의 들판이어라
　마음대로 이것저것 끌어 모아서
　내 것이라 집착하는 어리석은 짓이여

솔직히 말하면, 이번에 내가 하고 있는 일은 실제의 집을 짓는 일이 아니라 다른 사람을 시켜 이미 지어 놓은 집에 살면서, 그 뒷마무리를 하는 일에 지나지 않는다.

일하는 수고로움을 알기에, 나는 될수록 말이나 손짓 등으로 남을 일 시켜 무엇인가를 해놓고 마치 자기가 한 것처럼 생색내는 사람이 되지 않기 위해 할 수 있는 것은 가능한 한 직접 나서서 하는 편이었지만, 사실 이 집처럼 남의 손에 거의 전적으로 의존하고, 또 이렇게나 큰돈을 들여 쉽게쉽게 후딱후딱 지어보기는 처음이다. 그만큼 많은 사람들의 진심 어린 도움과 지원 속에서, 나를 대신한 다른 이들의 고통을 거쳐 일이 되어가고 있다는 뜻이다.

그런데도 일은 역시 호락호락하지 않다. 축대 쌓고 땅 고르고 이리저리 주변 정리하고 단장하는 일이 왜 그리도 많은지, 일은 단번에 잘되지 않는 데다 숙련된 일손은 부족하고, 이리저리 들려오는 복잡한 소식들에 힘 빠지기 일쑤. 멧돼지 같은 녀석들과 싸우기도 하다가 행사일정에 쫓기고, 장비에 쫓기고, 비 소식에 쫓기다, 마침내 태풍이 몰고 온 비가 연일 퍼부으니 여기가 터지고 저기가 물러나고. 온통 축대의 흙이 흐물흐물 곤죽이 되어 자꾸 어딘가로 흘러가려고 한다.

아, 지수화풍에 의지하여 살아가기가 왜 이다지도 힘들까. 물러서지 않으면 결국 되긴 되겠지. 죽지 않으면 살긴 살겠지. 그렇지만, 무엇을 위하여, 누구를 위하여……?

연못이라고 막아놓은 논에 넘칠 듯 넘칠 듯 하염없이 밀려드는 흙탕물을 보며 나는 저 캄보디아의 흙탕물 호수 톤레샤프에서 수상가옥水上家屋을 짓고 살던 사람들을 떠올린다.

얼마나 깊은지, 속에 뭐가 있는지 보이지도 않고 알 수도 없는 흙물 위에, 보기에도 조금 어지럼증이 나도록 떠 있는 집들. 그래도 그들은 그 동물 우리 같은 어설픈 공간에서 더러 평생을 살아가며 그 속에서 가끔 축제를 벌이기도 하고, 장사도 하고, 화분에 식물을 키우기도 하고, 심지어 돼지를 치기도 했다.

그렇지, 산다는 건 그런 거였지.

나는 다시, 고사高士의 정갈한 방에서 듣는 여운 깊은 물소리 바람소리 대신, 지겨운 논둑가의 물소리, 개구리 소리를 베개 삼아 누워 다시 흙탕물 묻은 꿈을 꾼다. 아직 푸르러지지도 않은 저 초원 위에 이렇게 그림에도 없는 집을 짓고, 난 도대체 누구랑 살아볼까?

이미 인생의 많은 날들을 살아왔고 살아온 날들보다 앞으로 살아갈 날들이 훨씬 적을 테니, 부디 이것이 금생에 내가 짓는 마지막 집이 되기를……. 하여, 이것이 누군가를 위해 짓고 누군가에게 바치는 집이라면, 그 누구는 바라건대 이런 사람이었으면 좋겠다는 공상을 한다.

거창한 무엇인가를 찾아
어딘가로 허겁지겁 떠나려 하는 사람보다,
가만히 있어도 인생은 빈 여행길임을 알고
그 중심에 고요한 휴식이 있는 사람,
마치 침묵의 나무그늘처럼
지친 나그네의 땀 들이고 쉬게 하는 사람.
번지르르하고 장황한 말을 늘어놓기보다
한번 멋진 미소를 날려

열린 가슴 사이로 따뜻한 바람이 불게 하는 사람.
열매를 너무 탐내지 않고,
진정 꽃답지만 스스로 꽃 대신 꽃대가 되어도 좋고
진흙탕에 더 깊이 내리는 뿌리여도 좋다고 여기는 사람.
소유와 쟁취에 서툴고 더딜지라도,
다 주고 남은 것을 슬기롭게 쓰고
결핍을 함께 아파하는 사람.
누가 뭘 잘하면 함께 즐거워할 줄 알지만
너무 잘하기를 채근하지 않으며,
자기가 뭘 못해도 그냥 함께 괜찮은 사람.
생각해보면 모래성 쌓기 같은 이런 덧없고
시시한 일에도 선뜻 동참하여
서툴러도 기쁘게 일하며
일할 때 얼굴이 빛나는 사람.
썩 좋은 길이 아니어도 바로 나와 함께 가는 것을 좋아라 하는,
길이 틀려서 되돌아오는 동안에 오히려 한번 더 손잡아주는,
다시 길 찾고 있을 때
자기가 아는 길을 우월감 없이, 될수록 표시 안 나게 가르쳐주는,
그냥 동행인 줄 알았는데 알고 보니 스승인 사람.
너무 멋진 동행 속에서
목적지와 방향조차 별 의미 없어지게 하는,
그리하여 이 생사의 포행길에서
마침내 그를 위해
천하를 버리게 되는 사람,
나를 잊게 하는 사람, 죽여주는 사람.

아차, 오늘밤은 욕심이 도를 넘었다. 정신 차리고 자야지. 그래도 그런 사람 있으면 여기 와서 함께 손잡고 잤으면 좋겠다. 심신이 이렇게 고단한 날엔…….

2011. 07

네가 미쳐

나스레딘 호자는 13세기쯤에 터키 땅에 살았다는 현자다.

그는 어느 날 방안에서 바느질을 하다가 실수로 바늘을 떨어뜨려 잃어버리고 방바닥을 이리저리 뒤졌으나 어찌된 영문인지 도무지 찾을 수가 없었다. 게다가 방 안은 빛이 충분히 들지 않아 어둡기까지 했다. 마침내 그는 집 밖으로 나와 길 위에 엎드려 열심히 바늘을 찾기 시작했다.

"아니 호자, 뭘 잃어버린 게로군."

지나가던 이웃이었다.

"그놈의 바늘을 떨어뜨렸는데 찾을 수가 없네."

그 친절한 이웃은 같이 고개를 숙이고 여기저기 찾아보다가 말했다.

"자네가 바늘을 떨군 지점이 대충 어디쯤인가?"

"음, 바늘을 떨어뜨려 잃어버린 곳은 내 집의 방 안이야."

"……?"

우리는 사는 동안 내내 뭔가 잃어버린 듯한 느낌을 좀처럼 지우지 못한다. 문득 문득 외롭고 허허로워 발끝이 땅에 닿지 않는 것 같고, 술을 마시지 않아도 취한 듯 울고 싶을 때가 많다. 죽음은 어떤 목적지도 아니고 짐 부리고 안도하는 쉼터도 아닌데, 피곤하고 목마르고, 삶이라는 이 무거운 짐을 지고 목적지도 모르는 길을 가는 우리를, 어딘가에서 잠복하며 덮치려고 기다리고 있다. 우리들 대부분은 어둠 속의 적진 같은 삶의 길에서, 이게 아닌데, 아닌데 하면서 멈추지 못하는 불안 불안한 걸음을 내딛는다.

출가 전에 상당히 유복한 집에 태어나 부족한 것을 모르고 자란 부처님의 한 제자가 있었다. 젊어서는 매일같이 방탕한 친구들과 어울려 주색잡기에 빠져 지냈는데, 어느 날 다들 거나하게 취하여 잠이 들었다 깨어보니 어떤 기녀가 사람들의 패물과 돈을 다 훔쳐 달아난 뒤였다. 모두들 단단히 화가 나서 그 여자를 찾아 잃은 것들을 되찾고 혼쭐을 내겠다고 여기저기 숲속에 흩어져 뒤지는데, 부처님과 숙세에 인연이 있었던 그 젊은이는 나무 밑에서 평화롭게 좌정하고 계시는 부처님을 만나게 되었다.

너무나 거룩한 모습에 차마 말을 걸기도 면구스러웠으나, 물건을 훔쳐 달아난 사람을 찾는 중인데 혹시 이런저런 행색을 한 여인을 보시지 않았는지 여쭈었다. 그런데 그토록 고요하고 맑은 아름다움이 넘쳐나는 그분에게서 돌아온 반문이 젊은이의 영혼을 흔들어 깨웠다.

"그대가 진정 잃어버려서 찾아야 할 사람은 그 불쌍한 여인인가, 그대 자신인가?"

찾는 그 사람! 우리가 정녕 찾아 나서고, 그래서 기필코 만나야 할 그 사람은 바로 자기 자신이다. 자아의 장막을 걷고 무아無我의 다리를 지나 내 안의 참사람을 만나지 못하면 이 사람 저 사람 헤매어 찾고 천 명 만 명을 만나봐도 결국은 가슴 속의 허전함을 달랠 수가 없다. 그립고 그립던 누군가를 만나서 천 년 만 년을 산다 해도 끝내 남는 것은 둘 다 늙어서 쓸모 없어져가는, 이젠 내버리고 싶은 몸뚱이와, 차라리 다 지워졌으면 싶은, 그리고 가만 두어도 결국은 모래밭의 새 발자국처럼 부질없이 흩어질 애증의 기억뿐이다. 오가다 누군가를 만나고 헤어지며 산다는 것이 그런 것이다.

아, 한번 만나면 누겁累劫에 품어온 그리움 다 녹아지고, 진실로 진실로 행복하며, 영원토록 헤어지지 않을 그 사람은 어디에 있는가? 길고 긴 내면의 여정을 거쳐 마침내 그를 찾은 사람들은 이구동성異口同聲으로 말한다.

그는 알고 보니 찾던 그 사람 자신이며, 그는 집 안에 있다고. 진정 그리워해야 할 그 한 사람을 만나기 위해선 세상 끝까지 헤매거나 시간의 화살표를 따라 직진만 계속할 것이 아니라고. 오히려, 뒤로 돌아서서 불을 켜 들고 내가 떠나온 본래 자리로, 깜깜한 집 안으로 돌아가야 한다고.

선가의 옛 기록엔 담판한擔板漢이라는 말이 있다. 큰 널빤지를 지고 다니는 사람처럼 뒤를 보지 못하고 자기 자신을 돌이켜 자각하지 못하며, 눈앞에 펼쳐진 세계만 보느라 정말 보고 찾아야 할 그것도 이 환영의 세계에서 구하는 사람을 풍자적으로 일컫는 말이다.

어떤 구도자가 스승을 찾아와 말했다.

"운무雲霧 중에 소를 잃어버렸습니다."

스승은 자비로운 음성으로 대답했다.

"담 너머에 가서 오이를 따 오너라."

일찍이 낮닭 우는 소리에 큰 꿈에서 깨어난 서산 스님은 이렇게 읊었다.

가소기우자 可笑騎牛者여,

기우갱멱우 騎牛更覓牛로다

(우습구나 소 탄 자여, 소를 타고 소를 찾네)

어느 날 육조 혜능 스님이 법좌에서 대중에게 말씀하셨다.

"여기 한 물건이 있는데, 본래부터 밝고 신령스러워 일찍이 생긴 적도 없고 사라지는 일도 없으며, 어떻게 이름 붙여 부를 수도 없고 그 모양을 그릴 수도 없다. 대중은 이것을 알겠는가?"

그러자 하택 신회라는 제자가 대답했다.

"그것은 모든 부처님의 근본이며 소승 신회의 불성입니다."

"이름도 모양도 없다 했거늘, 무슨 근본이니 불성이니 하느냐?"

뒷날 남악 회양이라는 제자가 법을 구하여 찾아와 인사를 올리는데 육조 스님이 또 다그쳐 물었다.

"무슨 물건이 이렇게 왔느냐?"

그는 이 스승의 준엄한 물음에 일언반구도 대답할 수 없어 땀만 비 오듯이 흘리다 그 자리에서 물러났다. 그러나 여기 이 몸뚱이를 끌고 온 이 한 물건이 도대체 무엇인가 하는 의문은 결코 가시지 않았고, 이 대근기 수행자의 간절한 구도심 또한 한 순간도 식지 않았다. 자그마치 8년이 흐른 어느 날, 의심을 완전히 타파하고 나서 스승을 찾아가 말했다.

"이것은 한 물건이라 해도 맞지 않습니다."

스승은 그를 인정하였다.

육조 스님이 한 물건이라고 한 것, 회양 스님이 한 물건도 아니라고 한 이것은 무엇인가?

화두의 답은 대의단大疑團을 깨뜨린 뒤의 깨달음으로 오는 것이지 중생의 생각이나 논변을 통해서는 결코 찾아지지 않으며, 아는 것만 일삼는 것으로는 선문禪門 안에 아예 한 걸음도 들여놓을 수 없다. 불법을 아무리 많이 알고 깊이 이해했다 해도 한낱 알음알이로 불조께서 깨달아 가리켜 보인 이것을 알아보려고 하는 것은 흡사 쇠뭉치를 이빨로 씹어보려고 덤벼드는 짓이다.

모른다는 사실을 정직하게 자각하여 선문을 밀고 들어가 그 무지의 깜깜한 방 안에서 불을 켜고 살피는 사람만이 드디어 잃어버렸던, 사실은 잃은 적도 없는 그 한 물건을 되찾을 것이다. 그런 사람만이, 생사의 괴로움을 다 벗어나 존재의 궁극적인 목적에 도달하고 무사인無事人이 되어 길이 법왕의 자리에 앉아 진실한 행복과 대자유를 한량없이 누리며, 일체의 죄업을 벗어나 본래 청정한 참사람이 될 것이다.

지금 내 나이가 몇인가? 이렇게 많은 계절이 바뀌고 이렇게 많은 해가 지났는데, 그리고 얼마나 많이 까마득한 생사의 굽이굽이를 돌아왔을지 모르는데, 나는 왜 아직 이 몽환의 세계엔 내가 찾는 그것이 없다는 것을 알아차리지 못하는가. 왜 아직 세상을 믿고 시간을 믿는가? 왜 끝도 없이 세상에 속고 시간에 속는가, 꿈속에서 노는가?

잠자리에 들었던 나스레딘 호자가 한밤중에 일어나 뭔가를 찾았다.

"아니, 자다 말고 뭐 하시는 거예요?"

부스럭거리는 소리에 잠을 깬 부인이 투덜거렸다.

"안경, 내 안경 어디 갔지?"

"참, 이 깜깜한 밤중에 안경 끼고 뭘 보시려고요?"

"아, 내가 꿈에 아주 재미있는 구경거리가 있어 보고 있었는데, 눈이 나빠서 그런지 잘 안 보이더라고."

법화도량엔 참 어질고 좋은 벗님들도 많이 오시지만, 가끔 별 미친년들도 다 다녀간다. 잊어버릴 만하면 이 년 저 년 와서 한 차례씩 와서 소동을 벌이는 것이, 마치 미친년 콘테스트가 벌어진 것 같다.

사실 진짜 미친년, 미친놈부터 미친년 미친놈을 방불케 하는 사람까지, 서열 2위, 3위……가 죽 있지만, 따지고 보면 정도의 차이일 뿐. 조금 뒤죽박죽이고, 과도하게 무엇인가에 강박적으로 집착하고, 상상이나 꿈속과 현실을 가끔 혼동하지 않는 사람이 세상에 얼마나 되겠는가? 살짝 미친 것을 부끄러워하지 않고 모두 콘테스트에 나가면 너나없이 다 몇 등씩은 하게 될 것이다. 우리가 살고 있는 이 세상에서 정신과적으로 조금이라도 이상이 있는 사람들을 죄다 감옥 같은 정신병동에 가두려고 들면 세상에 남는 사람이 별로 없을 테고, 차라리 완전 정상인 사람들을 어디에 고립시키고 나머지 세상 전체를 정신병동으로 만드는 편이 훨씬 쉬울지도 모른다. 미래의 어느 날 사람들 속의 꿍꿍이가 온통 투명하게 보이는 때가 온다든지, 우리가 부처님처럼 일체지一切智를 얻어 중생들의 속내를 다 들여다보게 된다면 이 미친 연놈들이 하는 수작들이 얼마나 끔찍할지, 상상하고 싶지 않기도 하다.

세상에서건 출세간出世間에서건 뭔가 의미 있는 성취를 하고 헛되이 살지 않으려 애쓰다보면 때론 미친 듯한 열정도 필요하고 또 실제로 미칠 수도 있다. 더군다나 이 바람 앞의 등불 같은 자의식을 가지고 거친 세상을 살아가자면 얼마나 자주 다치고, 좌절하고, 쉬고 싶어지겠는가? 정신의학의 용어로는 자아가 이런저런 험한 상황에서 스스로를 지키고 살아남아 정체성을 유지하기 위해서 작동시키는 내적 장치들을 방어기제防禦機制라고 한다. 예컨대 실어증失語症이나 기억상실증, 자폐증自閉症 같은 것이 그런 것이다. 그러니까 미친년이라는 말을 좀 부드럽게 표현하면, 정신적으로 건강을 잃은 여자, 심한 인생의 고통이나 충격에 시달리다 못해 내부에서 방어메커니즘이 발동한 연약한 여인. 다시 말해 '마음이 몹시 아픈 여인'이라는 말이 된다.

한 차례의 소란이 지나고 나면, 나 따라서 온 이 미친 것들을 싹 데리고 내가 어딘가로 사라져야 법화도량이 조용해지고 진짜 법화가 필 것이라는 생각도 든다. 그러다가도, 꾹꾹 생각을 고쳐먹는다. 축제에 가면무도회가 빠지고 잔치에 광대놀음이 없으면 무슨 흥이 있겠는가. 이런 꼴을 안 보려고만 했다가는 절이 정말 절간 같아지고 말겠지, 피할 수 없다면 코미디라고 생각하며 구경이나 하자고 애써 스스로를 달랜다. 현자는 세상을 놀이처럼 여기고 자신의 목숨을 티끌처럼 여긴다 하니…….

누가 티무르 황제에게 아주 근사한 당나귀를 진상하였다. 아부 잘하는 신하들은 황제의 주위에 몰려들어 당나귀가 얼마나 잘생기고 아름다운지 입에 침이 마르도록 칭찬하였고, 황제는 몹시 흐뭇해하고 있었다. 그때 나스레딘 호자가 끼어들었다.

"전하, 제가 보기에 이 당나귀는 외모보다 지능이 훨씬 출중합니다. 혹시 제게 당나귀를 가르칠 기회를 주신다면 글도 읽게 할 수 있을 듯합니다." 황제는 약간 들떠 있던 차라,

"그렇다면 당장 글을 가르치도록 하시오." 하고 명령했다.

호자는 당나귀를 타고 편안하게 집으로 돌아와 그길로 마치 자기 소유가 된 것처럼 그 잘생긴 당나귀를 보란 듯이 타고 다녔다.

그리고 그날부터 먹이를 줄 시간이면 책장 사이에다 건초를 조금씩 끼워 넣어 던져주곤 했다. 한 달쯤 지나자 당나귀는 혀로 핥아 책장을 넘겨야만 허기를 면할 수 있다는 것을 당연하게 받아들였다.

어느 날 궁전의 안뜰 중앙에는 커다란 테이블이 마련되었고, 그 위에는 두꺼운 책이 놓였다. 준비가 끝나자 호자는 당나귀를 끌고 안뜰로 들어서서 고삐를 놓아주었다. 당나귀는 주저 없이 테이블로 다가가더니 혀로 책장을 한 장 한 장 넘기기 시작했다. 마침내 마지막 페이지를 넘긴 당나귀는 큰소리로 울어 젖혔다.

"보셨지요? 당나귀가 저 어려운 책을 다 읽고, 요점이 무엇인지 방금 이야기한 것입니다."

"그렇지만 호자, 우리는 당나귀가 내는 소리를 무슨 뜻인지 이해할 수가 없지 않소?"

"물론 우리는 이해하지 못합니다. 그건 당나귀의 말이니까요. 우리가 당나귀의 말을 이해하려면 우리가 당나귀가 되거나, 이 영리한 당나귀를 더 가르쳐서 사람의 말을 하게 하는 수밖에 없습니다."

"당나귀를 그렇게 만드는 데는 얼마의 시간이 필요하오?"

"10년의 시간이면 충분합니다."

"그렇다면 그렇게 해 보시오."

호자는 당나귀를 데리고 집으로 돌아와 다시 태연히 제 당나귀인 것처럼 타고 다녔다. 얼마 지나지 않아 친한 친구가 소문을 듣고 찾아와 걱정스럽게 말했다.

"이보게 친구, 도대체 어쩌려고 그러나? 자넨 마치 10년 뒤에 황제에게 죽음을 당하기로 작정한 사람처럼 보이네."

그러나 호자는 미소를 잃지 않고 대답했다.

"너무 걱정하지 말게. 10년의 세월이면 아주 많은 일들이 일어난다네. 그 사이에 티무르 황제가 죽을 수도 있고, 아니면 당나귀가 지나치게 혹독한 훈련 끝에 죽을 수도 있지."

두어라, 10년쯤의 세월이 지나면 당신과 나는 어떻게 변해 있을까? 살아 있기는 할까?

그때까진 모른 척 참아볼까. 아주 생사의 큰 꿈에서 깨어나도 좋겠지만, 잠깐 깨어나 안경이라도 끼고, 차라리 좀 더 자세히 꿈속의 연극을 볼까.

2011. 08

기세간器世間에서 그대를 만나

긴 장마 뒤끝에 맑은 날씨가 이어져, 연일 아름다운 석양이 주는 위로를 받으며 하루의 일상을 닫는다.

요즘엔 달도 밝고, 달 없는 밤하늘엔 씻긴 듯 맑은 별이 돋는다.

천체물리학자들에 의하면 우주 안에는 대략 천억 개의 은하가 있고, 각 은하계마다 또 약 천억 개의 별들이 살고 있다고 한다. 그렇다면 이 존재계 안에 있는 항성만 해도 1,000,000,000,000,000,000,000개나 되는데, 그 항성마다 식솔 같은 행성들이 몇몇씩 딸려있으니, 그 많은 떠돌이별 가운데 하나에 불과한 이 지구를 베고 누워 뭇별들을 올려다보고 있노라면, 이 땅덩이 위의 온갖 일들이, 그리고 이 놀라운 해프닝을 지켜보는 눈동자와도 같은 내가, 더불어 또 다른 나인 무수한 당신들이 여기 존재한다는 것이 정말 아슬아슬한 기적처럼 여겨진다. 0에 수렴하는, 0에 몹시 가까운 확률, 거의 없다고 봐야 할 터럭 끝 같은 이 지점에서 이토록 많은 그대, 그리고 나가 이 파란만장한 시간 여행을 하고 있다니!

<화성 아이, 지구 아빠> 라는 영화에 이런 대사가 나온다.

"우리 몸은 여러 가지 원소로 이루어져 있고, 우주 안에서 암석 따위로 이루어진 둥그런 모양의 물체인 이 지구를 타고 중력에 짓눌리며, 시속 6만7천 마일(10만7천 킬로미터) 이상의 속도로 태양의 주위를 돈다. 태양계 전체는 다시 시속 50만 마일(79만2천 킬로미터)의 속도로 은하계를 누비고, 이렇게 광속으로 정신없이 움직이는 가운데 늘 언젠가 닥쳐올 소멸을 인식하면서도, 모두 죽고 만다는 걸 뻔히 알면서도 가끔 우리는 다른 사람에게 끌린다. 어떤 때는 그저 헛된 결과를 위해 부질없이 다가가고, 어떤 때는 그걸 모를 만큼 자신이 충분히 젊기 때문에 끌리고, 그런데 또 어떤 때는 아무런 대가를 바라지 않고도 다가간다."

오래 별을 보고 있으면 짐짝 같던 내 육신은 먼지처럼 작고 가벼워지고, 눈동자는 무수한 별무리를 담은 광대무변한 우주보다 커진다. 저 진묵대사처럼 선무禪舞라도 출, 거한 흥이 일어날 때도 있다.

天衾地褥山爲枕 천금지욕산위침
月燭雲屛海作樽 월촉운병해작준
大醉遽然仍起舞 대취거연잉기무
却嫌長袖掛崑崙 각혐장수괘곤륜

하늘은 이불, 땅은 요를 삼고 산을 턱 베고 누워
달 촛불 밝히고 구름 병풍 두른 후 바다 술잔 기울이다
크게 취하여 거연히 춤이라도 추려 하니
문득 긴 소맷자락 수미산에 걸릴까 걱정이네

우리의 참마음에서 나온 이 세계. 깨닫고 보면 그대로가 법계
고 통째로 다 나일 뿐이지만, 한번 미혹에 사로잡혀 착각에 빠져
들고 나면 이 거대한 우주는 전혀 내가 아니라 나를 둘러싼 감옥이
나 울타리, 그릇으로 보이고 나는 거기 담긴 미미한 사대의 몸뚱이
로 여겨진다. 이렇게 보이는 세계를 기세간器世間, 내 존재를 유
근신有根身이라 한다.
　지구촌의 지극히 제한된 곳을 우물쭈물 돌아다니다 금방 끝나
버리는 우리 인생에 속아 지내다 보면 지구 밖에 그 많은 별들이
있다는 것을 까맣게 잊어버리듯, 얼키설키 엮여 복잡다단하며 갈
등과 혼란으로 가득한 세상을 보거나, 또 그것을 야기하는 매우 한
심스런 우리 내면을 돌아보면, 일체의 어둠과 악을 정복하고 지고
의 지혜와 자비를 구현하신 부처님과 같은 존재는 현실 속에 거의
존재하기 힘든 가능성으로 보일 수도 있다. 그런데 경전은, 이 광
막한 우주에, 그리고 억겁을 두고 흐르는 이 시간 속에 무량한 부
처님이 계신다고 말한다. 더구나 이토록 형편없는 당신과 나도
이 천문학적 시간의 어느 지점에선가는 결국 하염없는 생사의 곤
두박질에서 벗어나 존재의 목적을 이루어 저마다 부처가 될 것이
라고 한다.

　한량없이 오랜 세월 전 어느 세상에서, 연등부처님으로부터 미

래제未來際에 성불하여 석가모니불이라 불리게 되리라던 수기를 받았던 '호명'이라는 비구는, 지금으로부터 2천6백여 년 전에 이르러, 네란자라 강가 보리수 아래 앉아 선정에 들어 있다가 새벽별을 보고 마침내 무상정각을 성취하였다. 용맹한 정진력을 지녔던 그 비구는 그로써 현겁의 천 분 부처님 가운데 일곱 번째 부처님이 되신다.

그런데, 현겁의 여섯 번째 부처님, 그러니까 바로 이전 과거세의 세존인 가섭부처님 당시에 석가모니부처님은 무엇을 하고 있었을까?

어느 날, 시자 아난을 데리고 길을 가시던 석가모니부처님은 어느 지점에서 가만히 걸음을 멈추고 한동안을 서 계신다. 아난은 깊은 감회에 젖어 계시는 듯한 부처님의 표정을 살피다 그 까닭을 여쭈었다.

"아난아, 이 자리는 그 옛날 과거세의 세존이셨던 가섭부처님께서 머무셨던 곳이다."

아난도 금방 놀라운 느낌이 가슴에 일었다.

"희유합니다, 세존이시여. 그렇다면 이곳은 이제 두 분의 부처님이 머무신 자리가 되겠습니다. 그런데 문득, 가섭부처님 당시의 그 생에 세존께서는 어떤 모습이셨는지 궁금합니다, 부처님."

그러자, 부처님께서는 그 전생의 기억을 돌이켜 다음의 이야기를 들려주셨다.

가섭부처님 재세시在世時에 석가모니부처님은, 일부러 가난하게 살지만 아주 지극한 불심을 지닌 도공이었다. 출가는 하지 않고 눈이 멀어 앞을 못 보는 노부모를 봉양하며 생계를 꾸리느라 그릇

을 빚어 파는 것을 업으로 살았으나, 뜻은 오직 수행과 불법의 실
천에 두었다. 부처님으로부터 한 번 불살생의 가르침을 들은 다음
에는 흙을 파다가 혹여 땅속의 생명을 해치게 될까봐, 어디서 부스
러져 내린 흙가루만 쓸어다가 그릇을 만들 정도였다.

어느 날 가섭부처님은 부처님께서 드실 공양물을 탁발하러 가
는 비구들에게 다른 데 가지 말고 그 도공네 집에 가서 음식을 얻
어오도록 특별히 분부하셨다. 그러나 비구들이 가서 보니, 도공
은 그릇을 만들러 나가 집에 없었고 이미 도공의 부모는 밥을 먹
고 난 뒤라, 남은 것이라고는 먼 데 출타한 아들이 돌아와 먹을 눌
은밥밖에 없었다.

빈손으로 돌아온 비구들은 부처님께 사정을 말씀드렸다. 그런
데 뜻밖에도 부처님께서는 비구들로 하여금 다시 그 도공네 집에
가서 솥에 눌어붙은 밥을 다 긁어오게 하셨다. 그리고 그것으로
그날 공양을 드셨다.

때가 되어 허기진 채 집에 돌아온 도공은 솥을 열어 보고 먹을
밥이 한 톨도 남아 있지 않음을 알고 적이 놀랐다. 눈이 보이지
않는 노부모께 어찌된 영문인지 여쭈었다. 미안한 마음으로 부
모님이 조심스레 있었던 일을 이야기하자, 자초지종을 듣던 도공
은 갑자기 얼굴에 희색이 가득해지더니 덩실덩실 춤까지 추는 것
이었다.

"아, 부처님께선 이렇게까지 나를 믿고 사랑해주시는구나!"

부처님의 몸은 언제나 빛이 나고 향기가 감돈다고 한다. 부처
님이 머무시는 곳을 '간디꾸띠'라고 하는데 뜻으로 옮겨 응향각凝
香閣이라 하기도 한다. 출렁대거나 흐르던 물이 얼어붙으면 얼음

230

이 되어 정지하듯이, 바람 따라 날려 흩어지거나 쉬 사라지는 세상의 향기와 달리, 부처님 거하시는 처소엔 언제나 가시지 않는 미묘한 향기가 늘 머물러 있기에 그렇게 부르는 것이다.

어느 날, 비구들은 부처님의 응향각 초가지붕이 낡아 비가 샐 염려가 있음을 알고 마을에 내려가 이엉을 탁발해 오겠다고 사뢰었다.

가섭부처님께선 다시 그 도공네 집에 가서 얻어오도록 하셨다.

그러나 웬일인지, 이번에도 비구들은 도공의 집엔 지붕을 이미 새 이엉으로 고친 뒤라 남은 이엉이 하나도 없음을 확인했을 뿐이었다. 그럼에도, 무슨 뜻인지 부처님께서는 도공네 집 지붕에 이미 이어진 이엉을 벗겨와 당신의 지붕을 수리하도록 하셨다.

집에 돌아온 도공은 지붕에 이엉이 다 없어져 하늘이 다 보이는 것을 보고 매우 놀랐다. 그러나 이번에도 그것이 가섭부처님이 가져가셨기 때문이라는 것을 알고는 지난번보다 훨씬 좋아라 하며 또 춤을 추었다.

"행복해라, 부처님께선 이렇게까지 나를 믿고 사랑해주시는구나!"

놀랍게도 그 일이 있은 후로 지붕 없는 그 도공네 집엔 아무리 비가 퍼부어도 비 한 방울 들이치지 않았다고 한다.

아, 그 스승의 그 제자여! 나도 그 도공처럼 살았으면…….

사람은 사는 동안 이미 생겨먹은 대로 이리저리 아무렇게나 무수한 행위를 한다. 그 행위들은 뜻 없이 짓고 마구잡이로 일어날 때도 있는 것 같지만, 지혜 있는 눈으로 살펴보면 낱낱의 행위에는 다 원인과 이유가 있고 진행되는 일정한 방식이나 패턴이 있으며, 그것이 미치는 영향이나 결과 또한 한 치의 오차도 없이 필연적이지 않은 것이 없다. 늘 밖으로만 치닫기 쉬운 우리 눈이 간과하기 쉽긴 해도, 더욱 신비로운 것은 나타나는 행위가 아주 사소하고 단편적인 것일지라도 모두 다 행위자의 내면을 표현하고 드러내며, 언제나 행위의 결과는 행위자에게 되돌아오고, 행위가 행위자 자신을 어김없이 변화시킨다는 사실이다.

생산적인 여타의 많은 일들이 그렇듯, 흙을 주물러 그릇을 빚는 일은 사람을 아주 정성스럽고 깊게 만들어 주는 것 같다.

무엇인가 소중하고 요긴한 것을 담거나 보관하려는 사람의 필요를 충족시켜야 하니, 자연히 겸허한 선의善意가 자라고, 그릇이란 비어 있을 때에도 보기에 편안하고 아름다워야 하니, 떼어낸 흙덩이를 조심스레, 혹은 매우 숙련되게 매만지고 물레질하여 이상적인 형태를 만들다 보면 완성과 고고함에 대한 추구가 무르익을 것이다. 빚은 그릇을 가마에 넣고 구우려고 불을 땔 때는 꿈을 키워 기다림을 배울 테지만, 식은 재 속에서 사리를 찾듯 그릇을 꺼낼 때까지는 식어가는 가마처럼 욕심을 비워 기도하게 될 것이다.

자고로, 도자기를 만드는 일이란 인위의 노력이 쌓이고 쌓여 무심無心에 이르고, 일과 놀이에 경계가 없어져 삼매三昧와 같아지며, 욕망이 줄고 줄어 비원悲願이 되어서야 비로소 부끄럽지 않은 어떤 경지에 이를 듯하다.

어떤 사람이 자려고 누웠는데 갑자기 골목이 시끄러워 몹시 신경이 거슬렸다. 누군가가 깡통을 차고 지나가는 것이 분명했다. 한 마디 해줘야겠다는 생각이 들어 창문을 확 열어젖혔다. 보아하니 전에 몇 번 본 적이 있는 거지였다.

"야, 이 빌어먹을 놈아! 왜 이렇게 소란을 피워? 너 지금 뭐 하는 거야?"

거지가 말했다.

"저 지금 이사하는 중인데요."

거지에게도 깡통 하나는 있어야 하고, 무소유로 세상을 지나는 나그네, 비구에게도 발우鉢盂 한 벌은 있어야 한다. 사람이 동물이나 미물들처럼 그때그때 주워먹고 따먹고 잡아먹고만 살 수가 없는 까닭에, 설령 무인도에 불시착해서 살아야 한다 해도 가장 요긴하게 필요할 것 중 하나는 아마도 그릇일 것이다.

따라서 도자기의 역사는 거의 인류문명과 궤를 같이하는데, 이상하게도 요즘 만들어진 그릇보다 옛날에 빚어진 것이 더욱 편안하고 격조 있어 보이는 것은 왜일까? 그것은 아마도 단순하고 질박하게 살았던 옛 사람들의 내면에는 현대의 우리보다 고아하고 질직한 아름다움이 있어서가 아니었을까? 물론 세월에 쉬 닳고 부서지거나 잘 변하지 않는 것이 주는 깊이도 한 몫을 하겠지만.

생각해보니 나는 지금껏 살아오며, 무척 울림이 깊은, 어딘가 옛 사람 같은 내면을 지닌 도공을 이미 몇 사람이나 만났었다.

먼저, 단정하게 다듬어진 하얀 구레나룻 수염처럼, 안팎의 면모가 몹시 정갈하고 고상한 보원요의 노老거사님.

그분의 정신이며 손길은 거의 온전히 자연과의 합일을 이루신 듯했다.

그 소산은 백자였는데, 하얀 유약을 바른 그릇들엔 존재의 진공묘유眞空妙有, 색즉시공色卽是空 공즉시색空卽是色의 도리가 드러났다. 눈빛의 깨끗함이 하얀 물감만으로는 그릴 수 없고 푸른빛이 돌아야 하듯, 이분의 백자도 그랬다. 또, 백자토로 빚은 그릇에 유약을 아예 바르지 않거나 부분적으로 바르지 않은 그릇들

도 많이 만드시는데, 여기엔 소나무 장작불의 너울거리는 춤사위
가 불그레하게 새겨져, 보고 있으면 가슴까지 솔불의 온기가 전
해왔다.

그분 댁에 황송한 객이 되어 들러본 적이 수차례 있었는데, 사
모님 되시는 보살님은 꼭 소나무 장작불 같은 분이라는 느낌이 들
었었다.

다음은 토인도예.

서쪽 바닷가에서 전위적으로 부인을 만나, 새로 살 데를 찾는
다고 낡은 트럭 짐칸에 베니어합판으로 방을 만들어 집 삼아 살
며, 백제의 유민처럼 떠돌고 떠돌다, 동해안에서 무덤 같은 집을
찾은 사람.

도자기 만드는 것보다 사는 것이 더 중요하기 때문에 하루에 딱

두 시간만 작업하는 도공이다. 보원요 거사님도 도예보다 농사가
더 중요하다고 말했었다.

토인도예의 그릇들은 자유의 아름다움을 이야기한다. 선량하
고 순박하고 아름다우면서도 자유롭고 영적이다. 그리고 그 모
든 것은 이 부부의 가장 절묘한 화음 같은 공존으로부터 우러난
다. 이렇게 둘 다 멋지고, 그 둘이 어울려 더욱 빛나기란 얼마나
어려운 일인가.

그리고도 생각나는 사람들이 더 있다.

가장 고전적인 기법과 원숙한 형태로 자완 등을 만드는 문경의
부녀, 월명암 아래서 만난 청년, 경주에서 잠깐 본 적이 있는 총각,
'도담'이라는 서울 가게에서 만난 젊고 예쁜 여인들……

만남은 짧았지만 그 사람들은 모두 그릇 만드는 일과 그 꿈속
에서 일궈온 평화롭고 매력적인 속내를 느끼게 하는 가인佳人들
이었다.

또 근자에는 정신과 그 지향이 너무나 한국적이고 자연스럽고
불교적인 부부 도공을 만났는데, 그 이름은 '옹기나라'다.

그들이 살아가는 방식도 그렇고, 그 집의 그릇도 그렇고, 그릇의
값까지도 그러했다.

이분들에게는 그릇 만드는 일보다 진리의 탐구가 더 중요해 보였다. 거사님은 평생 팔 그릇을 3년 안에 다 만들어 놓고 수행하러 떠나고 싶다고 말하기도 했다. 물론 내게는 그 마음이 저 과거세 가섭부처님의 제자였던 그 도공의 마음과 같아져 가는 것으로 보이고, 비록 이번 생은 출가하지 않고 닦아도 지나놓고 보면 누구보다 빨리 성불하게 될 것으로 보였다. 마치 저 석가모니부처님이 비록 그 생에선 출가한 몸이 아니었을지라도 가섭부처님의 그 어떤 제자보다 먼저 성불하여 바로 다음 세상, 바로 이 세상의 부처님이 되신 것처럼…….

우리가 산다는 건 자신을 진리를 담을 그릇으로 만들어가는 과정이다. 그리하여 스스로 법기法器가 된 사람은 스승으로부터 받은 다르마의 감로수를 자신의 밑바닥 없는 그릇에 담아 다시 누군가의 꿈길에서 그 목마름을 영원토록 가시게 한다.

세상의 큰 행복은 그저 잘 살다가 나만큼 잘 사는 또 한 사람을 만나는 일.

누구나 좋은 사람을 만나 함께 있고 싶어 하지만, 이 굉장한 복은 내가 온갖 고초를 이기고 혼탁한 세류를 거슬러, 외로워도 꿋꿋

이 잘 살고 있어야 예기치 않은 순간에 문득, 내게도 차례가 오는 것이다.

하여, 가인을 만나 존재의 지고하고 숭엄한 아름다움을 한번 본 사람은, 미래의 어느 날 스스로가 그처럼 아름다운 한 사람이 될 것이다. 스스로 빛나는 별이 되고, 또 누군가를 눈뜨게 하는 별이 될 것이다. 이것이, 세상과 그대 그리고 나의 가장 내밀한 존재 이유이며, 우리 안의 가장 무서운 병인 고독과 절망을 치유하는 신비의 영약이며, 거친 생사의 파도를 헤쳐 피안으로 가는 나룻배의 부러지지 않는 삿대인 것이다.

눈뜬 제자가 스승을 찾아와 말했다.
"쥐가 고양이 밥을 먹어버렸습니다 鼠食猫兒飯."
"그것으로는 안 된다."
"그릇은 이미 깨져버렸습니다 飯器已破."
"옳고 옳다."

행복해라, 나 이 생에도 그대를 만났네.

2011. 09

237

일대사一大事

아이들이 큰다. 아이들이 큰다는 것은 바로 내가 늙어간다는 뜻이다.

나는 머잖아 이 생의 무대에서 물러나야 하고, 빠르게 성장하는 모든 아이들이 곧 주연으로 등장하게 된다는 말이다.

원대한 포부나 미래의 문을 열어젖히는 용기, 순간순간의 존재감만으로도 몸의 세포들이 다 춤추는 듯한, 삶의 아름다움과 의미에 대한 주저 없는 긍정, 지칠 줄 모르는 추구와 활화산 같은 열정은 이제 그들의 것이다. 대신, 이제 나에게 남은 것은 낡은 수레처럼 삐걱거리기 시작한 이 육신과, 줄이 늘어져 소리가 잘 맞지 않는 거문고 같은 두뇌 따위다.

어떤 할머니가 서울 아들네 집에 갔다.

아들은 출근하고 집에 없을 시간이고, 초인종을 누르자 며느리가 문을 열었는데 세상에, 그녀는 몸에 실오라기 하나 걸치지 않은 전라의 모습이었다.

"아니 얘야, 대낮에 이게 대체 무슨 차림이니?"

보는 사람이 오히려 당혹스러워 눈길을 어디다 둬야 할지 모르는데, 며느리는 놀라지도 않고 너무 천연덕스럽게 말했다.

"아, 제 옷차림 말씀이세요? 어머님, 이건 천상의 옷이에요."

"……."

아닌 게 아니라 젊은 여인의 몸은 숨 막히게 아름다웠고, 그 나신을 감싼 완전투명의 패션은 흠잡을 데가 없었으며, 결국 지상의 것이 아니었다.

시어머니는 그 젊은 아름다움이 부러웠고 속으로 많이 감동하기까지 했으며, 아주 큰 자극을 받았다.

집으로 돌아와 전신거울에 자신의 알몸을 비춰보다가 문득 더 늦기 전에 며느리한테 배운 깜짝쇼를 한번 해 봐야겠다는 생각이 들었다. 즉시 외출한 바깥양반한테 전화를 하고 들어올 시간에 맞춰 만반의 준비를 했다.

현관문이 열리자 할머니는 짠! 하고 팔을 벌리며 우아하게 나타났다. 그러나, 할아버지는 들어서지도 않고 어이없다는 듯 핀잔이었다.

"아니, 이놈의 할망구가 지금 뭐하자는 거요?"

"아, 당신 지금 이 이 옷을 보고 너무 놀라셨나 보네요. 이건 천상 패션인데……."

"허, 천상패션? 천상에서 디자인한 그렇게 좋은 옷이면 기왕에 좀 다려 입지 그랬소?"

이 생에 일복이 몹시 많은 이 초로의 중은 복잡하고 번다한 서울이 싫어 낙향한 뒤에도 어린 사미들을 끌고 아동노동을 착취하며, 요즘엔 먼 나라에서 온 스님까지 부려먹느라 외국인 노동자를 학대하며, 거의 매일을 일 속에서 지냈다. 사람들은 걱정 반, 인사치레 반으로 자주 묻는다.

"스님, 그렇게 매일 일만 하시고, 인제 연세도 있으신데, 너무 피로하지 않으세요? 전의 그 점잖고 폼 나는 모습으로 돌아가시면 안 되나요?"

"많이 다시 익숙해져가요. 난 길상사 가기 전까지 맨 일만 했어요."

"주위에서 보기엔 오히려 이젠 몸이 풀리신 것 같아요."

한 밥상에서 공양을 하던 처월이가, 몸이 풀린 것 같다는 말을 눈이 풀린 것 같다는 말로 잘못 듣고, 의아하다는 표정을 짓는다.

"왜 우리 스님 눈이 풀렸다고 하는 거예요?"

대중은 다 주체할 수 없는 폭소가 터져 더 이상 밥을 입에 떠 넣지 못한다. 아예 밥숟갈을 놓고 밖으로 나가는 사람까지 있었다.

"저, 죄송한데요, 영국 스님 법명이 어떻게 되세요?"

"해안입니다."

"바다 해海 자, 눈 안眼 자."

"아, 정말 멋진 이름이네요. 스님 그 푸른 눈빛에 딱 어울리세요."

"네, 저는 수행 안 해도 항상 눈 푸른 납자예요."

"한국말 너무 잘하시네요. 농담까지……"

"그런데 한 잔 하면 눈 풀린 납자가 돼요. 과하면 나사 풀린 납자가 되고……"

"스님, 여기 양말요."

"응, 고마워."

"쉬세요-."

"처월스님은 왜 은사스님 방에서 나올 때마다 '쉬세요.' 그래요? 겉옷 개어 가지고 들어가서 '쉬세요.' 하고, 속옷 개어 가지고 들어가서 '쉬세요.' 하고, 양말 개어 가지고 들어가서 '쉬세요.' 하고 벌써 몇 번째예요?"

"그럼 저렇게 만날 일하시는데 '일하세요.' 해야겠어요?"

처월이는 빠르다. 항상 두 번 생각하는 법이 없다. 말도 빠르고 동작도 빨라서 움직이는 것이 순간이동을 하는 것 같기도 하고, 신창원이 같기도 하다. "너 내려가서 옷걸이 두 개 가져와." "네에." 하고 찻물을 비우고 나서 창밖을 보면, 벌써 아래채에 가 있다. 다락에서 엉거주춤 내려서면, "여기요." 하고 문 밖에서 옷걸이를 내민다.

신창원은 어렸을 때 남의 자전거가 뭔가를 훔쳤는데 그 아버지가 아이 손버릇을 확실하게 고쳐놓겠다고 학교를 그만두게 하고 소년원에 보냈다고 한다. 물론 그는 거기에서 전혀 교도되지 않고 반대로 전설적인 대도로 성장하여 교도소에 들어갔다가도 끝내 탈옥하여 온 나라를 시끄럽게 했다.

수많은 경찰병력이 무장하고 그를 잡으려고 곳곳에 깔려있을 때 그는 이렇게 말했다고 한다.

"나를 잡을 생각 마라. 경찰이 나를 발견했다 해도 총을 뽑아 쏘는 데는 최소한 1초가 걸린다. 나는 그 1초 동안 펀치를 일곱 번 날릴 수 있다."

적극적이고 긍정적인 처월스님.

"넌 왜 밥 먹을 때만 조용하고 소극적이냐? 밥 먹을 때 무슨 생각 해?"

"오관게五觀偈요."

"맛있게 많이 먹어. 오관게에 쪼금만 먹으라는 말은 없잖아? 너처럼 일만 많이 하고 먹기는 쪼금씩만 하면 절 살림엔 보탬이 되겠지만 그럼 너만 손해잖아? 너 볼에 벌써 주름살 생기는데 왜 그런 줄 알아? 영양이 부족해서 벌써 노화가 시작되는 거야. 자, 여기 노화방지제. 이 주스 뭘로 만든 건지 알아?"

"당근요."

"당근이지. 빨리 마셔."

나는 가끔 처월이에게서 돌아가신 그의 엄마를 본다. 돌아가셨기 때문에 직접 만난 적 없지만, 그녀는 불심 깊은 순천 태생의 미인이었다고 한다.

삶에 지쳐 일찍 세상을 하직하시면서 아이들에게 세상에서 살지 말고 출가할 것을 권하였단다. 그것은 아마도 그녀 인생을 거쳐 내린 뼈저린 결론이었을 것이다.

일월이와 동갑, 중학교 3학년 나이지만 마치 30대의 무서운 논객 같은 원준이가 하루는 무겁게 입을 열었다.

"제가 오늘은 자작시를 하나 발표할까 합니다."

"좋아. 해봐."

"자작시. 자작나무 잘도 타네. 자작 자작. 끝입니다."

"처월이, 자작나무가 왜 자작나무인지 알아?"

"네, 타는 소리가 자작자작 나서요."

"그래 자작나무는 자작자작 타서 자작나무고, 물푸레나무는 물에 담가 두면 물이 푸르게 변해서 물푸레나무고, 때죽나무는 냇물에 빠뜨려 놓으면 물고기가 떼로 죽어서 때죽나무래. 근데, 그걸 어떻게 알았어?"

"엄마가 가르쳐 주셨어요."

"넌 엄마한테서 필요한 걸 다 배웠구나. 자기 전에 옷 개어 놓고 자는 것도 그렇고……."

나는 돌아가신 처월이 엄마나, 아들 출가할 때 함께 긴 머리를 자르셨던 일월이 엄마를 생각해서라도, 이 사미들이 내 그늘에서 잘못되지 않고 잘 커서 아이로서 출가한 그 귀한 공덕이 흩어지지 않기를 바라고 바란다. 또한 이 생에 나를 나은 한 여인의 그 뜻도 내가 저버리지 않게 되기를…….

"처월이는 출가한 목적이 뭐야?"

"상구보리上求菩提 하화중생下化衆生요."

"너 상구보리 하화중생이 뭔지 알기나 해?"

"대충 아는데 설명은 못하겠어요."

세상은 얼마나 좁고 시시한가? 출격장부의 길은 얼마나 원대하고 아름다운가? 다들 여기 길이 있음을 알기만 한다면 그 누가 먹을 것도 없는 이 코미디 같은 세상의 밥상 앞에서 숟가락을 든 우스꽝스런 검객이 되어 피를 튀기며 싸우겠는가?

白頭山石磨刀盡　백두산 돌들은 칼을 갈아 다 없어지고
豆滿江水飮馬無　두만강 물은 말을 먹여 다 말랐네
男兒二十未平國　남아 이십이 되어 나라를 평정하지 못한다면
後世誰稱大丈夫　후세에 그 누가 나를 대장부라 부르랴

남이南怡장군은 사나이의 기개로 이 노래를 읊었다가 역적의 음모를 드러낸 시라는 모함을 받아 꽃다운 나이에 형장의 이슬이 되었다.

어쩌면 우리 역사가 패배와 오욕의 스토리, 한恨과 울음의 가락으로 점철된 것은 이 강산의 카르마가 세상의 영웅을 내고 기르기보다 불임과 낙태의 운명을 배태하였기 때문이다.

굳이 믿고 싶은 어떤 예언들처럼 이 민족에게 세상을 두루 비출 영화가 온다면, 그것은 아마도 이 겨레에게서 장차 출세간의 대웅大雄이 나타나서일지 모르겠다.

케케묵은 농담 하나.

식인종 남편을 만난 여자가 있었는데, 고생 고생하여 아이를 낳기만 하면 남편이 달려들어 잡아먹고 말았다. 두 번, 세 번, 상황이 반복되자 여자는 굳게 결심하고 이번에는 아이를 낳자마자 들어 안고 도망치기 시작했다. 군침 흘리며 기다리던 남편이 뒤따라오며 소리쳤다.

"잠깐 서봐! 한 입만 먹고 줄게!"

먼저 깨어난 세상의 여인들이여, 그대 어머니가 되었거든 아들 딸 구별 말고 잘 낳고 길러, 할 수만 있으면 빨리 안고 부처님께로 도망치기를…….

아이를 어떻게 기르고 무엇을 가르쳐야 할지 모르겠거든 부처님의 인과법을 먼저 가르치고, 세상에서 출세하기를 빌고 종용하기보다 세상 밖으로 출세하는 길이 있음을 알게 하기를……. 한때 그대를 속였던, 그래서 '나는 당신의 여자'라고 말하게 했던, 그러다 이제 늙어가는 한 남자의 성이나 물려받을 세상의 머슴애. 나중에 또 누구의 귀한 딸을 울릴 남자 말고, 물거품 같은 세상에서 위태로운 한 자리 차지하려고 기를 쓰기보다 훤칠하게 세상 울타리를 박차고 나간 출세간의 영웅이 되도록…….

馬祖踏殺天下人　마조답살천하인
達磨大師手携隻履　달마대사수휴척리
마조는 천하의 사람을 밟아죽이고
달마대사는 무덤에서 나와 신발 한 짝을 메고 총령을 넘어갔네!

이른 나이에 출가하는 바람에 고작 초등학교 졸업이라는 불명예스런 딱지를 떼고 불과 몇 달 사이에 고입 검정고시와 대입검정고시를 다 통과하고 당당히 돌아온 일월이가 처월에게, 새참을 먹다가 말한다.

"처월 스님은 지난 여름에 봤을 땐 일하느라 아주 까맣게 탔던데, 이번에 보니까 하얘진 것 같네요. 일을 열심히 안 했나?"
"다 타서 그래요. 다 탔는데 어떻게 더 타겠어요?"

조기교육 검정고시 성공사례인 일월이와 원준이의 벼락치기 집중과외 덕분인지 처월이는 최근에 '초등학교 중퇴'의 학력을 모면하기 위해 '아름다운 학교'로 선정된 물야초등학교에 편입시험을 통과하여 다니게 됐다.

"스님, 제가 꼭 학교를 다녀야 되겠어요?"

"음, 사람들도 다 네가 학교를 다니면 더 좋겠다고 하니까 나도 그렇게 생각하게 됐어."

"뭐, 스님 뜻까지 그러시다면⋯⋯."

"해안 스님, 여기 안대 참 좋죠? 해 지는 모습이 일품이에요."

"정말 멋지네요."

"그렇게 싱겁게 표현하면 안 되죠. 어떻게 말하느냐면, 이렇게 엄지를 세우고, '멋져부러!' 해야죠."

"오메, 겁나게 멋져부러요잉!"

과연 해안이다. 송광사로 출가했지만 경상도로 어디로 선방을 돌아다니며 그는 이미 팔도의 사투리까지 통달했는지, 전라도, 경상도, 충청도 사투리로 익살을 부리다가, 강원도나 경북 북부 사투리에 있는 북한 사투리의 영향에 대해서까지 설명한다.

"아, 나 이 미장일 때문에 성질 버리겠네요."

"'미장'이라는 말도 알아요? 스님은 진짜 모르는 한국말이 없네."

그는 생각처럼 흙이 쓱쓱 발라지지 않으니까 연신 씨발씨발 하면서도 도전을 포기하지 않는다. 그 욕들은 아마 최근에 입적하신 선사禪師 봉철 큰스님께 배운 듯하다. 나는 아쉽게도 생전에 스님을 친견하지 못했지만, 그 곁에서 만날 얻어맞고 욕 먹어가며 배운 해안 스님으로부터 고인의 고준한 기봉機鋒과 깊은 자비심에 대해 들었다.

그라인더의 샌드페이퍼가 고속회전하다 장갑을 찢고 손가락을 스쳐 피가 흐른다. 나는 그라인더를 집어던진다. 그랬다가 얼른 정신이 들어 다시 그라인더를 집어 든다. 해안 스님의 아까 말이 생각나서다.
"기왕 하는 일이면 즐기면서 해야죠."

어렸을 때, 나는 허구한 날 부모님을 따라 들로 산으로 일을 하러 다녀야 했다. 나는 내가 인부로 태어난 것 같았다.

하나같이 힘겹고 지겹고 눈물겨운 일들이어서 덕분에 나는 매우 일찍, 이놈의 인생이 괴로운 것임을 깨달았다. 그 중 어린 자존심에 모욕적으로까지 느껴졌던 일은, 여자들 일이라고 생각하는 것을 사내대장부가 해야 하는 경우였다. 마당 쓰는 일은 재미를 붙일 수 있었지만 빨래하는 일은 창피했고, 자라면서 쉽게 낫질의 달인이 되었지만 호미를 들고 밭일을 하는 것은 지독하게 싫었다.

엄마를 따라 고구마밭을 매러 갔던 날, 나는 몹시 심통이 나서 잡초를 매는 대신 생땅을 죽어라고 거푸 찍어댔는데, 급기야 큰일을 저지르고 말았다. 갑자기 호미가 자루에서 빠져 후루룩 돌면서 날아가더니 자루에 박혀있던 뾰족한 부분이 하필, 한동안 성질 못된 나를 타이르다 묵묵히 밭을 매고 계시던 어머니의 팔에 여지없이 꽂혀버리는 것이었다.

혼비백산한 나는 울면서 달려가 어머니의 팔에서 호미를 빼어내려 했지만 얼마나 깊숙이 꽂혔는지 빠지지도 않았다. 어머니는 나를 물리치고 손수 호미를 어렵게 뽑아내시며 화도 내지 않고 말씀하셨다.

"이왕 하게 된 일이면 하기 싫어도 참고 즐겁게 해야 된단다."

'힘든 일일수록 즐겁게 해야 한다.' 이 말씀은 인생의 냉엄함에 항복하여 우는 내 심장에 와 박혔다.

그런데 일찍 출가한 이 아이들은 지붕 위까지 올라와 일을 거들면서 끊임없이 웃는다.

"처월 스님, 힘 안들어요?"

"전혀요."

"이럴 때 적절한 영어 한 마디는?"

"노 프라블럼."

"진짜 힘 안들어요?"

"네에. 남자의 말은 두 가지 뜻이 없어요."

"남자의 말은 두 가지 뜻이 없어? 그럼 여자의 말은 두 가지 뜻이 있어?"

"항상요."

"처월 스님 말이 맞아요. 예를 들면 여자친구를 데리고 가게에 갔다가, 괜찮아 보이는 옷이 있어서 '이 옷 사 줄까?' 했는데, '괜찮아요.' 그러면, 어투나 표정을 잘 봐서 얼른 사 주든지, 절대 사 주지 말든지 해야 돼요."

아이들은 잘 웃는다. 때 묻지 않아 있는 그대로를 숨김없이 드러내는 아이들은 슬픔이나 골칫거리들은 돌아서면 잊어버리고, 반대로 걸핏하면 웃고 재잘대고 흥얼거리고, 끊임없이 재미있는 것을 찾아 빠져들고. 웃기고 깜짝 놀라게 하는 것을 좋아하는 것을 보면, 우리가 이 세상에 웃으려고 왔지 울려고 오지 않았음을 알 수 있다.

아들이나 딸이나, 아이들은 태생의 개그맨, 개그우먼. 아이들의 생각은 틀에 박히지 않아서 언제나 뜻밖의 말을 할 준비가 되어 있고, 아직 세상의 말에 익숙하지 않아 뭘 잘못 알아듣거나 말을 잘못 쓰는 것도 뜻하지 않게 어른들을 웃게 하는 수가 많다.

"너 계속 그렇게 못되게 굴면 아빠한테 이를 거야."
"뭐, 이르시든지……."
"어, 이 녀석 인제 배짱이네."
"그래, 나 벌레다. 왜?"

"선생님 결혼 안 하세요? 남자친구 없으세요? 소개시켜 드릴까요?"
"선생님 봐. 선생님은 너무 늙었어. 누가 이런 할머니를 좋아하겠니?"
"할아버지도 계시잖아요?"

"넌 왜 그렇게 아빠만 좋아하고 엄마를 노골적으로 싫어하니? 스님이 보기엔 엄마도 아주 좋은 분인데 엄마한테도 잘 해야지."
"왜냐면요, 아빠하고 저는 공통점이 많은데 엄마랑은 차이점만 많거든요."

"예를 들면?"

"예를 들면, 아빠도 토끼띠고 저도 토끼띤데 엄마는 돼지띠예요. 근데 참 스님은 무슨 띠예요?"

"아, 나? 난 코끼리띠야."

"코끼리띠요? 아쉽다. 스님도 토끼띠면 좋을 텐데. 그리고요, 아빠도 롱다리고 저도 롱다린데요, 엄마는 숏다리에요. 또요, 아빠도 최씨고 저도 최씬데요, 엄마만 김씨예요."

바보 아이가 혼자 방 안에서 자고 있는데 강도가 들어왔다.

"야, 니네 집에서 값나가는 거 다 내놔."

강도는 칼을 들고 있었다.

바보는 놀라지도 않고 일어나지도 않고 물었다.

"아저씨, 강도예유?"

"내 참, 강도질 몇십 년 만에 이런 얼간이는 또 첨 보네. 얀마, 강도보고 당신 강도냐고 묻는 놈이 어딨어? 척 보고 알아 모셔야지. 그럼 너는 바보세유?"

강도는 마음 놓고 알아서 쓸 만한 물건을 모두 턴 다음, 그냥 나가려다가 문득 바보에게 다가와 배에 칼을 들이대며 말했다.

"야, 너 우리나라 삼국시대에 무슨 무슨 나라가 있었는지 말해봐. 만일 못 대면 이 칼로 네놈 배때지를 그냥……"

바보는 표정이 변하지 않았다.

"배 째실라고 그려유?"

강도는 깜짝 놀랐다. '배 째실라고 그려유?'를 '백제 신라 고구려'로 들은 것이다.

"새로 나온 오만 원짜리 돈에 나오는 매화 그림 누가 그렸는지 모르겠더라. 아주 좋던데……."

놀랍게도 일월이가 말한다.

"저 알아요."

"알아?"

"네, 일지매요."

나중에 알고 보니, 오만 원권 지폐 뒷면의 그림은 조선조에 묵매화墨梅畵로 이름을 떨친 어몽룡의 <월매月梅>다. 풍상에 부러지고 고사해가는 묵은 둥치와 가녀린 새 매화 가지를 우물쭈물한 곡선이 아니라 날카롭고 찌를 듯한 직선의 느낌으로 그려 생의 긍정과 꺾이지 않는 선비의 지조를 코끝을 찡하게 하는 매향처럼 드러냈고, 원근법으로 가지 끝에 걸친 듯이 내려 그린 달은 실제보다 훨씬 부드럽고 그윽한 빛을 무한한 허공에 드리우고 있는 듯하다.

우리가 늙어간다는 것은 유감스런 일이지만 그래도 배가 아프지

않고 위안이 되는 것은, 존재하는 모든 것들이 공평하게 늙어가거나 낡아간다는 것이다. 더욱 다행인 것은 내가 늙어가도 내가 사랑하는 누군가는 아직 젊다는 것, 또 어쩌면 이제 한창 자라나고 있다는 것이다. 어느 날 나는 죽을 것이고, 그 소멸은 필시 무척 슬프고 고통스럽겠지만, 그리고 무엇보다 남기고 떠난다는 것, 그 이별의 느낌이 아플 테지만, 더구나 내가 아끼고 사랑했던 모든 것들은 결국 다른 사람들의 차지가 될지도 모르지만…… 아, 그래도, 멋지고 어여쁜 저것들이 세상에 잘 살아있을 거라는 안도로 우리는 그나마 눈을 감을 수 있을 것이다.

따라서, 늙어가는 우리가 가장 먼저 챙겨야 할 일은 물론 이 생멸에 속하지 않는 것, 이 모든 것을 잃는 그 순간에도 잃어버릴 수 없는 그것, 내가 죽어도 죽지 않고 남아, 원한다면 다시 나를 소생시킬 그것을 화급히 찾는 일이겠지…… 하지만 그에 못지않게 중요한 것은 내가 이 생에 찾고 얻었던 것들을 남아있을 소중한 사람들에게 건네어 전해주는 일이다.

왜 우리는 누군가의 아들딸로 이 험한 세상에 태어나고, 반드시 누군가의 제자가 되어 이 머나먼 구도의 길을 가는가? 왜 세상의 모든 식물들이 봄 여름 가을 겨울을 거쳐, 씨앗에서 시작하여 씨앗을 남기는 그 일을 하고, 미물에서 인간, 욕계 천상의 신들까지 세상의 모든 어미 아비들이 왜 하나같이 동일한 그 주제로 자식새끼 하나 바라보며 먹고 살고, 싸우고, 늙어가다 죽는가?

부처님은 유산을 물려달라고 하는 육친의 아들 라훌라에게 곧 사라질 왕국을 물려주는 대신 사리불을 시켜 삭발득도削髮得度하게 하셨고, 이미 입적하신 뒤에도 관 밖으로 발을 내밀어 여래의 열반묘심涅槃妙心 정법안장正法眼藏을 마하가섭에게 전하셨다.

자각 없이 흥청망청 탐진치에 끌리고 떠밀려 잘못 살다보면, 어느 날 갑자기 죽음이라는 칼을 들고 생사의 창문을 넘어올 강도무상살귀無常殺鬼에게 난데없이 모든 것을 잃을 것이고, 비록 사랑하는 사람이 이 세상에 남을지라도 울고 부는 저것들에게 남겨줄 것이 아무것도 없을 것이다. 설령 불문佛門에 들어 구도의 길을 걸어가는 척 세상을 속였을지라도, 평생을 의지한 제자들 앞에서 아주 망신스럽게 죽을 것이다.

일대사一大事를 자각해야 한다. 통틀어보면 세상엔 오직 한 가지 일이 있으니, 부처님이 중생을 교화敎化하시는 일이요, 보살이 상구보리 하화중생하는 일이요, 중생이 불보살을 따라 열반으로 나아가는 일이다.

결국, 부처님이 출세出世하시는 뜻, 우리 모두가 울고 웃으며 무량겁을 두고 나고 죽는 의미는 역설적이게도, 바로 이 나고 죽음을 넘어, 진락眞樂의 저 피안彼岸에 이르러 세월 밖의 웃음을 한 번 웃기 위해서다.

그러므로 우리가 살아가는 육도六道의 세상은 그대로가 온통 법계法界요, 선불장選佛場이요, 도량道場이요, 진정한 학교다.

나아가, 생사 속에서 짓는 삼업三業이 모두 참마음에서 나오는 것임을 깨달아 알고 오로지 지혜와 자비로 흐르는 그 무위無爲의 흐름 속에서 스스로 자적하면 일거수일투족이 남김없이 일대사요, 불사佛事가 되고, 반면에 아무리 불상을 만들고 탑을 세우고 경전을 간행하고 법을 설하거나 배우고, 도량을 짓거나 장엄하는 일이라 해도 무상無常한 것들 속에서 탐진치貪瞋癡의 마음으로 덧없는 낙을 구하는 일이면 하나같이 그 짓는 자를 괴로운 삼계에 가두는 마사魔事가 되고 말 것이다.

또 한 가지, 이렇게 늙어가지만 늙을수록 아름다워지는 것은 만인의 바람일 터. 하지만 누구나 곱게 늙고 곱게 죽고 싶어도, 늙어가는 사람의 아름다움은 꾸며서 되지 않는 것이니, 또한 안에 있는 것은 결국 숨길 수 없이 드러나고 마는 것이므로 우리는 늙어갈수록 안을 가꾸기에 주력해야 한다. 꾸미고 조작하기보다는 진실한 겸허로, 채우기보다는 비워서, 안에 있는 보다 그윽한 향기가 은은하면서도 깊숙이 주위에 번지고 상대의 가슴에 가 닿도록 해야 한다.

노수토향老樹吐香이라고 했던가? 늙은 나무가 더 오묘한 향을 발한다. 무엇이 늙어가는 우리의 향기로움인가? 그것은 깨어 있음, 이웃에 스미는 기쁨, 어질고 자애로움, 슬기, 여유, 벗어나거나 빗나가지 않으면서도 초연함, 그리고 버리고 떠나는 자의 홀가분한 당당함이다.

少年易老學難成 소년이로학난성. 옛 현자의 이 개탄처럼, 젊은

날은 쏜살같이 지나가고 배움은 완성하기 어렵다. 지금도 똑딱똑딱 지나가는 이 순간들을 아무도 잡을 수는 없다. 그렇지만, 영원토록 시간의 그물에 걸리지 않는 자유의 바람일 수는 있다. 그렇게 바람이 되는 길을 대체 어느 학교로 가야 배울 수 있을까? 이 위없는 도를 불문佛門 밖 그 어디에서 찾을 수 있을까?

스승은 당신의 임종이 닥쳤다고 생각했을 때 나에게 힘주어 말씀하셨다.

"너, 정신없이 죽지 마."

나는 이 한 마디를 당신의 유일한 마지막 유언으로 간직하고 있다.

이 한 마디가 나를 정신 차려 살게 한다. 죽음을 향해 뚜벅뚜벅 가게 한다.

울면서 태어났을지라도 잘 배워 웃으면서 살고, 울지 않고 가기. 이렇게 할 수 있다면 선서善逝이신 부처님의 제자 아니겠는가.

2011. 10

뜬구름 잡는 소리

　세 번이나 순간포착에 실패했다.

　하늘에 부처님 얼굴, '옴🕉'자, 코끼리 모양의 구름이 차례차례 나타났었다.

　서둘러 휴대전화를 들고 문밖에 나가 찍어봤지만, 벌써 모양이 흐트러져버리고 난 다음이었다.

　바람 많은 날. 가까이 솔숲의 바람소리도 속을 시리게 하는데, 2월 하늘의 서북풍은 얼마나 세차게 저 **뼈대** 없는 구름들을 몰아댈까.

　바람은 멈춰 서는 순간 더 이상 바람이 아니다. 하여, 바람의 다른 이름은 흐름이요, 움직임이고, 무상無常이다.

바람은 차고 더운 가운데서 일어나 세상의 모든 존재들을 변화하게 하고 생멸하게 한다. 풍대風大는 화대火大와 수대水大 사이에서 지대地大를 이기고 일어난다.

바람이 목표로 하는 방향은 찬 것과 더운 것의 통일, 그 균일화다. 부지런한 바람은 그 평등과 통합을 향하여 쉼 없이 흐르지만, 순간순간의 흐름은 다시 천변만화의 차별상을 낳는 까닭에, 바람의 길은 가다가 어김없이 천 갈래 만 갈래가 되어 더욱 복잡하고 어지러워진다.

어떤 바람도 영원히 불어갈 수는 없다. 바람은 존재가 평등성을 향해 다가갈 때 늙어가고 결국은 쉬어, 더 이상 바람이 아니게 된다. 바람이 죽고 멈추면 싸움은 정지성과 견고성을 특질로 하는 지대地大의 승리 또한 결코 영원하지 않아, 다시 역전의 드라마를 향해 진행한다. 지대 속에도 반드시 차별상이 있고 그 차별상은 그대로, 다시 소생할 바람의 씨앗이 되기 때문이다.

바람의 정체는 흔히 사람들이 오랫동안 그렇게 생각해왔듯이 공기의 움직임으로 파악되나, 그것만이 바람은 아니다. 바람은 물속에도 있고 불 속에도 있고 땅속에도 있고, 심지어 진공 속에도 있다. 불이 바람 속에도 있고 땅속에도 있고 심지어 물속에도 있는 것처럼.

존재화된 모든 것은 바람에 떠밀려간다. 생명들의 탄생과 성장, 그 과정의 온갖 신진대사와 병증과 사멸, 밤낮의 교차, 계절의 그침 없는 순환, 장대한 성주괴공成住壞空을 반복하는 우주의 역사……. 이 모든 것이 어찌 보면 바람의 이야기다. 무상의 농간이다. 왜 이렇게 세상 온갖 것들은 다 무상하고, 덧없고, 허무할까?

누구나 다 이 무상의 칼날 위에서도 존재계의 가장 가벼워진 무게로 빛의 우아함이 되는 순간이 있다.

나도 아마 누군가의 눈길 속에서 한때 그런 순간이 있었을지 모른다. 옛날에, 옛날에, 그 푸르던 날에.

나는 그 여자를 이상한 데서 만났다.

공사판에 다니며 막일을 하고 있을 때였다.

친구가 이런 데도 가 봐야 한다면서 데리고 들어간 곳은 룸살롱이었다.

먼저 나온 여자는 제법 귀엽고 쾌활한 성격이었다. 친구와 경계가 없는 농담을 주고받았다. 어떻게 처음 만난 사람과 조금도 거리낌 없이 그럴 수 있는지 놀라고 있는데 두 번째 여자가 나왔다.

그 여자가 들어서는 순간은 이 세상을 여태껏 지겹도록 잘 재생되고 있던 비디오 플레이어가 갑자기 멈칫하며 일시 정지되는 느낌이었다.

그 무렵 나는 이미 출가를 결심하고 있었고, 그래서 세상 모든 여자들을 어머니나 누이처럼, 딸처럼 보려고 노력하는 중이었다. 그러나 눈길이 부딪친 순간, 돌연 정지된 그 장면에서 나를 보고 있는 그 여인은 분명 세상을 대표하는 한 여자 같았고, 새로 태어난 여신 같았고, 기억보다 더 먼 시간 전부터 한 남자를 기다려온, 우주의 여성에너지가 피워낸 꽃, 아낙이었다.

예상치 않은 순간에 채널이 바뀐 듯한 어색함을 지우려는 듯, 친구가 그 여자에게 내 곁에 가서 앉으라고 명령조로 말했다. 명령에 굴복당한 것인지 아니면 다른 힘에 이끌린 것인지, 정말 그런 곳에서 만나지 말아야 할 것 같던 그 여자는 결국, 조금 답답하고 침침한 밀실에서 나에게로 와 앉았다.

"더 붙어. 더. 더."

어려 보이는 그 여자아이는 만난 지 10초도 안 된 남자 옆에 마치 보이지 않는 끈으로 묶여 있는 것처럼 앉았다. 다행히 그녀에게도 나에게도 불편함은 없었다. 오히려, 아주 우아한 블루스처럼 빛나는 그 공존의 느낌은, 위대한 마에스트로에 의해 창조된 음들이 조화의 영감으로 춤추며 그 생생한 존재감으로 시간을 뛰어넘듯, 나를 지나 저 아득한 심연 속으로 스며들었다.

나와 그 여자가 만들어낸 침묵의 무게 탓인지, 그때부터 내 친구와 다른 여자의 농담은 조금씩 핀트가 안 맞고 튀기 시작하더니, 얼마 되지 않아 한 사람씩 자리를 털고 일어나 나가버렸다. 그런데도 우리는 떨어져 앉지 않았다.

시간 속으로 되돌아왔을 때 그 여자는 술잔을 들어 조금씩 마셨다. 그녀의 술잔이 비어갈 때쯤 나도 잔을 들어 단번에 들이켰는데, 그 잔엔 한 영혼이 그다지 길지 않은 시간 속을 지나오며 겪은 아픔과 상처가 쓰린 향기로 담겨 있었다. 또한, 어찌할 수 없는 무상無常의 예감으로……

"제가 노래 한 곡 불러 드릴까요?"

그녀가 처음 하는 말이었다. 그 얼굴을 돌아보며, 아까 그 시간 없는 심연 속에서 그녀의 상반신을 끌어당겨 어깨를 한 번 껴안았던 기억이, 상상 속의 사건처럼 떠올랐다. 그것은 전혀 특별한 의미가 있는 의식은 아니었던 것 같았다. 존재의 만남이 파생하는 너무나 자연스런 인사로 안에서 되새김질되고 있을 뿐. 문득, 그날 일터에서 돌아와 아직 씻지 않았다는 자각이 죄책감처럼 들었다. 고맙게도 그것은 곧, 세상에서 만난 정말 아름다운 한 여자의 슬픈 목소리를 통해 씻겨나가고 있었다. 젊어서 죽은 어떤 남자 가수의 노래였다.

노래의 여운이 내 밑바닥으로 가라앉고 있을 때, 친구 마에스트로가 들어와 가자고 말했다. 연주가 끝났다는 선언이었다. 나는 계속 뒤를 돌아보며 몹시 힘들게 그녀의 자력으로부터 벗어나, 친구를 따라 나왔다. 그녀는 배웅 나와 있었지만 고개를 숙인 채 서 있을 뿐, 끝까지 나를 보지 않았다.

다음날도 막일을 하러 가야 했다. 구름 위를 허우적거리는 것처럼 다리에 힘이 가지 않았지만. 물론 화두조차 들리지 않았지만.

그 다음날도……. 저녁에 돌아오다가 그 룸살롱 간판에 적힌 전화번호를 눌렀다.

'받아요, 제발…….' 그녀가 받을 가능성은 거의 없어 보였다.

'순진한 놈아, 그만 끊어.' 속으로 자신의 조소어린 명령을 듣고 있는데, 문득 신호음이 멈추고 그녀의 목소리가 들려왔다. 정신이 화들짝 일어섰다.

"나 기억하세요? 그저께 친구랑 둘이 갔었는데."

"…… 잊어버려야 하는데, 기억나요."

"…… 밖에서 언제 볼 수 있을까요?"

"…… 봐도 될까요?"

"물론요. 언제 봐요?"

"…… 일요일 오전 열 시에 봐요."

"어디서?"

"…… 빛과 그림자. 까페에요. 근처에 있어요."

일요일. 열 시가 조금 지나면서 시간이 점점 느리게 기어가기 시작하는데, 디제이가 와서 전화를 받으라고 했다. 그녀의 목소리는 조금 팽팽하게 당겨져 있었다.

"저 그 룸살롱에서 도망쳐 나왔어요."

"네? 지금 어딘데요?"

"ㅇㅇ대 근처 친구집요."

"아니, 왜……? ……애초에 왜 그런 데 있었어요?"

"오빠 친구 업소였는데 한번 와 보라고 해서 믿고 갔다가…… 잡혀있었던 거예요."

내 목소리는 활시위보다 더 팽팽해졌다.

"좋아요. 지금 내가 거기로 갈게요."

"아니, 오지 마세요. 위험할 수 있어요. ……다음 일요일에 ㅇㅇ대 입구 정문 앞에서 봐요. 또 열 시에요. 지금 전화 끊는 게 좋겠어요."

다시 일주일을 구름 속에서 헤맸다. 함께 무술을 연습하기도 했던 친구에게 얘길 했더니 어쩐지 삼류영화 같다고 했다. 나는 이 세상이 삼류영화보단 조금 나아서 2류영화 정도는 된다고 말했다. 결국, 친구가 같이 가주겠다고 했다.

ㅇㅇ대 앞에서 일찍부터 기다렸다. 열한 시쯤이 되자 초조함과 좌절감이 뒤죽박죽 엉키기 시작했다. 어떤 사람에게 여기 ㅇㅇ대 들어가는 문이 또 있느냐고, 정문 앞이 맞느냐고 물었다. 여긴 후문이고 정문이 아니라는 대답이 날아와 이마를 쳤다. 하마터면 불쑥 치밀어 오르는 화를 그 사람에게 터뜨릴 뻔했다.

그때부터 우린 정신없이 정문과 후문 사이를 거의 뛰다시피 오가며 두 시간을 계속 허탕만 쳤는데, 남는 것은 끝내 100퍼센트의 좌절감이었다.

아, 인생은 4류영화인가보다. 3류영화도 이렇게 끝나지는 않는데……. 부처님께선 4문을 유관하고 출가를 결심하셨다는데, 말세의 중생은 ㅇㅇ대 정문과 후문, 2문을 오락가락하다 결국 출가를 하게 될 것인가. 왜 이렇게 세상 온갖 것들이 다 무상하고 덧없고 허무할까?

무상은 너무나 빠르고, 한 순간도 멈춰 서지 않기 때문에 사실은, 온갖 것들이, 그 무엇이 무상하다는 말조차도 붙일 수가 없다. 그 무엇도 '이것'이라고 말하는 순간 이미 다른 것이 되어 있고, 더 엄밀히 말하자면, 찰나 간에도 포착할 수조차 없이 빠른 변화 그 자체일 뿐인데, 무엇 하나를 따로 떼어 이것이다 저것이다 할 수 있으랴.

이것이다, 저것이다, 나다, 너다 하는 것은 온통 망상이요, 실체 없는 환상이요, 가정일 뿐이다. 공空이다. 수학에서, 사실은 없는데 존재한다고 가정한 허수, i와 같은 것이다.

우리가 존재라고 생각하는 그 무엇도 사실은 인식의 오류일 뿐.

플라톤은 우리가 실재한다고 경험적으로 인식하는 많은 것들이 사실은 이데아의 세계에만 존재하는 가정이라고 말했다. 예컨대, 우리는 이 세상에 '원'이라는 것이 존재한다는 것을 당연시하고 살아가지만, 사실 그 어떤 원도 엄밀히 조사해보면 어딘가 일그러져 있고 정확하지 않아서 사실은 원이 아니다. 완벽한 원이란 우리의 관념 속에만 존재하는 가상의 실체다.

'점'이라는 것도 아주 큰 비율의 확대경으로 보면 결코 점이라고 말할 수 없을 것이다.

인체의 좌우는 얼핏 보아 좌우가 대칭인 것 같지만, 그 누구의 몸도 좌우가 정확히 같지는 않다.

절대적인 '미'? 그 또한 결코 현실 속에는 없는 것. 클레오파트라나 양귀비가 미인이라는 것은 전설이요, 그저 사람들 하는 말이며, 그렇게 통용되는 약속일 따름이다.

'나는 생각한다. 고로 나는 존재한다.'는 데카르트의 언명은 망발이 아닌가? 생각을 관찰할 수 있다 해도 어떻게 그것이 바로 '생각하는 자'의 존재를 입증할 수 있는가? '생각하는 자'가 있다 해도 무엇을 근거로 그것이 바로 '나'라고 단언할 수 있는가? '내가 존재한다'는 것은 순전한 엉터리 가정일 수도 있는 것이다.

이 세상의 모든 픽션들이 사실 환각이며 환각작용을 증폭시키고 중독성이 있듯이, 현실의 이 세상 흐름 자체도 역시 하나의 픽션이고 환각이며, 환각작용을 증폭시키는 데다, 중독성까지 있다!

세상 모든 존재라는 것이 사실은 인식의 오류에서 생겨나고 오류 그 자체일 뿐인데, 이 인식의 오류는 왜 발생하는 것일까? 부처님이 깨달으셨듯이 우리의 생사가 단순한 인식의 오류라면 인식의 오류는 왜 생겨나서 우리를 괴롭히고 피곤하게 하는 것일까?

왜 우리는 꿈속에서 헛웃음을 짓고, 식은땀을 흘리고, 소설을 쓰거나 읽으며 울고 웃고 분개하고 슬퍼하고 공상과학영화나 납량물이나 코미디나 비극의 영화를 종류대로 보고, 연극은 더 많은 돈을 주고 보고, 너무나 사실적으로 그린 애니메이션을 보며 진짜 같다고 감탄하면서 감동하고, 만화를 읽고 키득거리기도 하고……. 도대체 왜 이야기란 이야기에 온통 빠져드는 것일까? 대관절 무엇이 우리로 하여금 이대로의 우리를 권태롭게 하고, 잔치나 축제를 찾아다니게 하고, 게임과 오락과 도박과 마약에 빠져들게 하는 것일까?

인식에 바른 것과 오류가 따로 있는 것이 아니다. 사실은 모든 인식 자체가 오류요, 터무니없는 것이다.

왜 점을 동그랗게 몇 개 찍어 놓으면 원으로 보일까? 왜 날아가는 기러기떼가 V자를 그리고 있는 것으로 보일까? 왜 하늘을 지나가는 구름 따위가 순간적으로 부처님으로, '옴'자로, 코끼리로 보일까?

왜 밤하늘의 저 일곱 개의 별은 국자로 보일까? 왜 꿈에라도 너를 보고 싶고, 어쩌다 만나면 그지없는 행복에 겨울까? 왜 사진이나 영사막에 비친 빛, LCD 화면이 일으키는 빛의 조합과 변화를 보고 울고 웃고 짜릿함을 느낄까? 왜 어떤 글자를 보며 가슴을 쓸어내리고 머리를 쥐어뜯을까? 단지 소리일 뿐인 사랑한다는 말에 가슴이 뛸까? 왜 그놈만 생각하면 이건 그냥 생각일 뿐인데 화가 나고, 본다 해도 본 것은 그놈이 아니고 그놈의 이미지일 뿐인데, 놈을 보기만 하면 죽이고 싶을까? 붉은색을 보고 왜들 흥분할까? 다 잃어버릴 걸 왜 구하여 얻으려고 할까? 결국 죽을 거면서 왜 살려고 할까? 왜, 왜, 왜……?

이 얼토당토않은 환영들, 이렇게 우리를 농락하는 착각들, 안개 속에서 피어나는 끝없는 과대망상, 관계망상, 편집증, 조울증…….

부처님의 통찰에 의하면 환멸문幻滅門의 연기緣起, 그 최초의 근원은 홀연히 일어난 무명無明이다. '홀연히'라는 말은, 모든 것의 인과를 밝게 아시고 언제나 명쾌하기 그지없이 연설하시는 부처님께는 좀 의외의 표현이 아닐 수 없다. 그러나 알고 보면 이 말만큼 무명의 연기를 적실하게 표현하는 말도 없다.

무명이 '홀연히' 일어난다는 것은, 사실 밑도 끝도 없이 일어난다는 말이고, 뜬금없다는 말이고, 더 이상 추적할 수 있는 원인이 없다는 말이며, 허황되어 그 실체가 없다는 말이다. 결론적으로 무명이 일어났다는 것은 중생의 착각일 뿐이며 그것이 멸한다는 일조차도 사실은 있을 수 없는 것이다. 반야심경의 표현대로, 반야로 비추어보면 무무명無無明이요, 무무명진無無明盡. 그러니까 무명도 없고 무명이 다한다는 일도 실제로는 없는 일일 따름이다. 이것이 바로 진여문眞如門의 실상實相이다.

그리하여 진여문은 환멸문을 떠나 따로 있는 것이 아니다. 무명이 사라져 진여가 드러나는 것이 아니라 무명이 본래 없으므로 그대로 진여이며, 무명이 다하는 바도 없으니 진여를 따로 세울 것조차 없는 것이다.

문수보살이 아주 오랜 육도만행六道萬行에서 돌아오자 부처님께서 물으셨다.

"그대는 그동안 정말 많은 것들을 보았겠구나."

"먼지밖에는 보지 못했습니다. 부처님."

부처님은 미소를 지으셨다.

"먼지는 보았던가?"

"사실은 먼지도 보지 못하였습니다."

조주 스님께 제자가 와서 물었다.

"부처님은 어디 계십니까?"

"법당 안에 있지."

"법당 안의 부처님은 흙으로 빚거나 나무 따위를 깎아 만든 것 아닙니까?"

"그렇지."

"그러니 부처님은 어디 계십니까?"

"법당 안에 계신다."

가장 진실하게 굴자면, 입을 벌리기만 하면 벌써 그르치니 [개구즉착(開口卽着), 할 것이라곤 말하려고 하는 놈, 무슨 수작을 하는 놈, 소리치고 [할(喝)] 두들겨 [방(棒)] 쫓아내거나, 입 닫고 가만히 있는 것 [양구(良口)]뿐이다.

쳇! 내가 룸살롱에서 안았던 그 여자는 무엇이었단 말인가? 아까 찍으려 했던 구름은?

生從何處來
死向何處去
生也一片浮雲起
死也一片浮雲滅
其中一物常獨露
淡然不隨於生死

무슨 뜻이냐고 묻는가? 검은 것은 글씨요, 하얀 바탕은 종이로다. 틀렸다고? 에라, 그럼 더 틀리게 한 번 새겨 보자.

생겨나는 것들 다 어디서 오고
죽고 나면 다들 어디로 가는가
태어난다는 일, 한 조각 뜬구름이 일어남이요
죽는다는 것, 그 조각구름 사라지는 일인데
그 가운데 한 물건 언제나 홀로 드러나
맑고 맑은 그대로, 생사를 따르지 않네

수리수리마하수리수수리사바하.

 그 여자가 그립다. 그리움은 가슴에서 피어올라 코끝에 이르
는 바람.

2011. 12

이제 우리는
묵은 삶의 둥지에서 벗어나
진심으로
심출가心出家해야 한다.
심출가 끝에 모두 함께
무아無我의 어울림으로
위대한 승가 안에서 장엄한
한 송이의 꽃을 피워야 한다.
수행은 다른 것이 아니라
내가 누구인지를 깨닫는 일이다.
내가 누구인지를 깨닫는 일은
내 스스로 무명에 싸인
내 껍질을 벗고
참 나를 자각하는 일.

진리의 화원에서
- 법화림 창립일 법문

우리는 오늘, 최상승의 수행공동체 법화림을 창립한다.

잠시 편안하게 앉아 눈을 감아보라.

신족통을 빌리지 않아도 우리의 마음은 본래 시공간에 걸리지 않는 자유 속에 있다.

마음은 지금부터 우리가 이제까지 살아오던 이 장면에서 벗어나 순식간에 다른 시간과 공간으로 이동할 수 있다. 그것은 우리의 육신처럼 3차원이나 4차원에 속한 물건이 아니기 때문이다.

자, 가 보자.

우리들이 마음의 힘으로 단숨에 이르러 도착한 이곳은 아미타 부처님이 계시는 극락세계다.

우리들은 연꽃 위에 화현했다. 참으로 아름답고 미묘한 향이 감도는 그 연꽃 한 송이가 바로 우리들이 살고 있는 방이다.

아침이면 꽃잎이 열리고 저녁이 되면 닫히는 꽃 속에서 가장 아늑한 시간을 변함없이 누릴 수 있고, 그 연꽃이 떠있는 맑은 호수 위로 아미타부처님의 법문이 언제나 들려와 우리들은 매일매일, 순간순간 기쁨 속에서 수행을 해나가고 있다.

눈에 보이는 것은 하나같이 마음에 들고, 들리는 것도 모두 청정하며 환희롭다. 우리들의 몸도 지극히 아름답고 청정하고 깃털처럼 가벼우며, 뜻하는 것은 모두 한번 생각하기만 해도 단박에 이루어져, 아주 구체적으로 보고 경험하고 느낄 수 있다.

이 완벽한 세계는 아미타부처님의 위대한 원력願力과 인행因行으로 이루어진 것이기 때문에 무량수 부처님께서 이 세계의 법주法主로 계시는 한 영원히 사라지지 않을 뿐만 아니라 완전하고 실다운 즐거움을 언제나 누릴 수 있고 확인할 수 있을 것이다.

그럼 여기서 한 생각을 돌이켜 다른 세계로 건너가 볼까?

아래를 향해 추락하듯이 내려가 다다른 이곳은 지옥세계다.

곳곳에서 차마 눈뜨고 보기 어렵고 한순간도 머물기 힘든 아비규환이 벌어지고 있다. 스스로 지은 무거운 죄업에 의하여 이 세계에 끌려온 중생들이 끊임없는 고문과 죽음을 당하고 있고, 즐거움은 단 한 순간도 없으며, 모진 괴로움에서 벗어날 기약도 도무지 없어 보인다.

화탕지옥火湯地獄에서는 펄펄 끓어오르는 물에 거듭 삶아지거나 불에 타 죽고, 한빙지옥寒氷地獄에서는 견딜 수 없는 참혹한 추위에 온몸이 얼어서 죽지만 다시 생겨난 몸이 또 얼어 죽고, 도산지옥刀山地獄에서는 수만 자루의 칼에 끊임없이 찔려 몸이 산산이 흩어지지만 다시 생겨난 몸이 참혹하게 처형당하기를 무수히 반복하며, 발설지옥拔舌地獄에서는 혀가 뽑혀서 전생의 구업이나 다른 무거운 죄업을 씻느라고 무량한 고통을 당하고 있는 중생들이 도처에 헤아릴 수가 없다.

자, 이번에는 이렇게 견디기 힘든 지옥세계를 떠나 사바세계로로 돌아왔다.

그런데, 지금 우리가 돌아온 시점은 2,600여 년 전 부처님께서 성도하시던 그때다.

부처님은 보리수 아래 금강보좌金剛寶座에서 막 무상정각無上正覺을 이루셨다. 부처님의 깨달음의 광명이 온 법계에 가득해서 이 세계를 진동하고 수많은 다른 세계에서 불보살님들과 천신들이 그 보리수 아래에 모여서 장엄한 법회가 열리고, 다시 천상세계로 옮겨가면서 여러 차례 법문이 이어진다.

부처님은 마침내 이룬 그 깨달음의 세계에 머물러 계시다가 선정 가운데서, 무상정등정각자로서 온 법계를 두루 다 살피신다.

놀랍게도 온 중생들이 이미 그 안에 불성을 가지고 있고, 정각을 성취한 석가모니부처님 당신과 조금도 차이가 없는 덕상德相을 갖추고 있다. 그렇게 오랜 생 동안 어서 정각을 성취하여 중생을 제도해야 되겠다는 원력 하나로 지금까지 닦아왔는데, 깨닫고 보니 놀랍게도 일체중생의 참마음이 이미 부처이며 조금도 더하거나 뺄 것이 없는 완전한 법의 그릇들이었던 것이다.

그런데 이내 부처님은 중생들이 자기가 부처라는 것을 깨닫지 못하고 처참하게 고락 속에 빠져서 헤어날 기약도 없는 것을 보고, 지극한 연민으로 마음이 저미어 오는 것을 느끼신다. '어떻게 하면 저 중생들을 제도할 수 있을까?'

하지만 여래의 법을 듣고 믿음을 내어 공부하고 수행해서 이룰 수 있는 중생은 한 사람도 없어 보인다. 결국 부처님은 그만 이대로 입적하는 것이 좋겠다고 생각하기에 이르시는데, 그때 범천이 내려와 부처님을 만류한다. 저 중생들이 비록 지금은 도무지 불법에 믿음을 내고 수행해서 깨달음에 이르기가 어려울 것처럼 보이지만, 그 가운데에는 법을 들으면 장차 믿음을 내어 수행할 사람도 있고 또 드물게는 수행해서 깨달음을 이룰 중생들도 있으니, 부디 마음을 거두지 마시고 저 중생들을 불쌍히 여기셔서 법을 설해 주십사 세 번이나 간청한 것이다.

마침내 부처님은 마음을 돌이키시어 쉬운 것부터 차례차례 단계를 높여가며 삼승三乘에 걸쳐서 법을 설하시기로 한다. '아주 쉬운 것부터 차근차근 가르쳐서 근기가 성숙해가는 것을 보아 마침내 우리 마음이 바로 부처라는 그 최상의 진리를 깨닫게 하리라.' 마음먹으신 것이다. 이후, 부처님은 드넓은 인도평원 전역을 누비면서 법을 펴시는 데 온 생애를 바치셨다.

이윽고 45년째에 이르러 부처님께서는 입멸할 때가 가까웠음을 아시고 영축산에서 마침내 구경究竟의 가르침을 펴기로 하신다. 이 영산회상의 법문이 바로 법화경法華經이다.

자, 이제 다시 눈을 떠보자.

그 법화경에 나오는 이야기를 한 편 소개하겠다.

어떤 대부호의 어린 아들이 집밖에 나가서 놀다가 그만 거지들 무리에 휩쓸려가고 말았다. 그 뒤로 아이는 자기가 거지인 줄 알고 거지행색을 하고 여기저기 구걸을 다니면서 자라난다.

애지중지하던 아들을 잃고 백방으로 찾아 헤매던 부모는 마침내 거지무리 속에서 그 아이를 발견하고는 너무나 다행으로 여겨 곧장 집으로 데려가려고 했다. 그러나 아이는 놀라서 도망칠 뿐 결코 따라오질 않는다.

이 어리고 철모르는 아이를 어떻게 하면 집으로 데려올 수 있을까 고민하던 그 부호는 마침내 거지로 변장을 하고 그들 무리에

섞여들기에 이른다.

차츰차츰 아이와 친해져 경계심을 풀도록 한 뒤, 이제부터는 이 집에서 매일 탁발을 하면서 다른 험한 데는 돌아다니지 말자고 설득하고, 조금 더 친밀해진 다음에는, 아주 이 집에 머물러 살며 자잘한 집안일 같은 것을 거들면 옷이나 그 밖에 필요한 것을 다 얻을 수 있다고 하며 점차 사람 구실을 하도록 이끈다.

결국 나중에는 아이가 그 집의 많은 일에 익숙해져서 이내 모든 일을 총괄할 수 있는 어른으로 성장을 하게 되자, 마침내 그 아이에게 '네가 사실은 어릴 때 집을 나갔던 내 아들이었다.'라고 일러준다. '지금은 네가 이 사실을 믿을 수 있을 만한 때가 되었고 이 집안의 모든 일을 다 잘 해나갈 수 있어 주인으로서 아무 손색이 없으니 대를 잇고 가업을 물려받아라.' 하며, 모든 것을 다 넘겨준다.

이 세상에서 벌어지는 가장 큰 한 가지 일, 먼저 생사의 꿈에서 깨어나신 부처님이 꿈결의 어리석은 중생을 제도하는, 소위 '일대사一大事'를 비유하는 이 이야기에서 확연히 알 수 있듯이, 사실 우리 모두는 본래 조금도 모자람이 없는 부처다. 영산회상에서 부처님은 지금껏 여래가 설해온 소승·대승의 가르침은 모두 방편에 지나지 않으며, 이제 비로소 가장 높은 가르침을 받아들일 준비가 되어 대신심을 갖춘 불자들에게, '지금은 이렇게 미혹하고 보잘것없는 중생놀음을 하고 있지만, 너희 마음은 이미 조금도 손색없는 부처이며, 언젠가는 모두 성불하여 부처가 될 것'이라는 놀라운 선언을 하신 것이다.

우리가 어쩌면 2,600여 년 전, 어떤 사람은 비구의 모습으로, 어떤 사람은 재가자의 모습으로 영산회상에서 부처님의 가르침을 직접 들었을지도 모른다.

꽃 중의 꽃이 무엇인가? 무궁화?
꽃 중의 꽃은 바로 진리의 꽃, 법화法花다.

부처님이 막 성도하셨을 때 처음으로 나온 경전은 화엄경인데, 화엄경은 말 그대로 꽃처럼 장엄한 이 법계를 보이신 경이다. 우리 마음에서 피어난 꽃 한 송이! 형편없고 보잘것없이 무상으로 가득 차 있는 기세간器世間이지만, 그 안의 우리는 물거품이 생겨났다 사라지듯 먼지 같은 육신을 가지고 그저 짧은 인생을 의미 없이 살다 마는 존재가 아니라는 것, 이 세계에서 일어나는 일 모두 우리 마음에서 벌어지는 꿈이라는 것, 그리고 그 중심에서 피어난 꽃이 바로 우리들이라는 진리를 침묵으로 연설하신 것이다. 온 법계가 그대로 끝없이 펼쳐진 아름다운 화원처럼 장엄하고 아름다운 세계라는 놀라운 소식이다. 온 세상이 하나의 꽃, 세계일화世界一花다. 지금 내가 그것을 느끼지 못하고 있을지라도, 이 세계가 오직 내 마음에서 벌어진 것이라는 자각이 한번 일어난 후에는, 이곳은 고통스럽고 혼란스럽고 거칠고 추악한 곳이 아니라 지극히 청정하고 아름답고 행복한 세계임을 알게 될 것이다. 그리고 그것의 주인은 바로 나, 내안에 있는 마음이다.

또, 부처님께서 영산회상에 이르러 거의 마지막으로 베푸신 법문은 법화경이다. 진리의 꽃, 묘법연화妙法蓮花와 같은 경. 우리 중생의 모든 괴로움을 완전히 가시게 할 수 영원불변의 진리, 이 감로수甘露水와 같은 가르침이 꽃에서 시작하여 꽃으로 끝난다!

나중에 부처님은 가장 높고도 아름다운 진리를 언어와 문자를 떠난 최상승의 선禪으로 직접 드러내셨는데, 이 또한 다름 아닌 꽃을 한 송이 들어 보이신 일이다. 부처님이 연꽃을 들어 보이시자 마하가섭이 미소微笑를 지은 이 단순한 사건 속에서 불교 역사에서 가장 위대한 사건이자, 석가모니부처님 45년 전법륜轉法輪의 과정에서 가장 높고 핵심적인 연설이 일어난 것이다.

나는 우리의 이 아름다운 승가의 이름을 '법화림法華林'이라 부르기로 했다.

법화는 진리의 꽃이라는 뜻인데, 바로 우리 모두가 진리의 꽃이라는 말이고, 또 부처님의 법이, 이 모든 것이 우리 마음에서 벌어진 꽃송이와도 같은 것이라는 것을 우리가 바르게 알고 믿으며 성불의 길로 곧게 나아가자는 뜻에서다.

얼마 전에 영화 <인셉션Inception>을 보았다.

오늘날에 이르기까지 서양사회가 주도해 온 과학기술의 발전은 아주 놀라워서 우리가 옛날에 상상하고 꿈이나 꾸던 것들을 거의 다 구현해가고 있다. 뿐만 아니라 아주 오랫동안 동양사상이 구가하고 밝혀왔던 우주와 인생을 꿰뚫는 진리들을 예술의 각 분야나 사람들의 상상력 속에서 십분 녹여내고 있는 것 같기도 하다. <사랑과 영혼>이라든지, <매트릭스>라든지, 이미 많은 영화들이 그 단적인 예를 보여준다.

여타의 동양사상이나 불교수행의 성과에 기반했든, 아니면 스스로 탐구에 의해 알아낸 것이든 우리 영혼의 세계나 죽음 이후의 세계, 혹은 마음의 세계에 대한 상당한 이해를 가진 사람들이 이미 영화의 스토리를 지어내고 있다.

'인셉션'이라는 말은 뭔가를 '심기·이식하기·주입하기'라는 뜻으로 쓰인다. 인위적으로 다른 사람의 꿈속으로 들어가서 어떤 정보를 주입하고 지시를 내려, 나중에 꿈에서 깨어난 그 사람이 이쪽이 의도하는 어떠한 행동을 하게 만드는 것을 소재로 하고 있다.

사실 우리 스스로 자신이 꾸는 꿈의 본질을 잘 이해한다면 자기 존재를 알 수가 있고, 또 산다는 것과 이 세상의 존재, 움직임 의미, 목적을 모두 이해할 수 있게 된다.

앞서 이 세상이 다 마음의 꽃이라고 말했는데, 이것에 대한 가장 적절한 비유는 바로 '꿈'이다. 이 세상이 통째로 다 꿈인 것이다.

우리가 꿈을 꿀 때면, 꿈속의 내가 있고 다른 사람도 있고 주변의 온갖 풍경이 있다. 그 마음속 환영의 세계에서 온갖 사건이 벌어지지만, 정작 꿈꾸고 있는 그 순간에는 모든 것이 다 현실로 느껴진다. 대부분의 경우엔 꿈에서 깨어난 뒤에야 그것이 현실이 아니라는 사실을 알아차리게 마련이다. 그러나 꿈에서 깨기 전에는 그 또한 엄연한 현실이고, 그런 심리적 현실 속에서 우리가 웃고 울고 하는 것이다.

어떻든 영화에서는 특수장비를 이용하여 잠이 드는 순간 의도적으로 꿈의 차원으로 들어가는데, 꿈속에서는 현실에서 불가능해 보이던 일들이 거의 상상한대로 이루어진다. 공간이 휘어지기도 하고, 끝없이 올라가기만 하는 원형 계단도 있고, 거울로 된 벽을 밀면 전혀 다른 공간으로 나가기도 하는 등의 일들이 벌어지는 것이다. 현실에서는 그저 장애였던 것들이 꿈에서는 무한한 가능성이 된다.

게다가 꿈으로 들어가는 과정이 한 단계만 거치는 것도 아니다. 꿈속에서 또 다른 꿈을 꾸고, 그 꿈속에서 처리할 수 없는 상황들을 돌파하기 위해 다시 다른 층의 꿈으로 빠져 들어가는 등 세 단계, 네 단계, 다섯 단계로 계속 들어갈 수 있다.

그렇게 되면, 꿈인지 생시인지 분간하지 못하는 혼란스런 상황이 발생할 수 있다. 그래서 이 영화의 등장인물들은 지금 벌어지는 일들이 꿈인지 생시인지 그 여부를 확인하기 위해 일정한 도구를 지니고 다닌다.

예를 들면 팽이와 같은 것이다. 꿈속에서의 팽이는 '계속 돈다.'라고 생각하면 하염없이 돌 수 있을 것이다. 꿈이니까. 그러나 현실에서는 마음속으로 계속 돌아가라고 아무리 주문을 걸어도 일단 한번 시작된 움직임은 점점 저항을 이기지 못하고 결국은 멈추게 된다. 그것이 만약 꿈이라면 계속 돌 것이고 생시라면 얼마쯤 돌다 넘어지게 되므로 이것이 어느 층의 꿈인지 현실인지를 간단히 분간할 수 있게 된다.

자, 지금 여러분이 처한 이 상황은 꿈인가, 아니면 리얼리티인가? 꼬집어본다고? 꼬집어봐서는 모른다. 그렇지, 팽이를 돌려봐야 안다.

그러나 만약, 시간이 지나면 팽이가 쓰러지는 이 시공이 바로 부처라고. 꿈속에서의 시간과 공간, 그 안에서의 모든 해프닝들이 온통 마음의 조작극일 뿐이라고 말씀하신다.

우리 저마다 그동안 지나온 그 지난한 세월 돌이켜보면, 어찌 그리도 끝없이 열망하고, 꿈꾸고, 구하고, 또 그렇게 많이 다투고, 얻었다 잃고 웃다 울다, 노여워했다 슬퍼했다 해왔는지……. 그 많은 것들이 모두 사실은 꿈결의 일들이라는 사실을 진즉 알았더라면, 나 그토록 안달하지 않고 에너지를 허비하지도 않으며, 또 그렇게 허황된 것을 쫓아서 애타하며 힘들어하지도 않았을 텐데…….

만약 여러분들이 이 모두가 꿈이라는 가르침을 아무리 듣는다 해도, 정작 이 꿈에서 깨어날 마음을 내지 못하고 믿지도 못한 채 계속 이 꿈을 꾸기로 작정한다면, 무량겁을 두고라도 거듭되는 생을 받고 거두면서 끝없는 꿈길을 헤매게 될 것이다.

이제 정신을 차리고 진짜 현실, 최종적인 현실로 돌아와 보자. 꿈꾸기 전의 참 존재, 부처가 되어보자. 꿈을 깨자!

이 꽃을 들어 허공에 놓으면 아래로 떨어질까, 그대로 있을까? 꽃이 한 번 피어서 영원히 있으면 좋겠다고 바란 적 있는가? 내가 허공중에 떠 있으라고 명령했을 때 꽃이 떨어지지 않고 머물러 있는 상상은?

그러나 이 세상을 지배하는 물리의 법칙은 이것을 허공에 멈춰 있도록 허용하지 않는다. 꽃은 피었다 지고, 위로 올라간 것은 떨어져 내리게 되어 있다. 봄·여름·가을·겨울이 되풀 되고 생로병사의 순환이 이어지고, 생겨난 것은 사라지고, 괴로움과 즐거움이 번갈아 교차하고, 밤낮이 거듭되는 이 무상한 시간 속에 우리는 있는 것이다.

지금 이 상황이 벗어날 수 없는 리얼리티라면 이대로는 너무나 견디기 힘든 비극일지 모르지만, 만약 우리가 이것이 다 꿈이라는 것을 바르게 알아 이 안에서 여유롭게 존재하고 초연하게 즐길 수 있다면 이대로여도 좋을 만한 꿈이지 않을까? 인셉션에서처럼 꿈을 다루고 만들어 누구나 좋은 꿈을 꾸게 할 수도 있지 않을까? 다른 사람과 더불어 서로 많은 것을 나누고 느끼며 함께 할 수 있고, 우리 모두가 하나하나의 꽃잎인 듯 모여서 참으로 장엄하고 아름다운 한 송이 큰 꽃을 이룰 수도 있지 않을까?

법화림은 그렇게, 꽃 아닌 것들이 꽃인 척 하거나, 제각각 '내가 더 예쁜 꽃이다.'라며 뻐기고 우기고 다투는 것이 아니라, '나는 다만 한 송이 작은 꽃이어도 좋다. 혹은 한 장의 꽃잎이거나, 꽃잎조

차 되지 못할지라도 그냥 줄기이거나 뿌리여도 좋다.'라는 마음으로 모인 사람들이 마침내 피워낼 한 송이 진정한 꽃이다.

법화림은 수행공동체다. 이곳으로 흘러온 사람들은 지금껏 자신이 살아온 삶이 불완전했고 이대로는 온 세상이 너무 절망적이라고 느껴져 상처받고 아파했지만, 이제 새롭게 눈을 떠 비록 그것이 아득히 멀고 높은 곳에 있는 것이라고 해도, 새로운 내 존재와 인생과 세상에 대한 비전과 이상을 품고, 나를 닦는 저 길로 나아가지 않으면 안 된다고 믿고 있다. 그 사실을 자각한 이들이 긍정적인 변화와 안팎의 조화, 위대한 승화와 초극을 이뤄 마침내 이 공동체의 꽃을 아름답게 피워낼 것이다.

진리는 믿는 것도 아니고 아는 것만도 아니고 오직 닦아서 깨달아야 될 것이다. 그 깨달음이란 꿈에서 깨어나는 일이다. 그리고 그 일은 나 혼자만으로 가능한 일이 아니다. 먼저 깨어난 부처님과 스승들이 우리를 흔들어 깨우시는 가르침에 기반하여 부족한 우리가 서로 의지하여 도반이 되고 힘닿는 대로 우리보다 더 부족한 중생들을 두루 도와 이끌면서 함께 나아갈 때야 비로소 가능한 일이다.

우리가 스승이나 선지식, 도반과 중생의 은혜로 스스로 본래 지닌 지혜의 눈을 떠야만 제 눈으로 온전하게 이 법계의 의미를 볼 수 있다.

오직 수행을 통해서 우리의 존재와 그 이유가 분명해지고, 견고한 가치와 의미의 획득도 가능해진다. 내 마음을 관하고 통찰하고 이해하고 쉬고 맑히고 밝히는 수행을 근간으로 하여 조금씩 본래 가진 내 마음이 청정해져가고 편안해져가며 또한 아름다워져

가고, 향기로워져 가고, 따뜻해져 감을 느낌으로써 삶의 의미나 목적이 구현되는 것이다.

모든 긍정적인 변화는 오직 내 마음을 닦는 일을 통해서 일어난다. 이렇게 덧없는 시간이 화살처럼 지나가는데 그날이 그날 같고 조금도 나아지는 것도 없고. 꿈에서 깨어나는 것을 목적으로 겨냥하여 나아가지 못한다면 이런 되풀이가 무슨 의미가 있을 것인가?

이제 우리는 묵은 삶의 둥지에서 벗어나 진심으로 심출가心出家해야 한다. 심출가 끝에 모두 함께 무아無我의 어울림으로 위대한 승가 안에서 장엄한 한 송이의 꽃을 피워야 한다. 수행은 다른 것이 아니라 내가 누구인지를 깨닫는 일이다. 내가 누구인지를 깨닫는 일은 내 스스로 무명에 싸인 내 껍질을 벗고 참 나를 자각하는 일, 내가 거지라고 생각했는데 알고 보니 대부호의 아들이라는 것을 자각하는 일, 내가 중생인 줄 알았다가 사실은 부처임을 깨닫는 일, 이렇듯 괴로움 속에서 허덕이기만 하는 존재가 아니라 영원히 마음 안에 있어 왔고 앞으로도 한량없이 펼쳐질 행복의 자리에 있다는 것을 자각하는 일이다.

앞으로 수행공동체 법화림의 모든 활동은 당연히 수행을 중심으로 이루어질 것이다. 우리 모두가 성불을 향해서 나아가는 수행자라는 각성 위에서 서로를 경책하고 탁마하고 이끌고 따르면서 나아갈 것이다.

우리가 수행을 하면서 가장 완전한 목적지를 향해서 나아가면서 피우는 이 꽃송이는, 모든 육도의 중생들이 부러워하고 심지어 천상의 신들이나 부처님도 찬탄해마지 않는 모습일 것이다. 부처님은 천상천하를 다 보아도 화합하면서 수행하는 이 승가僧伽보다 아름다운 꽃은 아직 찾지 못하였다고 하시지 않았던가.

또 법구경에는, '지옥에 떨어진 중생들은 인간들을 부러워하고 인간들은 천상의 신들을 부러워하며, 천상의 신들은 숲속의 수행자를 부러워한다.'는 게송도 있다.

비록 지금의 내 모습이 보잘것없고 그 처지가 누추해 보일지라도 오직 마음을 닦아 나아갈 수 있다면, 언젠가는 내 마음도 부처님의 마음과 같아지고 완벽하게 청정해진 그 마음에서 참으로 맑고 향기로운 꽃을 온 법계에 피워내게 될 것이기 때문에, 어찌 천상의 신인들 부러워하지 않을 수 있겠는가.

지금껏 너무도 아깝고 억울하게 오직 고통 속에서 헤매며 살아온 세월을 만회하기 위해서라도, 앞으로 남은 우리의 목숨과 이 소중한 시간을 수행에 바치도록 하자.

오늘을 살아가는 대부분의 우리들은 인생에서 써버린 시간보다 남은 시간이 적을지도 모르고, 이런 흐름대로만 간다면 별 뾰족한 수 없이, 돌파하고 나갈 새로운 전환의 모티브도 없이, 그저 덧없는 소멸과 상실을 향해 밀려갈 뿐일 것이다. 그밖에 무엇을 기약할 수 있겠는가?

지금 여기에서 우리 모두 제 마음 하나를 돌이켜, '이 길이 성불로 가는 길이다. 내가 이 아름다운 승가 법화림에 들어와 스스로 물러나지만 않는다면, 함께 어깨동무하고 나아가는 이 장엄한 행렬을 따라 모두들 저기 저 구경열반에 반드시 이를 것이다.'라는 확신으로 오늘 이 자리에서 떼어놓는 첫걸음에 다 동참할 수 있어야 할 것이다.

오늘부터 우리들의 시간은 촌음도 결코 헛되지 않을 것이다.

하루하루 내 마음이 도반들의 힘으로 저절로 깨끗해지고 특별한 노력을 기울이지 않아도 우리가 서로의 눈에 비춰지며 서로를 도와 탁마하다 보면, 작은 가르침에도 번쩍 깨어나서 어느 결에 부처님 마음과 닮아져가게 될 것이다.

그동안, 오늘 이 법화림이 생기기까지 있었던 일은 다 잊어도 좋다. 꿈속의 일을 꺼내어 자꾸 들출 것 없이 다만 우리가 가는 길을 멀리 내다보고 목적지를 향한 진실하고 간절한 그리움과 발분의 노력만 잊지 않으면 된다. 우리 모두는 성불을 향해서 나아가고 있고, 모든 이들이 이미 마음 안에 성불할 수 있는 씨앗을 가지고 있다. 우리는 모두 부처이므로. 앞으로도 서로를 부처님처럼 여겨 믿고 의지하며 나아갈 뿐이다.

조직 안에서 나에게 주어지는 자리나 역할, 직책이 무엇인가는 그다지 중요하지 않다. 그런 것들은 모두 인연에 맡기자. 출가한 사람이 세상의 영화나 세상에서 누리던 온갖 지위, 재산, 그밖의 모든 것을 다 떨쳐버리고 깃털처럼 가벼워져서 마치 고고한 학인양 저 장천을 유유히 날아가듯이, 우리도 지나가버린 일은 깨끗이 씻어 잊어버리자.

지금 바로 이 순간부터, '내 겉모습은 어떻게 되어도 관계없다. 나에게 주어진 자리나 주어진 이름 따위는 다 헛것에 불과하니 오로지 대중을 위해서 내가 할 수 있는 일들을 무심히 행하며, 내 자신이 본래 부처였기에 오로지 그 불성을 회복하기 위해 멈추지 않고 나아갈 뿐이다. 오직 흔들리지 않는 보리심을 견지할 뿐, 다른 것을 돌아보거나 구하지 않으리라.'고 다짐하라.

자, 가자. 모두 함께 가자.
저 언덕으로 모두 함께 가자.

2012. 01

몽유이색렬도夢遊以色列圖

꿈결처럼 며칠을 머물렀던 이색렬以色列이라는 나라를 나선다. 백림柏林으로 가는 비행기.

창가 쪽 자리에 앉아 이륙을 기다리고 있다. 어린 아이가 딸린 부부가 와서 자리를 좀 바꿔줄 수 있는지 묻는다.

몇 줄 뒤로 뒤로. 비상구 옆에 나란한 좌석이 둘만 있고, 눈이 크고 얼굴이 갸름한 아가씨 옆자리. 아름다운 여인은 내가 통로에서 걸어 다가가는 동안 시선이 마주치자, 마치 이미 알고 있던 사람을 만난 것처럼 놀란 듯한 눈길로 한참을 쳐다보았다.

"제가 옆자리에 앉아야 되는데, 괜찮으시겠어요?"

고개를 끄덕이며 그녀는 자세를 고쳐 앉는다. 그리고 곧바로 일어나 머리 위 선반에서 짐가방을 꺼내려고 한다. 아주 짧은 바지를 입고 있다. 다리가 아주 예쁘고 길다. 나는 대신 일어서서 가방을 내려준다.

"어느 나라에서 오셨어요?"

"한국에서요. 이스라엘분이에요?"

"네."

이색렬은 중국사람들이 이스라엘을 음차하여 부르는 말. 以色列(이써리에)을 우리식으로 읽은 것이다.

아가씨는 얼굴의 화장을 고치기 시작한다.

"스님, 시리아의 새 대통령이 국민적 지지를 업고 이스라엘을 일주일 안에 공격할 것이 거의 확실하다는데 그래도 가실 거예요?"

몇 번의 곡절 끝에 우봉스님을 따라 이스라엘에 가서 참선법회에 동참하기로 했었다. 여행이 임박해지자 그곳의 정치적 상황이 평상시보다 더 좋지 않다며 스님이 걱정이었다.

"네, 전 괜찮은데요. 거기서 죽을 거면 가서 죽어야죠."

"좋아요. 그럼 같이 가서 죽읍시다."

직항노선이 없어 암스테르담까지 갔다가 중동 쪽으로 되돌아오는 장거리 비행 끝에 녹초가 되어가는 몸으로 텔아비브 공항에 도착한 시간은 자정이 지나 있었다. 줄 앞에 선 사람들이 통과하는 과정을 보아하니 입국심사도 몹시 까다로워보였다.

"이스라엘에선 어디 묵으실 거죠?"

"텔아비브에요."

심사관이 어이없다는 표정으로 쳐다본다. 아, 체류할 호텔이나 집 주소 같은 걸 묻는 거구나. 머릿속에 걷히지 않는 안개처럼 끼어있는 노독과 불편한 잠기운이 무겁다.

"공항 대기실에 누가 마중 나와 있을 거예요. 그 사람이 아는데요.

"그 사람 전화번호 같은 거 있어요?"

"몰라요. 대신 날 픽업하라고 그 사람을 보낸 사람 전화번호는 있는데……."

급한 김에 휴대전화를 꺼내 전화번호를 눌렀으나, 자동응답기가 연결 안 된다는 멘트를 들려주자 점점 궁지에 몰린다.

"입국 목적은요?"

"참선요. 이스라엘 사람들이랑 모여서 참선할 거예요."

"참선요?"

처음 보는 이국의 옷차림을 한 나를 의혹의 눈초리로 빤히 쳐다본다.

통과시간이 지연되고 줄 서서 기다리는 뒷사람들이 의식되기 시작하자 심사가 뒤틀리려고 한다. 참선 몰라? 참선 안 하면 마음의 평화가 오겠니, 세계평화가 오겠니? 나는 될 대로 되라는 심보가 되면서 한술을 더 뜬다.

"…… 세계평화를 위해 기도하러 왔다고도 할 수 있소."

그는 질문을 계속하는 대신 직감으로 내 표정이랑 눈빛을 읽어보려 하다가 더 이상 해석이 안 되는지, 누군가를 불러 날 어딘가로 데리고 가라고 했다. 그런데, 그 사람을 따라가 상급심사관을 만나자, 일은 의외로 쉽게 풀렸다.

"어떻게 오신 거예요?"

"한국의 불교 승려입니다. 이스라엘 불자들이 모여 하는 선禪수행에 동참하러 왔어요."

그는 나를 잠깐 똑바로 쳐다보더니, 지체 없이 도장을 집어들어 찍었다.

"저도 불교 수행에 관한 책을 몇 권 봤는데 꼭 수행을 본격적으로 해보고 싶습니다."

짐가방을 챙겨들고 밖에 나오니 우봉스님도 마중 나와 계셨다. 태우러 온 사람은 유발이라는, 풍채가 좋고 혜慧가 밝아 보이는 군 장성급 출신의 현직 변호사다. 숙소로 가는 차 안에서 그는, 이틀 전엔가 시리아의 미사일 공격이 있었는데 이스라엘이 새로 개발한 아이언돔Iron-Dom이라는 방어벽이 그것을 성공적으로 막아내서 더 이상의 공격이 당장 있을 것 같지 않다고 말했다.

차분하고 선량한 인상의 불자 집에서 묵었다. 예쁘고 사랑스러운 곱슬머리 여자아이의 엄마였다. 소박하지만 정갈한 잠자리에서 누리는 새벽의 휴식은 감미로웠다. 음식솜씨도 매우 세련돼서 전형적인 히브리의 주식인 후모스나 데이트시럽을 넣은 요리, 사막에서 만난 오아시스 같은 향취가 나는 오렌지 등을 별 소리도 없이 금방금방 차려냈다.

이튿날, 예루살렘 시내구경을 하는 것과 사해死海에서 목욕하는 것 사이에서 택일하라고 해서, 나는 당연히 후자를 택하였다.

유대교, 카톨릭, 기독교, 이슬람교의 발원지였으나 그 덕분에 수천 년 동안 너무 자주 종교적 분쟁의 소용돌이이기도 했던 도시, 스스로 신으로부터 선택되었다고 믿었으나 도리어 신으로부터 버림받은 사람들처럼 유랑해온 유대민족이 몇천 년 전 조상들이 살았다는 고향땅에 돌아가자고 모여들어 세운 나라. 그 후유증으로 기존의 아랍 토착민들이나 주변의 무슬림국가들과 여러 차례 큰 전쟁과 갈등을 겪으며 오늘에 이르고 아직도 늘 전쟁과 테러의 위협에 시달리는 것처럼 보이는 나라. 머리가 좋고 매우 적극적인 유대인 특유의 기질 때문인지, 미국을 위시한 서구열강의 후광과 지원 때문인지, 그도 아니면 무기산업과 IT산업의 성공 때문인지, 주변의 여러 이슬람 국가를 합한 것보다 GDP가 더 높아 질시의 대상이 되는 나라의 수도를 돌며 나는 역사의 흐름을 타고 하염없이 계속되는 중생의 부질없는 생사에 대하여, 그 어리석음에 대하여 다시금 씁쓸한 감정을 일으키고 싶지 않았다.

대신 그냥 지상 어딘가에 있는, 몹시 염도가 높아 사람이 가라앉지 않고 둥둥 뜬다는 어느 신기한 바다에 들어가 노는 일이란 얼마나 느슨하고 단순하고 동화적인가? 사해死海. 죽은 바다. 혹은 죽음의 바다라는 이름조차 두려움을 일으키거나 거부감을 주기보다, 오히려 강한 흡인력으로 호기심을 부추겼다.

가끔 우리는 얼마나 죽고 싶어지는가? 번지점프를 하듯, 한번 맘먹고 뛰어내리기만 하면 이 웃기는 놀음들과 치렁치렁한 가식과 미운 애새끼 같은 자아를 떼어놓고 단번에 완전한 휴식과 100퍼센트의 속죄가 가능한 기적의 탈출구는 없는지 궁금해질 때가 있지 않은가. 늘어선 아성牙城들과, 말을 통하지 않게 만드는 아상我相의 탑들과, 허다한 분별의 거리를 지나면, 그저 산은 산이고 물은 물일 뿐.

비루먹은 짐승들이나 어쩌다 겨우 살 것 같은 불모의 사막지대를 지나 죽음의 바다가 보이기 시작하자, 세월에 지치고 닳은 마음은 오히려 나른하고 자유로운 여행자의 감성에 젖어들고 있음을 느낀다.

지각이 융기하고 침강하면서 원래 바다였던 부분이 고립되어 형성된 사해는, 강물은 흘러들지만 나가는 문이 없어 밖으로 통하지 않는다. 사실 바다라기보다는 큰 호수라고 한다. 그 주변은 강수량이 매우 적은 데다 적도 가까운 곳이라 일사량이 많아, 안에 갇힌 물은 매우 심하게 증발한다. 덕분에 이 호수의 수면은 해수면보다 약 400미터나 낮고, 염분 농도는 보통의 바닷물의 다섯 배가 넘어 200‰ 이상이다.

몹시 짠 이 물에선 물고기 한 마리 살 수 없고, 심지어 박테리아 따위도 생존하기 힘들다고 한다. 물이 너무 맑으면 물고기가 살지 않는다[水至淸則無魚 수지청즉무어]라는 옛 말을, 물이 너무 짜면 물고기가 살지 않는다[水至鹽卽無魚 수지염즉무어]로 고쳐야 될 것 같다는 생각도 든다. 사람이 너무 맑으면 다른 사람들이 가까이 하기 힘들다는 말보다, 사람이 너무 짜면 아무도 가까이 하지 않는다는 말이 더욱 지당하신 말씀 아니겠는가.

어디 벽두의 원주민처럼, 혹은 강가강[恒河,Discover the Ganges] 가의 고행자들처럼, 우린 무슨 신성한 의식인 양 물바닥에서 건져 올린 까만 진흙을 몸에 바른 다음, 죽음의 바다에 입수했다. 물은 약간 미끈거리는 느낌인데, 피부는 따끔따끔 가볍게 놀란다. 적당한 깊이에 이르자 습관적으로 헤엄을 쳐보려 했으나 웬걸, 그것은 될 수 없는 일이다. 너무 강한 부력 때문에 자칫하면 머리를 짠물에 처박고 이목구비가 수모를 당할 뻔했다.

사람이 깊은 물에 빠졌을 때 헤엄치지 못하면 물을 먹으며 허우적거리다 익사하게 된다. 그 이유는 인체의 비중이 바닷물보다 높고 응집력은 물보다 강하기 때문일 것이다. 물론 사람에겐 물고 기나 법화도량의 올챙이들처럼 물속에서도 호흡할 수 있는 아가미가 없고, 지구의 중력에 저항할 수 있는 에너지가 충분치 않다는 것도 그 조건이 될지 모른다. 사실, 세상에 생명들이 이렇게 살아간다는 일은 어렵고 어려운 생존의 조건들 속에서 위태위태하게 줄타기를 하고 있는 격이지만, 조건만 갖추어지면 생존의 의지가 있는 것들은 아무 노력이나 대가 없이도 거저 생존해 가고 삶을 즐기고 향유한다. 천상천하 순간순간의 모든 일들이 따로 작위作爲나 작위자作爲者가 없이도 조금도 어김없이 벌어지는 인과의 소치일 뿐인데, 생각해보면 복잡다단한 수많은 조건들 속에서 벌어지는 낱낱의 사건들이 실로 아슬아슬하고 신비로워 꿈만 같은 기적의 연속이 아닌 것이 없다.

시간이 지나자, 몸뚱이는 아주 자연스럽게 전혀 새로운 조건의 이 물에 적응해가면서 그 안에서 움직이는 법을 터득한다. 그것은 엎드려 허우적허우적 물장구를 치는 것이 아니라, 당당한 인간으로 고개를 들고 일어서서 직립보행直立步行하는 것이었다.

내 몸은 서서히 영혼의 휴식 같은 평화로운 기적에 젖어들며 두 팔로 물을 열듯이 가르고 전진하기 시작했다. 소금으로 만든 인형이 바다에 녹아들듯, 조금씩 나를 잊고 바다가 되어간다. 온몸의 세포들이 다 누리는 이완과 마치 공중부양과도 같은 환희가 차츰 엄습하듯 침투해와 존재의 중심에 부딪히고, 거기서 반사해나가는 자비심은 법계의 끝까지 거침없이 번져갔다. 나는 바다의 중심을 향해 하염없이 나아갔다.

그 침묵 속의 춤을, 문득 해변의 마이크에서 울려오는 안내방송이 깨뜨렸다. 그쪽으로 계속 가면 요르단 쪽에서 발포할지 모르니 되돌아 나오라는 것이었다. 아쉬워하며 방향을 선회하고 보니 어쩐지 모든 사람들은 아까부터 해안가에서만 놀고 있었고, 바다 가운데 있는 문제아는 나뿐이었다. 멀리서 우봉스님도 손짓으로 나를 불렀다.

"스님, 그렇게 깊이 사해에 들어가 본 느낌이 어떠세요?"

소금물을 씻어내며 우봉스님이 미소 짓는다.

"놀라워요. 예수님이 걸었다는 바다가 바로 여기였나 봐요."

비행기는 21세기 어느 오후의 지중해를 가로지르고, 히브리의 아리따운 아낙은 옆자리에 앉아 아직도 얼굴을 치장한다. 왜 아까부터 계속 화장만 하세요? 이미 예쁘신데. 나를 의식해서 그러는 건지, 반대로 아예 무시하는 행동인지. 동서고금에 있는 여인의 의식일 뿐이라고요? 헉, 가슴에도 화장품을 바르세요?

사해를 다녀온 날 저녁에, 시내의 한 요가스쿨에서 열리는 달마토크Dharma-Talk에 참석했다. 우봉스님이 작년에 동유럽 순례할 때처럼 사람들에게 당신 옆에 앉은 나에게 질문을 많이 해달라고 주문하자, 화살이 나에게 날아오기 시작한다.

"누군가를 사랑한다는 일이 우리를 행복하게 하는데, 그 감정이 오래 지속되지 않는 이유는 무엇입니까?"

"사랑이 무엇입니까?"

"……?"

"사랑이 일종의 감정이거나 행위일 뿐이라면, 당신이 느끼듯이 그것은 지나가는 것이고 결코 영원히 지속될 수 없습니다. 그러나 만일 사랑이 존재의 양태이거나, 심지어 있고 없고의 차원을 넘어서 있는 우리 내면의 무엇이라면, 그것은 이미 시간 밖에 있습니다. 당신은 누구이고, 어디서 왔습니까? 당신의 근원이 무엇인지, 거기에 무엇이 있는지 발견하십시오. 영원한 사랑, 마르지 않는 샘이 거기 있습니다."

"선禪이나 다른 종교적 가르침을 통해 그런 얘기를 많이 듣게 되는데, 사실은 나는 이렇게 나일 뿐이고, 이렇게 자명하게 엄존하고 있는데 왜 내가 누구인지 따위를 물어야 합니까? 공연히 이렇게 편안히 있는 나를, 묻는 자와 물음을 당하는 자로 분열시켜 혼란만 일으키는 일 아닙니까?"

"잠자리에 들 시간이 되면 엄마는 아이를 재우려고 합니다. 그때 아이는 난 지금 이대로 좋고 만족스러운데 왜 꼭 자야 하느냐고 항변할 수 있습니다. 지금 별로 그러고 싶지 않은 기분일지라도 이대로 멀뚱멀뚱 있는 것보다 엄마 말 듣고 제 시간에 편안히 푹 자고 다음날 아침에 깨어보면 왜 엄마가 옳았는지 알 수 있습니다. 부처님은 '나' 없는 곳을 지나 열반을 얻으시고 그 길로 우리를 이끄시는 분이며, 우린 아이들처럼 고집부리기보다, 그 자비로운 분에 대한 깊은 믿음으로 '내가 누구인가'를 참구하여 깨달음으로써, 한번 죽었다 깨어나야 합니다. 생사는 영원한 것이 아니고, 행복한 것도 아니며, 거기엔 고통의 끝이 없습니다. 부디 열반을 향해 나아가시기 바랍니다."

"스님은 지금 연세가 어떻게 되세요?"
"전 죽었습니다. 오늘 사해Dead Sea에 들어갔다 왔거든요. 이미 죽어버린 사람은 더 이상 나이를 계산하지 않습니다. 죽었다 깨어나 보면, 자신이 살았다 죽었다 하는 존재가 아니라는 것을 알게 될 것입니다."

화장을 마친 여인은 내 어깨에 기대어 잠이 들었다. 왜 내 쪽으로 이렇게 기울어지세요? 잠들다 보면 그럴 수도 있다고요? 물론 반듯하게만 잘 수 없을 테니 당연히 한쪽으로 기울 수 있고, 반대쪽이 아니라 이쪽으로 기울 수 있는 확률은 50퍼센트겠죠. 게다가 저쪽으로 기울어져 머리가 창에 부딪히는 것보다는 나을 수도 있겠네요. 그런데 왜 다리까지 이쪽으로 갖다 붙이세요? 좌석이 좁은 데 비해 다리가 너무 길어서라고요? 예쁜 롱다리 자랑하려는 의도는 없는 거예요?

어떤 수도자가 버스를 탔는데 옆에 앉은 여인과 몸이 닿았다. 그 경건한 수도자는 흔들리려는 마음을 모아 기도를 시작했다.
"주여, 나를 시험에 들지 말게 하옵소서."
그런데, 여인은 잠을 청하면서 스스럼없이 더 몸을 기대어왔다. 기도는 더 절박해졌다.
"주여, 어찌하여 나를 버리시나이까?"
차마저 이리 휘청 저리 휘청하면서 상황을 최악으로 몰아갔다. 마지막 기도가 새어나왔다.
"주여, 뜻대로 하소서."

무슬림들은 상대방의 제안이나 요구를 응낙할 때, "예." 하는 대신, "인샬라."라고 한다는데, '신의 뜻대로'라는 의미라고 한다. 한 치 앞의 세상일도 어찌 될지 모르는 것이고 보면, 그러겠노라고 선뜻 약속하기보다 신이 허락한다면 그리 하겠다는 정도로

'인샬라'하고 말하는 것이, 만물의 주재자가 저 위에 있다고 믿는 사람들로선 한결 더 정직하고 신실한 표현일 듯하다. 그러나 불교적 진리에서 보면, 신이 보통의 인간들보다 훨씬 순수하고 복력이 많은 존재들이라 해도 만물을 지배하고 전횡하는 개체적 인격으로서의 신 따위는 없는 것이다. 그러므로 인샬라 같은 말을 불교적으로 바르게 말하자면 '인연 따라'쯤 될 것이다.

인연 따라. 아, 옷깃 스치는 인연을 따라 이 여인이 내 곁으로 와 기대었구나. 갑자기 그녀의 가슴을 읽게 된다. 나는 화두를 따라 근원으로 돌아가고, 차츰 우리 안 모든 것의 중심에서 자비심의 물결이 일어 점점 커져가는 동심원을 그리기 시작한다.

다음날은 나자렛에 갔었다. 숭산스님 문하의 몇몇 선센터 사람들이 함께 모여 며칠간 용맹정진하는 데 동참하기로 했기 때문이다. 많은 사람들이 함께할 공간이 여의치 않아서인지 수행 장소는 임시로 빌린 여인숙이었다.

유럽의 나라들을 다녀보면 지금 서양 사회에 불고 있는 불교의 열풍을 실감할 수 있다. 정말 많은 지성인들과 젊은이들과 사회의 엘리트들이 불교를 공부하고 선수행禪修行을 하며 불교야말로 우리 인류의 마지막 문명적 대안이라고 생각하는 것 같다. 길 가는 스님을 붙들고 법을 묻고, 식당 종업원이 와서 호의를 베풀며 참선에 대하여 질문한다. 그들은 신앙을 위주로 하는 그들의 전통적 종교로부터는 이제 탈피하려고 한다. 과학기술문명의 방향 없는 질주나 물질적 풍요 또한 더는 믿지 않는다. 참으로 중요한 것, 남은 유일한 가능성은 마음의 변화라는 믿음이 이제 그들의 신앙이다. 불교야말로 가장 높고, 가장 실천적인 가르침이라 여기며 이제 그 길인 수행에 대하여 묻는다. 그들은 신의 심판이나 내세를 기약하기보다 지금 당장 이 마음을 닦고 계발하여 스스로 행복하고 자유로운 존재감을 느끼고 싶어 하며, 합리적이고 실용적인 기법들을 즉각즉각 증험하려 하고, 기회를 다음으로 미루지 않는 것이다.

어떤 서양 사람이 동남아에 있는 한 불교국가로 가서 수행을 배우면서 보니, 절에 온 서양 사람들은 서투르지만 정말 열심히 진지하게 수행을 해보려고 하는데, 막상 현지의 그 나라 사람들은 절에 오면 스님들한테 절하고 공양 올리는 것 외에는 정작 불법의 핵심인 수행을 애써 하는 사람이 좀처럼 없는 것 같아 수행을 지도해주시는 스님에게 직접 이유를 물었다고 한다.

큰스님은 위트 넘치는 대답으로 받아넘기셨다.

"당신들은 잘 믿지 않지만 이 사람들은 윤회를 믿잖아? 다음 생이 있다고 믿으니까 수행을 다음 기회로 미루는 거지."

　여인숙 주인은 무슬림인데, 몇 년째 겪어보니 불자들이 자기 업소를 대여해서 선수행을 하고 떠난 후 더 장사가 잘 되었다며, 이 예사롭지 않은 투숙객들의 정기적인 이용을 매우 환영하는 분위기라고 한다. 객실은 퍽 허술한 대신, 넓고 천정이 높은 홀이 있어 예불, 참선, 공양, 법회의 목적으로 쓸 수 있었다.

　각자 바리바리 싸들고 온 수행준비물들을 옮겨놓고 난 후, 잠깐 나자렛 시내 구경을 하자는 사람들을 따라나선다. 수행에 동참한 베카라는 어리고 맑아 보이는 고등학생 아이가 비 그친 뒤의 풍경을 그리고 있다. 유발이 자기가 데려온 제자라고 자랑했다.

　긴 가뭄의 계절에 며칠 단비가 내렸는데 여인숙 주인은 그것도 수행의 열정과 기상이 넘치는 이 수행자들 덕분이 아닌가 하고 있었고, 오랜 석축이나 건물 벽 등에 말라붙어 있던 식물들에도 생기가 돌았다.

　이맘때쯤 이 지방의 식물들은 갈증으로 거의 죽어가다가 어쩌다 단비라도 내리면 순식간에 푸르러지고, 이내 다시 말라 비틀어져 가며 언제 내릴지 모르는 생명수에 대한 타는 목마름으로 인욕의 세월을 견딘다고 한다. 초목이 오래 목말라하며 비를 기다리듯, 지중해성기후와 사막지대 사이에서 생존을 이어갔던 이 지역의 옛 사람들도 오아시스 같은 구원의 가르침이나 구세주, 복락원復

樂園에 대한 갈망을 견디며 살지 않았을까. 이런 토양에서 생겨나 로마의 팽창과 중세를 거치며 세계적 규모의 종교가 되어 다수의 현대인들까지를 지배하고 있는 거대한 종교들이 왜 이다지도 의타적이고 맹목적이며 말세론적인 구원관을 지니게 되었는지, 자못 기후의 영향이 있을 것 같기도 하다.

어떤 종교학자는 남태평양의 한 섬에서 흥미로운 종교현상을 관찰하고 조사했는데, 그곳 토착 원주민들의 신앙은 미래의 어느 날 존 프럼이라는 신이 하늘에서 비행물체를 타고 내려와 사람들이 필요로 하는 모든 것을 주고 믿는 자들을 영원히 구원하리라는 것이었다. 그 심판의 때는 정확하게 날짜까지 정해져 있었으니, 다만 그 해는 아직 계시된 바가 없어서, 매년 그날이 임박해 오면 사람들의 광기어린 신앙심은 더욱 세차게 불타오르며, 옛날에 딱 한 번 다녀간 적 있다는 신의 재림과 심판에 대한 기대로 섬은 열광의 도가니가 되어 있었다. 존 프럼교의 지도자는 라디오를 통해 신의 계시를 받는다고 했는데, 그 해에는 틀림없이 존 프럼이 올 것이라고 했다며 사람들을 총동원하여 신이 탄 비행기가 착륙할 비행장까지 닦게 했다. 그러나 그 해 심판의 날도 그저 아무 일 없이 평화롭게 지나갔을 뿐, 누구 한 사람 오지 않았다.

그 종교학자는 사기꾼 같아 보이는 지도자를 찾아갔다.

"올해는 틀림없이 온다더니 당신들의 신은 또 약속을 지키지 않았군요. 당신이 속이는 거요, 당신의 신이 속이는 거요? 왜 이렇게 번번이 속으면서도 헛된 믿음을 버리지 못하는 거요?"

그러자 그는 너무나 태연하게 대꾸했다.

"뭘 이 정도를 가지고 그래요? 당신들은 2천 년이나 속아왔으면서……."

나자렛 예수가 아버지랑 목수일을 하며 컸다고 사람들이 믿는 집터도 보았고, 30대 초 처음 설교를 했다는 작은 회당도 들렀다. 시내엔 카톨릭 교황이 다녀간 뒤 교황청에서 많은 지원을 해서 지었다는 거대한 성전도 있어 기웃거려 보았지만, 가슴엔 흐린 도시처럼 잿빛의 느낌이 쌓일 뿐이다. 길거리나 가게의 사람들은 거의 무슬림들 같아 보였다.

사람들의 농담이 들려온다.

"예수는 베들레헴에서 태어났는데 왜 나자렛 예수라고 불렸지요?"

"마리아가 예수를 낳기 위해 왜 베들레헴으로 갔는지 아십니까?"

"헤롯왕이 갓 태어난 유대의 아이들을 다 죽이라고 했기 때문 아니었나요?"

"그건 성경에 애굽으로 피신했던 이유로 기록된 바이고, 사실은 사람 수에 맞춰 로마가 부과하는 세금을 피하기 위해서였다고 합니다. 기록이나 소문, 주장 등과, 사실은 항상 다를 수 있죠. 예수가 처녀에게서 태어났다는 것도, 예수를 구약에서 예언된 그리스도로 믿고 싶었던 사람들의 갈망의 소산일 수도 있습니다. 사실, 구약에 여호와신이 세상에 내려와 인간세계를 직접 심판하고 지배하겠다는 약속이 있기는 하죠. 신의 성육화成育化라는 징표로, 원죄에서 태어나는 보통 인간의 탄생과 달리 처녀의 몸을 통해서 태어나리라고 합니다. 물론 구약의 기록에 의하면, 그 탄생은 처음이자 마지막인 한 번이고, 그렇게 인간으로 태어난 신은 세상을 심판하여 단번에 흑백을 가르기로 돼 있지, 왔다가 일단 죽고, 죽었다가 다시 부활하고, 부활했다가 재림을 한다, 한다 하면서 2000년 동안이나 아무 소식이 없는 그런 시나리오는 아니었습니다. '처녀가 아이를 낳으리니, 그 이름을 임마누엘이라 하리라.' 이런 예언이 이사야서에 나오기는 하지만, 이렇게 하나님이 성육화하여 처녀의 몸에서 태어난다는 시기는 당시의 어느 왕 시대를 말했고, 사실 예수는 그 왕의 시대보다 몇백 년이나 뒤늦게 태어났죠. 한 번도 생전에 임마누엘이라 불린 적도 없었고요. 결국 예수는 구약에서 예언된 그리스도가 아니었습니다. 물론 세상을 심판하지도 못했고, 신의 영원한 왕국은 시작하지도 못했습니다. 처녀 탄생설도 어떻게 믿습니까? 누가 봤어요? 사실, 예컨대 제 마누라가 저랑 막 결혼해서 아직 성관계를 갖지도 않았는데, 이미 임신 중이라고 하고, 그것도 태중의 아이가 성령으로 잉태하게 된 신의 아들이라고 하면, 그걸 제가 어떻게 믿겠습니까? 마누라가 외간 남자랑 정을 통하다 현장에서 남편한테 딱 걸려 정부가 도망치고 나면 여자들이 뭐라고 하는지 아세요? 폴란드 여자 같으면, '저를 죽여주세요.' 한대요. 프랑스 여자는, '자기야, 저 남자도 좋은 사람인데…….' 하고, 이스라엘 여자는, '여보, 나 성령으로 임신하게 된 것 같아.' 그런다는데요."

어린 아이 형제가 버스를 타고 있었다. 동생은 이제 막 한글을 읽을 줄 알게 되었는지 차창 밖에 보이는 간판이나 광고판 글씨 따위를 보이는 대로 읽는다. 틀리게 읽으면 형이 바로잡아 준다.

"까끌래 뽀끌래 미용실, 명성황우갈비……., 임마누엘 교회……. 형, 임마누엘이 뭐야?"

"……."

"형도 몰라?"

"글쎄, 임마는 알겠는데 누엘은 잘 모르겠어."

종교와 신앙은 혼동되어서는 안 된다.

이 세상에 우리를 구원할 진리가 있고, 종교가 그 진리에 이르는 길에 대한 가르침이라면, 종교인은 이 세상을 사는 동안 그 길을 닦고 수행하여 진리에 이르고 그것을 증험해야 한다. 믿음과 지향으로서의 신앙은 진리의 증득에 이르기 위한 수행의 동기와 자량이 되어야지, 그것이 종교의 잣대나 구경의 목표가 되어서는 안 된다. 그것은 행복과 자유를 찾는 생명들을 지성의 차원에서 끌어내려 무지의 구렁텅이에 빠뜨리며 배타적이고 폭력적인 도그마티즘과 세상의 평화를 깨뜨리는 온갖 대립과 분쟁을 양산할 뿐이다.

그런 사이비 신앙, 혹은 신앙 자체를 위한 신앙은 선과 악을 잘못 가르고, 욕망에 가까운 공허한 희망을 부추기며, 결국 자타의 고통과 혼란으로 귀결되고, 인류의 행복과 진보에 해악을 가져올 뿐, 아무도 구원하지 못한다.

'진리가 너희를 자유케 하리라.' 좋다. 그러나 무엇이 진리이고, 그것을 어떻게 얻을 것인가?

종교가 말하는 진리는 내면의 실참수행實叅修行을 통해서 본래 있는 그대로 드러나는 것이지, 밖으로 생각의 길을 따라간다고 얻을 수 있는 것도 아니고, 지식으로 습득할 수 있는 것도 아니며, 논쟁과 토론을 통해 규명되는 것도 아니다. 현자라고 인정받는 뛰어난 타인의 권위나, 책이나 경전 등 시간 속에서 전해지고 살아남은 것들의 권위에 의해서 검증될 수 있는 것도 아니다. 결국, 그것은 믿기만 하면 되는 것도, 믿는다고 그저 얻어지는 것이 아니며, 더

군다나 남으로부터 주어지는 것도 아니다. 진실로 진실로 그대 안의 근원적 진리를 향해 이르노니, 그것은 모두가 스스로 참구하여 깨달아야 할, 실답게 정진하여 이르러야 할 내면의 본원일 뿐이다.

용맹정진이 시작되었다. 다들 아주 진지하고 숙연해져서 흐트러짐 없이 예불, 정진, 공양 등의 일정을 따랐다. 매우 의미 있고 아름답고 행복한 내 생애 며칠. 시간 밖의 시간이 흘러갔다. 인구의 반 이상이 무슬림이라는 이곳에선 하루에 몇 차례씩 꼬박꼬박, 소가 우는 소리 같기도 하고 음치가 노래하는 것 같기도 한 소리가 확성기를 타고 울려와 지금은 알라신에게 기도할 시간이라고 알려왔지만, 우리는 조석으로 우리 근원의 다른 이름인 부처님께 삼업三業을 모아 예경하고, 침묵과 조화 속에서 공양하고, 줄곧 일체 존재에 내재한 진리를 꿰뚫은 자, 저 불조의佛祖의 한 마디 말, 화두를 들고 내면의 고요 속으로 들어갔다. 시간이 가면서 모두의 얼굴에서 존재의 기쁨, 공존의 환희가 꽃처럼 피어난다.

마지막 날 회향 전 행사로 법회와 수계식이 있었다.
법회 모두冒頭의 법문을 하는 지도법사는 뜻밖에도 공양주 노보살님이었다. 대중과 좌선정진을 같이하다가 때가 되면 시설도 별로 좋지 않은 공양간에 가서 잠시 뚝딱거리다가 마치 신통력으로 만든 것처럼 참 깔끔하고 맛깔스럽고 심신에 다 약이 될 것 같은 음식을 내어 정진하는 화합청중和合淸衆에게 말없이 공양 올리던 분. 방선 시간에 공양간을 지나다 마주치면 미소 짓는 모습에서 그대로 보살마하살의 향기가 끼쳐왔었다.
"종교는 말이나 이론을 넘어 실천되어야 하고, 존재에 내재화

되고 삶이 되어야 합니다. 저는 어려서부터 거의 모든 것을 같이 해 온 친구가 둘 있었는데, 그 중 한 친구는 저를 따라 조금씩 불교 수행에 관심을 가지고 있지만 다른 한 친구는 표면상 그동안 어떤 종교도 가지고 있지 않았고, 그 어떤 종교조직에 가입하거나 종교적인 모임에 참석한 적도 없었습니다. 그러나 나는 그 친구야말로 내가 지금껏 만나 알아온 사람 그 누구보다도 종교적인 삶을 살았다고 생각합니다. 그 친구의 말이나 행동이나 태도는 언제나 한결같이 따뜻하고 지혜롭고 아름다워서, 나는 내 스스로가 그동안 선수행의 깊이나 날카로움에 점점 빠져들면서도, 한 번도 굳이 그 친구에게 참선을 같이 해보자고 권유할 필요나 종교적 의견차이 따위를 느낀 적이 없었습니다. 그런데 그 친구가 불과 몇 달 전에 만났을 때, 여느 때처럼 생글생글 웃으면서 불쑥, 말했습니다.

'얘들아, 난 이제 곧 죽을 거야. 병원에서 암 진단을 받았는데, 이미 말기래. 물론 난 치료하려고 애 안 쓸 거야. 이젠 너희들도 몇 번 못 보겠네. 그렇지만 난 아무런 후회나 미련이 없어. 지내온 날들을 생각해보면 모두가 유익했고 행복했고 감사한 마음뿐이야. 무엇보다 너희들과 만나 같이 살아올 수 있어서 기쁘고 감사해.'

우린 너무 놀라 말문이 막혔습니다. 말하는 사람은 태연하고 무슨 좋은 일이라도 있는 사람처럼 얼굴에 희색까지 도는데, 오히려 우리 눈에서만 눈물이 흐르고 있었고, 한참 울고 있다 내가 한 대꾸는 고작 이것이었습니다.

'너 지금 선사들처럼 임종을 앞두고 법문 하는 거니?'

그 친구는 의사가 예상한 것보다 더 빨리, 그리고 어이없도록 쉽게, 그렇지만 평화롭고 아름다운 죽음을 맞이했습니다. 그녀는 나에게 참으로 뛰어난 선의 스승이었습니다. 선禪은 말을 떠나 존재의 실상에 바로 이르는 길이며, 종교가 불합리하고 우스꽝스런 믿음이나 이론, 혹은 사상적 경향 따위가 아니라는 것을 천둥소리 같은 침묵으로 말하는 것입니다.”

사람들의 질문은 나와 우봉선사가 받았다.

“불교의 가르침 안에는 더러 표현이 아주 상반된 것으로 보이는 것들이 있는 것 같아 혼란스럽습니다. 예컨대, 어떤 때는 애착을 버려야 한다고 했다가 또 어떤 때는 큰 자비심을 지녀야 한다고 하고, 어떤 때는 마음을 잘 챙기고 통어해야 한다고 했다가 또 어떤 때는 다 놓아버려야한다고 하는 등의 경우입니다. 이렇게 모순된 말들을 어떻게 이해하고 받아들여야 할까요?”

“지금 그 질문을 하는 것이 무엇입니까? 인과를 정확히 보고 바르게 작동하는 지혜는 분별을 넘어서 있습니다. 언어적 분별로 그 지혜의 존재에 도달하려 하거나 그 작용을 이해하려고 하면 막막해지거나 갈팡질팡하게 됩니다. 마음을 작동시켜 생각으로 알려고 하지 말고 생각하는 자가 무엇인지 그 근원을 참구해 보십시오. 마음이 고요하고 편안해지면서 그 가운데 점차 밝은 지혜가 드러나 모든 것을 혼돈 없이 다루고 문제를 풀어갈 것입니다."

"우리가 오늘처럼 수계식을 하고 지켜야 할 계율을 받는데, 마음의 근원을 바로 찾아 들어가는 선禪을 하는 사람들이 꼭 계율을 지켜야 합니까?"

"계율도 마음의 근원을 찾아들어가는 해탈의 길입니다. 이것은, 우리가 태어나서 말을 배울 때 문법을 먼저 배우고 나서 말을 사용하는 법을 익혀 말을 하게 되는 것이 아니라, 엄마나 주변 사람들 말하는 것을 흉내 내면서, 다시 말하면 말을 직접 사용해보면서, 점차 말을 잘 할 수 있게 되고 문법에 통달하게 되는 것과 같습니다. 마음의 근원을 깨달아 성불하여 마음을 부처님처럼 잘 다루고 쓰게 되는 것이 수행의 목표라면, 수행은 마음의 근원을 바로 참구하는 것일 수도 있지만, 어떤 때는 그 근원을 아직 꿰뚫지 못했다 해도 마음 씀을 배우는 것, 다시 말해 부처님의 행을 본받아 계행을 지켜가는 것을 통해서 이루어지기도 하는 것입니다. 이것을 지계바라밀持戒波羅密이라 하지요."

"세상은 끝없이 넓고 중생들은 하염없이 새로 태어나고 죽는데, 그들을 다 돕고 다 제도한다는 일은 불가능에 가깝도록 요원해 보입니다. 좌절감을 느끼시진 않으세요?"

"중동 어느 나라에 한 공주가 있었는데, 인격적으로 무척 뛰어나고 아름다운 사람이었다고 합니다. 그런데 사람들한테 드러나거나, 특히 언론매체들에 노출되는 것을 아주 꺼려했다고 해요. 당연히 그럴수록 더 기자들이나 스토커들이 늘 그 행방을 추적하고 뭐라도 취재하려고 안달이었겠죠. 어느 날, 집요하게 따라붙던 어느 잡지사 기자가 아주 이른 새벽에 바닷가로 산책 나가는 공주를 마침내 포착했습니다. 그런데 접근해서 몰래 촬영을 하면서 보니까, 공주는 물가에서 걸음을 멈추고 무엇인가를 땅에서 집어 들어 바닷물 속에 자꾸만 던져 넣는 것이었습니다. 알고 보니 그곳은 원래 바다였다가 도로공사를 하면서 바다에서 분리되어 말라가는 물웅덩이였고, 그 안에서 아직 살아 파닥거리는 바다생물들을 건져서 그놈들이 살아오던 바다 쪽으로 되돌아가게 하는 일을 하고 있었던 거죠. 공주는 계속해서 그 일을 되풀이하고 있었고, 그 일이 끝나기만을 기다리던 기자는 조금씩 가까이 다가갔습니다. 다행히 공주는 걱정했던 것처럼 기자의 예상치 않은 출현에 기겁해 하지는 않았습니다. 그래서 기자는 안도하며 물었지요.

'여기 이렇게 수도 없이 많은 물고기가 있는데 아무리 반복해도 극히 일부만 구할 수 있겠죠. 결국 나머진 다 구제되지 못한 채 불행하게 죽을 텐데, 그렇다면 당신의 수고가 무슨 큰 의미가 있을까요?'

공주는 생명을 건지는 손길을 멈추지 않은 채 대답했습니다. '이들 한 마리 한 마리에겐 다 하나뿐인 생명이에요. 나도 한 번에 한 마리씩, 할 수 있는 만큼 방생할 뿐입니다.'라고요."

"아까 방선시간에 밖에서 보니까 비둘기 두 마리가 담 위에서 먹이를 놓고 서로 쪼며 싸우고 있는 걸 봤어요. 생명들의 본성이란 이렇게 하나같이 이기적인지……. 경쟁과 적자생존의 법칙만이 냉혹한 이 생태계 전체를 지배하는 유일한 룰인 듯해서 슬픈 생각이 들었습니다. 근원적인 진리를 가르치고 구원을 말하는 종교들도 서로 싸우고 경쟁하고, 결국 그 싸움에서 지는 종교는 도태

되는 것 아닌가요?"

"저 창밖의 나뭇잎들을 보세요. 다 따로따로인 것 같고, 얼마
못 살고 결국 떨어져 죽을 거면서 맹목적 생존의지와 이기적 경쟁
심에 사로잡혀 부질없이 다투며 살고 있는 것처럼 보일 수도 있어요.
그러나, 다시 눈을 뜨고 그 근원을 살펴보세요. 모든 잎들은 서로
연결되어 있고 근원에선 하나이며, 때가 되어 죽는다 해도 더 깊은
차원에선 사라지지 않고 오히려 성장을 거듭합니다. 우리의 근원
을 참구하고 그것을 살펴 깨닫는 일은 삶의 태도와 그 의미 자체를
완전히 변화시킵니다. 우리는 모든 것과 하나가 되는 대자비심을
얻고 영원히 사라지지 않는 안도와 행복에 이르게 됩니다.

종교의 목적은 그 깨달음으로 우리를 이끄는 것이지, 종교가 말
하는 것이 진리라 해도 그 진리에 대한 설명에 집착하고 추종하고,
더구나 그 진리의 이름으로 경쟁하고 싸우는 것은 더더욱 아닙니
다. 물론, 진리 자체는 생겨났다 없어지는 것이 아니고 경쟁 속에
서 생존하거나 도태되는 것이 아니지만, 진리에 대한 가르침은 이
현상계 속에서 드러날 때도 있고 사라져버릴 때도 있지요. 또, 진
리라는 이름으로 말해지고 믿어지는 것들 가운데 사실이 아닌 것
도 있고, 진리의 가르침들엔 분명 진리 아닌 것들에 대한 부정도
포함돼 있습니다. 사실, 지금 우리는 종교의 역사 위에 앉아 있습
니다. 여러 종교가 이 땅에서 생겨나고 다른 지역으로 퍼져나갔
고, 또 다른 종교가 이곳으로 흘러들고 이 지역의 종교에 영향을
미치기도 했을 것입니다. 그리고 솔직히 이야기하자면, 종교의 역
사는 대부분 진리의 역사, 구원의 역사이기보다는 유감스럽게도
무지의 역사, 대립과 전쟁의 역사, 파괴와 살상의 역사였습니다.
나아가 종교는 역사상 수많은 정치적 침략과 약탈과 살육의 첨병

이거나 명분이도 했죠. 왜 구원을 약속하고 평화를 부르짖고 도덕성을 강조하는 종교들이 이런 짓을 해온 것일까요? 어떻게 하면 이 역사의 방향을 바꿀 수 있을까요?

서로 인정하고 열린 마음으로 근본주의적인 태도에서 벗어나기만 하면 될까요? 그것만으로 작은 시작이나 쉽게 공감을 얻는 구호는 될수 있을지 모르지만 근원적인 해결책이 되지는 않습니다. 무상정등정각자無上正等正覺者 부처님은 어떻게 하셨습니까? 모든 종교를 그냥 다 인정하셨나요? 부처님은 모든 것을 바쳐 진리를 찾아 수행하셨고 다양한 진리의 길을 몸소 실험하셨고, 그리하여 마침내 진리를 깨달으셨고, 깨달은 바를 가르쳐 다른 이들을 그 깨달음의 길로 이끄셨습니다. 부처님의 깨달음에 의하면 모든 종교들의 본질이나 진리에 대한 주장은 다 공통적이고 옳은 것이었을까요? 아니었습니다. 따라서 부처님은 더러 외도들의 그릇된 소견들을 부수고 논파論破하여 몸소 깨달으신 진리를 더 명료하게 드러내시기도 하셨지요. 그것은 결코 아집이나 명리에 대한 집착에서 하신 일이 아니라 오로지 중생을 미혹과 고통에서 건지기 위해서였습니다.

그러므로 불자인 우리들도 진실하고 실다운 수행으로 부처님의 가르침을 증험하기 위해 최선을 다해야 합니다. 그렇게 하기 위해서 내면적인 수행의 길로 진실하게 나아가야지, 공허한 언어나 관념의 세계에서, 혹은 덧없는 현실의 세계에서 시비를 가리려 하거나 헛된 갈등에 휩싸여서는 안 됩니다. 그저 맹목적으로 부처님의 가르침을 추종한다든지, 이 무지한 인간들이 지금껏 믿고 따라온 모든 종교적 가르침들이 다 본질적으로 하나라고 믿거나 함부로 주장하는 것 또한 모두 의미가 없고 바르지 않은 일입니다. 실다운 수행과 깨달음, 이것이 이 세상에 진리의 가르침이 남아 이어져 가게 하고 이 무상의 고통에서 허덕이는 중생들을 영원한 평화와 행복에 이르게 하는 길이요, 진정한 종교의 역할입니다."

한마음이 되어 내면을 참구해온 용맹정진의 클라이맥스는 장엄했다. 일관된 동반상승의 느낌 속에서 함께 정진했던 도반들이 이제 헤어질 시간이 왔다.

그러나 우리의 이별은, 지금부터 다 함께 열반에 이르도록 내내 한 길 위에 있고 끝까지 함께 나아가리라는 무언의 내밀한 약속 같았다. 그것은 엄숙한 출정과도 같았고, 마주잡는 서로의 손길에서 구도의 열의를 전해 받았으며, 서로의 가슴에서 법희와 하나 되는 감동을 껴안았다. 비행기가 곧 착륙할 것이라고 했을 때, 어깨에 기대고 잠든 여인의 호흡은 아늑하고 편안해져 있었다.

"이 옷은 한국 사람들이 입는 옷이에요? 지금까지 제가 본 옷 중에 제일 멋져요."

기내에서 제공하는 음료 같은 것도 한 방울 마시지 않고 화장하고 잠만 자던 사람이 언제 깨어났는지, 여태 자신이 베고 자던 남자의 어깨에 걸쳐진 옷에 대해 대뜸 물었다.

"한국 스님들의 옷입니다. 보통의 한국 사람들이 다 이 옷을 입는 건 아니고요."

"스님이세요?"

그녀는 문득 자기 가슴에 손을 갖다 대고 또 한 번 놀란 사람처럼 빤히 쳐다본다.

"네, 한국 선불교의 스님들이 평상시에 입는 옷이에요."

그녀는 더 말을 잇지 않았다. 오래 길을 따라오던 사람이 문득 걸음을 멈추고 더 다가오지 못하는 느낌 같은 것이 가로놓였다. 이렇게 다시 이 생의 옷깃이 스치는구나…….

나는 출가 전에 아주 가끔 길거리나 산길에서 마주치던 스님들의 잿빛 복장이 주던 그 많은 느낌을 떠올렸다. 세상의 길을 가는 사람들에게 그들이 가지 않은, 그 잿빛 구도의 길은 무엇일까.

부처님은 세상의 욕락을 버리고 구도의 여정에 나선 출가사문出家沙門들에게 분소의焚燒衣를 입도록 했다. 그것은 화장터 등에서 시체를 쌌다가 버린 천들을 주워다가 원색의 느낌을 죽이고 물을 들여 괴색壞色으로 만든 다음, 들판에 서로 잇닿아 있는 이웃과 이웃의 논밭처럼 잇대어 기워 만든 옷이었다. 이 납의衲衣는 탁발로 살아가는 걸사의 옷이었지만 일체 중생이 생사의 굽이를 돌아 열반의 길로 가는데 쓸 공덕을 심어 거두는 복전福田이 될, 공양 받을 만한 자, 응공應供들의 복전의福田衣였다.

잿빛……. 세상의 모든 색깔이 제각각 개성을 포기하고 다 섞이었을 때 나타나는 색깔, 혹은 모든 색깔이 다 불에 타 사멸해 갈 때 한결같이 돌아가는 마지막 색깔. 모든 것을 담고 있으되 모든 것을 넘어선 색깔 아닌 색깔.

이색렬以色列. 온갖 색깔들을 벌여 놓았다는 뜻? 아, 나는 잿빛의 승복을 입고, 지중해에서 불어오는 메마른 바람에 휘날리는 이 목마른 사람들의 갖가지 색깔 옷자락을 스쳐간다.

독일 백림柏林 공항에 비행기가 멈췄다. 다시 그녀의 짐을 내려주고, 배낭을 둘러메고 돌아서서, 손을 들어 인사한다. 그녀는 아직도 가슴에 손을 얹고 있고, 가슴 안의 무엇인가를 진정시키려 애쓰는 것 같다.

내 가슴에 이는 파도를 헤친다. 이색렬以色列, 이 온갖 빛깔들의 스펙트럼. 혹은 어지러운 마블링marbling을 지나는 잿빛 꿈결의 나그네여, 그대 영원한 이름은 무엇인가? 다시는 그녀를 돌아보지 않는다.

호주머니 안에 손을 넣으니 메모지가 하나 잡힌다.

한국에 돌아가면 범종 구해서 이스라엘 승가에 보낼 것. 예불이나 참선 시간에 쓸 법당 안의 소종을.

귀로 듣기엔 비록 그 소리 크지 않아도, 삼계 중생 가슴마다에 반야般若를 깨우는 범음梵音이기를……

聞鐘聲煩惱斷   이 종소리에 중생의 온갖 번뇌 사라지며
智慧長菩提生   반야지혜 자라나고 보리종자 생겨지이다
離地獄出三界   지옥세계 여의고 삼계에서 벗어나
願成佛度衆生   원컨대 성불하여 일체 중생 건져지이다

2012. 03

타는 목마름이 막다른 길에서 나를 핍박해오기 전에
어서어서 물길을 찾아야 합니다.
이것은 그대 혼자만의 일이 아닙니다.
그대가 사랑한 많은 사람들,
그대를 사랑한 수많은 사람들을 다 건지는 일이며,
그대의 사랑을 완성하는 일이니까요.

21세기의 지성에게

다음은 장원준이 법화도량에 와 지내며 어느 날 쓴 글이다. 그는 17세의 소년이다.

인생은 B와 D 사이의 C다.   -장 뽈 사르트르-
(B:birth D:death C:choice)

인간은 누구나 살아가면서 끝없는 선택의 기로에 놓이게 된다.
짜장면이냐 짬뽕이냐, 이과냐 문과냐, 착한 여자냐 예쁜 여자냐…… 착하면서도 예쁜 여자와 사귈 수 있다면야 더 바랄 것 없겠지만, 아쉽게도 우리에게 그런 행운이 알아서 찾아와주는 경우는 매우 드물다.
이슬람권 국적을 취득하지 않는 이상 두 명의 여자에게 양다리를 걸칠 수 없듯, 어느 한 쪽을 선택한다는 건 다른 한 쪽을 상실한다는 의미.

오늘은 그 '상실'에 대해 알아보려 한다.

심리학에 프로스펙트 이론이란 것이 있다.

지면에 그래프를 넣기엔 번거로우니 한 문장으로 축약해 보자면, '인간은 가치가 높으면 높을수록 둔감해진다.'는 것이다.

좀 더 알기 쉽게 설명해 보자.

A : 만 원을 받는다.
B : 2만 원을 받는다.

둘 중 하나를 선택하라면 대부분의 사람이 당연하다는 듯 B를 선택할 것이다. 그런데 이러면 어떨까?

A : 1000억 원을 받는다.
B : 2000억 원을 받는다.

이것도 당연히 B를 선택하겠지만 왠지 A를 선택해도 그리 밑지는 것 같지는 않다. 왜일까?

100만 원을 가지고 있는 사람이 만 원을 가지고 있는 사람보다

100배 행복한 게 아니듯, 행복의 가치는 정비례하지 않다는 말이다.

마치 2차함수의 그래프처럼 커브가 지게 되는데, 이 이론의 핵심은 플러스보다 마이너스 사고의 커브가 더 크다는 것이다.

어느 날 길을 걷다가 5만 원짜리 지폐 한 장을 주웠는데,

얼마 후 지갑을 열어보니 그 지폐를 잃어버렸다는 것을 알았다면, 과연 우리가 그 상황에서 '원래 없었던 돈이었으니까 괜찮아.'하고 쿨하게 받아넘길 수 있을까? 요는, 처음에 돈을 주웠을 때 기분 좋았던 정도보다 잃어버렸을 때 느끼는 상실감의 정도가 훨씬 크다는 것이다.

여기서 다시 선택 이야기로 돌아가자.

우리가 어떤 선택을 놓고 고민할 땐, 어느 정도는 가치가 비슷하기 때문에 고민을 한다.

어느 한 쪽의 가치가 명백히 높다면 고민할 이유가 없을 테니까 말이다.

그리고 방금 전의 이론에 따르면, 어느 쪽을 선택하든 인간은 그 반대편의 상실에 대해서는 후회할 수밖에 없다는 결론이 나온다.

아예 선택을 하지 않는다면? '그때 확실하게 결단을 내렸어야 했어.'하고 후회할 수도 있다.

갈림길에서 어느 편을 택하든 후회할 수밖에 없다면,

무작정 후회하면서 우울해 하기보단 긍정적으로 생각하는 것이 좋지 않을까 하는 것이 나의 결론이다.

우리가 선택한 길은 시간이 지나면 지날수록 그 가치가 점점 커져 갈 것이니, 앞으로는 절대 후회하지 말자.

무엇보다 중요한 건 지금 우리가 앞으로 나아가고 있다는 사실이니까.

p.s 사실 이 이야기는 내가 지금 음성에서 지내는 것에 대해, '처음부터 봉화에 말뚝을 박았어야 했어.'라고 우스갯소리를 하기 위해 예전에 심리학 관련 서적에서 본 이론을 인용한 것인데, 이것을 소식지에 담기 위해서 리빌드해 보았다.

실제로 이 이론은 심리치료사나 카운셀러들이 사람들에게 쓰는 치료방법이니, 이 글을 읽는 사람들 중 과거의 일로 후회하며 우울해하는 사람들이 있다면 이 글을 읽고 마음의 안정을 되찾기 바란다.

돈 굳은 거니까 좀 더 행복해도 되지 않을까? 하하~

이하는 장 뽈 원준에게 쓰는 편지글이다.

무더위 속에서 어떻게 지냈니? 공부는 계획대로 잘 해가고 있는지, 네가 세상과 인생, 네 자신에 대해 배우는 일 속에서 매일매일 보람과 의미를 느끼고 있는지, 엄마랑 주변 사람들과, 또 세상 모든 것들과 조화롭게 지내며 더불어 더 진실하고 가치 있는 것을 향해 함께 나아가고 있는지 궁금하다.

그동안 법화도량엔 수련회가 봉화와 음성에서 각각 한 차례씩 있었는데, 도량이 채 자리가 잡히기 전이라 모든 여건이 부족한 가운데서도 절 식구들과 수련회 동참자 모두가 수행의 열정과, 배움과 나눔의 기쁨으로 매우 유익한 시간을 함께했다. 봉화에서 1차 수련회를 마치고 가족수련회를 위해 음성으로 돌아왔더니 풀이 무성하게 자라있어서, 초파일 앞두고 구슬땀 흘려가며 온 도량의 풀을 깨끗하게 깎던 네 노고가 생각나기도 했고…….
도량엔 수련회 가족들이 공들여 쌓은 탑이 사흘간 불심을 일군 열매인 양, 고요한 아름다움으로 영원한 시간 속에 서 있다.
돌들은 흩어져 있을 때도 돌이고, 탑의 일부가 되었을 때도 돌일 뿐이지만, 있는 자리와 쓰임새에 따라 그 의미와 아름다움이 아주 다르게 드러난다는 것을 침묵으로 말해준다.

위에 인용한 네 글 잘 보았다. 열일곱 살 소년의 필치라고는 믿어지지 않는 논지의 날카로움과 재기발랄하고 참신한 문장구성이 돋보인다.

　아침 차담시간에 이따금 무거운 입을 열어 늘어진 기성세대의 이성에 충격을 던지곤 하던 너를, 장 뽈 싸르트르에 빗대어 장 뽈 원준이라 부르던 게 결코 우스개만이 아니었던 것 같다고 다시 느낀다.

　나는 너를 통해 처음으로 어린 세대의 철없음과 즉물적이고 표피적인 세상 인식에 대하여 습관적으로 개탄하고 비웃어온 것에 대하여-그것은 실은 어른들의 잘못된 모범이나 허점 많은 교육시스템의 탓이겠지만- 진심으로 사과하고 그간의 실언을 모두 철회하고 싶어졌었다.

　너는 몸이 성치 않은 엄마에게서 태어났고 중학교에 들어간 지 얼마 되지 않아 선생님이 장애가 있는 엄마에 대해 편견에 가득 찬 발언을 하는 것에 분개해 학교를 그만두고는, 불과 1년 만에 독학으로 중고등학교 검정고시를 모두 통과하였지. 지금은 몇 년 뒤 대학에 진학하기 위해 아르바이트로 학비를 벌면서 가끔 소설을 쓰기도 하고, 공짜로 들을 수 있는 인문학 강좌 같은 데를 기웃거리기도 한다고.

누구에게나 삶은 주어진 여건과 온갖 도전 속에서 펼쳐져 가게 마련이고, 아름답고 빛나는 삶은 언제나, 좋고 나쁜 환경과 조건을 지혜롭게 활용하여 시련과 도전을 꿋꿋하게 이겨나가는 사람들의 것일 터.

나는 세상의 인연이 어린 너에게 부과하는 무거운 짐들이 뒷날 네가 큰 힘으로 감당해야 할 시대적 소명과 네가 함께 이뤄갈 수많은 사람들의 안위와 행복을 위한 것이라 믿는다. 주변으로부터 잘 보호되고 교육받으며 성장했기 때문에 양질의 삶을 살아가는 사람보다, 아주 어려서부터 잘 살아보려고 애쓰다 보니 스스로 멋지게 성장해온 너를, 대단히 높이 평가한다.

본론으로 들어가, 위에 쓴 네 이야기를 읽고 든 생각을 되는대로 적는다.

호랑이가 숲속에서 좋은 먹잇감으로 토끼를 한 마리 발견하고 잡아먹는 상황이 있다면, 그때 포식자가 배고픔을 씻고 맛있는 식사를 하며 느끼는 포만의 즐거움보다는, 목숨을 잃고 죽어가는 토끼의 고통이 비교할 수 없이 크다는 이야기가 떠올랐다. 이 비유를 든 염세주의 철학자 쇼펜하우어의 관점에 전적으로 동의하지 않는다 해도, 아마 대부분의 사람들은 인간의 생과 사, 그 사이의 실존에 대하여 최소한 스스로의 경험에 비추어 회고하거나 지금 자기 처지를 돌아볼 때, 다소간 비관적인 통찰을 하게 마련일 것이다.

우리에게 닥쳐왔던 그 수많은 갈림길……. 선택의 여지를 주기보다는, 뭔가 택함으로써 다른 것을 포기해야 하는 상실감을 안기는 크고 작은 인생의 기로들. 그렇게 놓쳐버린 것들에 대한 씁쓸함을 다 감당할 수 없어 우린 대부분 햄릿의 소심함을 비웃으며 돈키호테처럼 말을 타고 어디로든 돌진하고 있지 않은지……. 그러나 그 돌진의 속도만큼 빠른 맞바람을 타고 우리를 겨냥하고 날아오는 생의 허무감.

더구나 우리에게 체감되는 삶의 기온은 이보다도 훨씬 차고 비정하다. 살다보면, 산책길에 나선 사람이 이리 갈까 저리 갈까 기분 좋게 고민하는 것 같은 느낌이 들 때보다는 운전이 아직 미숙한 사람이 차들이 정신없이 달리는 길에 끼어들어 정해진 목적지에 제 시간 안에 도달해야 하는 것 같은 상황이 비일비재하고, 아예 앞뒤가 꽉 막혀 진퇴가 불가능한 딜레마에 봉착하는 경우도 적지 않다.

아, 우리는 다 어디서 온 것인지. 어느 날 문득 철들고 보면 이 이유 없는 삶의 허허벌판에 서 있는 나……. 삶의 궤도란, 왜 일단 올라서기만 하면 쉽사리 그만두거나 멈추지 못하고 앞으로 나아갈 수밖에 없는 것인지, 왜 시시때때로 앞뒤를 가릴 틈도 없이 목숨 걸고 누군가와 다퉈야 하고, 끊임없이 승패와 우열의 저울대 위에 올려지는 것인지. 왜 때론 별 생각 없이, 때론 고심 끝에, 무엇인가를 거부하거나 해치거나 죽이게도 되는지. 그러다 어느 날 예상치 않은 순간에 난데없이 자신에게 배달된 죽음의 초대장을 들고 왜 그만 멍해져야 하고, 저항을 하든 아니든 결국 고통스럽게 버티다 힘이 다하여 이윽고 하나같이 저 죽음의 구렁텅이에 끌려들고 마는지. 대관절 왜, 이렇게 부조리不條理하고 형벌 같은 실존의 상황에 던져져 있는 것인지.

게다가, 어쩌다 우리가 소소하게 얻는 즐거움들은 대부분 너무 보잘것없거나 결코 오래 이어지지 않아 삶의 충분한 이유가 되어 주지 않는다. 우리를 끊임없이 재촉하며 긴박하게 몰아대는 상황은 대부분 차분히 돌아보고 생각할 틈도 주지 않지. 연극보다 이 삶이 더 무거운 것은, 실제의 삶에선 내 배역이나 대본조차도 명확히 정해져 있지 않은데 그것이 자유의 느낌을 주기보다는 오히려 끊임없이 결정하고 선택하도록 강요하면서, 그 결과와 책임은 모두 자원하지도 않은 연기자들에게 떠넘겨진다는 사실이다. 무엇보다 절망적인 것은, 모두에게 이 시츄에이션의 연속이 결국 비극적으로 끝난다는 것. 그리고 그 쓰디쓴 잔을 연극의 관중과 나눌 수 없고 나 자신이 모두 들이켜야 한다는 것. 이 삶의 무대에서 주인공처럼 살았든 들러리나 엑스트라처럼 살았든, 그 누구든 종래엔 자신이 죽음으로써 연극 자체가 막을 내리거나 최소한 자신이 등장하는 연극의 의미 있는 부분이 끝난다는 것.

안수정등岸樹井藤이란 말 들어본 적 있니?

어떤 사람이 벌판에서 자신을 죽이려고 덤벼드는 코끼리를 만나 도망치기 시작했다. 미친 코끼리가 너무 사납고 무섭게 덤벼드는 바람에, 이 사람은 다급한 나머지 우물을 하나 발견하고는 앞뒤 없이 뛰어들었지. 천 길 우물 속에 떨어져도 죽긴 마찬가진데 우물 바닥에는 네 마리 뱀이 거기 빠진 사람을 물어뜯으려고 혀를 날름거리고 있었어.

그런데 천우신조로, 떨어지던 사람은 우물 벽에 자란 등나무 덩굴에 옷이 걸려 대롱대롱 매달리게 됐지. 게다가 뛰어들다 덩굴

속에 붙어있던 벌집을 건드렸는지, 반쯤 부스러진 벌집에서 꿀방울이 똑똑 떨어져내려 하필, 매달린 사람의 입속으로 떨어지는 게 아니겠니? 그 상황에서도 꿀맛은 꿀맛이지만, 그 단맛에 취할 틈도 없는 것이, 눈을 뜨고 보니 자신을 간신히 매달고 있는 등나무 덩굴을 어디선가 흰 쥐와 검은 쥐가 나타나 교대로 쏠고 있었지.

우물가의 등나무 덩굴에 매달린 이 사람의 목숨은 무슨 의미가 있는 것일까? 이 사람은 어떻게 해야 이 상황에서 벗어날 수 있을까?

사실 이 이야기는 우리 인생을 비유한 것이다.

여기서 코끼리는 살아있는 모든 것들을 죽음으로 몰고 가는 무상살귀無常殺鬼. 우물은 전혀 안전하지 않고 그 끝이 뻔하지만, 우리가 안전하다고 착각하고 의지하는 세속의 권력, 돈, 인간관계, 허세나 호기, 망각이나 심신의 휴식 등이며, 네 마리 뱀은 우리의 육신을 구성하고 해체시키는 지수화풍地水火風. 꿀은 대단치도 않고 무상할 뿐이지만 번번이 우리를 유혹하고 속이는 감각적 쾌락. 등나무 덩굴은 우리에게 주어진 유한한 목숨의 시간. 흰 쥐와 검은 쥐는 밤낮의 교차.

부처님이 드신 이 비유는 인간의 실존을 가장 날카롭고 적실하게 풍자한 것이다.

인간의 목숨은 죽음의 강 위로 위태롭게 걸린 외나무다리 위에 있다. 모든 사람들은 그 다리의 끝에 다다르려고 나아가지만, 그 끝없는 다리의 끝은 끝내 보이지 않고 결국은 추락하고 만다.

원준아, 눈을 크게 뜨고 인간의 존재를 한번 돌아보렴. 세상 모든 생명들의 처음과 끝을, 아니, 너 자신을……. 이 세상을 조금 더 산 사람이나 조금 덜 산 사람이나 사실 이 외나무다리 위에서 그 차이는 오십 보 백 보다. 우리 처지를 냉철하게 돌아보자면, 과연 누가 있어 이 비유를 그냥 지나갈 수 있겠니?

"실존은 본질에 선행한다." 싸르트르의 유명한 말이다.

그 진위 여부를 떠나 이 말은 현실 속 인간의 존재감에 대한 매우 솔직하고 쌈박한 고백으로 들린다. 우리가 다들 어디서 왔다 어디로 가는지, 본래 무엇인지, 존재의 목적과 의미는 무엇인지, 이 형이상학적인 난제들에 대하여 갑론을박하기 이전에, 어떻든 우린 죽음을 앞둔 이 삶 매 순간의 상황 속에 던져져 있으니까 말이다.

모두에서 네가 인용한 바대로, 싸르트르가 인생은 태어나서 죽을 때까지 끝없는 선택의 연속이라고 한 것 또한, 자유의지를 가지고 주춤주춤 불안한 걸음으로 나아가면서도 매 순간 판단하고 선택하고 결단을 내리는 주체적 인간의 용기 있는 모습으로 비쳐지기도 한다.

솔직히, 많은 현대인들과 우리 시대의 지성들이 이런 관점에서 세상과 인생을 바라보며 살아가고 있지 않니? 사실, 신의 영역과 인간의 굴레를 스스로 설정하고 인간 스스로를 무지에 가두었던 중세기독교의 봉건적 감옥으로부터 탈출하기 시작하면서 과학기술과 물질문명의 획기적인 발전을 주도해온 서양 근현대 철학과 사상, 과학주의는 대개 이런 관점에 서 있고, 이것이 아직까지는 우리 문명의 주류를 방향 짓고 있다고도 할 수 있을 것이다.

그러나 우린 과연, 가끔이라도 아주 냉정한 눈길을 들어, 정말

거시적으로 우리 존재의 유무와 이 세상의 전모나 그 앞뒤를 한번
씩 살펴봐 가며 살고 있는 것일까?

지난 시대의 지성들은 그렇다 치고, 너처럼 새로운 시대에 이
문명의 향배를 책임져야 할 지식인들은 먼저 자신의 관점과 역
할에 대해서부터 매우 반성적인 통찰을 해야 하리라고 생각한다.

알이 먼저냐 닭이 먼저냐의 문제처럼 서로 맞물려 있는 것이기
는 하지만, 나는 한 인간의 육신을 움직이는 것이 그 마음이듯이,
인류의 역사 또한 그것을 견인해가는 것이 사상과 철학이라고 믿
는다. 이런 관점에서 보면 사실 인류사는 그대로 사상사라고도 할
수 있을 텐데, 그렇기에 한 시대를 열고 이끌어가는 지성의 역할은
아무리 강조해도 지나치지 않는 것이다.

사실 현대문명은 온통 과학 기술의 발전에 힘입은 물질문명이
그 주류이고, 그것을 뒷받침하는 것 또한 학문의 분야에서 지성들
이 성취한 과학적이고 실용적인 성과들이다. 그런데 이 현대문명
의 거대한 성장이 우리에게 결론이나 해답을 주지 못하고 오히려
의미를 상실해가고 있는 것처럼 보이는 것은, 그 사상적 방향성과
추동력이 부족하기 때문이며, 결국 그 책임은 일차적으로 인문학
적 분야에서 사상적 기틀을 구축해야 할 지성들에게 있다고 할 수
밖에 없는 것이다. 이 물질문명의 초석을 놓고 뼈대를 구축한 근
현대의 지성들이 뭔가 잘못 본 것이 있고 빠뜨린 것이 있다면, 미
래의 지성들은 새롭게 눈뜨고 깨어나 그것의 한계를 직시하고 보
다 완전하고 유효한 패러다임을 제시해야 한다는 것이다.

모든 분야에서, 존재와 현상에 대한 정확하고 진실한 성찰은 그

어떤 맹목적인 강압이나 권위보다 더 힘 있고 훨씬 큰 설득력을 가지는 것이 사실이다. 실제로, 르네상스에 의하여 중세의 암흑으로부터 벗어난 인간의 지성이 자연계와 인간사회에 대하여 상당히 객관적이고 정직한 고찰에 입각하여 몇 세기에 걸친 근현대 문명의 비약적 발전과 풍요를 이끌어온 것을 부인할 수 있는 사람은 없을 것이다.

예컨대, 자본주의 자유시장 경제체제를 구축한 고전경제학이론은 이윤과 물질적 풍요를 지향하는 인간 경제활동의 배경과 동기, 시장의 움직임을 어느 정도 정직하게 인식하고 성급한 이상이나 공허한 목표를 섣불리 제시하지 않았기 때문에, 시대를 거쳐 오면서 다수의 행복이나 형평과 같은 높은 이상을 향해 혁명적 실험을 감행했던 공산주의이론보다 상대적으로 훨씬 덜 도덕적으로 보였음에도 불구하고, 지난 세기의 역사적 검증과정에서 살아남고 표면상 경쟁우위를 점해가고 있는지 모른다.('진리'는 '정의'보다 좀 더 본질적이고 실용적인 가치인 것일까? 사실, 자본주의의 상대적인 성공은 그 명분의 우위보다는 과학기술의 분야에서 인간의 지성이 이룬 학문적 업적, 그리고 그 성공적 적용에 기인했을 것이다. 그리고 어쩌면 그것조차 인간의 지성을 체제적으로 공산주의보다 덜 억압하고 덜 강제한 결과로 보인다. 그렇게 인간 지성의 힘은 위대하다. 산업혁명을 이끈 기관의 발명이나 현대의 컴퓨터처럼 인류문명의 질적인 비약을 가져온 이기들이 모두 인간 지성의 소산이 아니던가?)

그러나 고전경제학이론은 자본주의 사회의 현실경제를 설명하고 뒷받침하는 과정에서 많은 오류와 시행착오를 겪으면서 적지 않은 변용과 보강을 거쳐야 했던 것도 사실이다. 예컨대, 아담 스미스 같은 학자들은 매우 복잡한 인간 내면과 국가나 기업의 경제 활동을 너무 단순 도식화하여 파악함으로써 '보이지 않는 손' 따위가 자유시장 경제에 균형과 안정을 가져오리라는 매우 순진한, 혹은 아주 기만적인 결론에 안주한 것이 아니었을까? 이를테면 지난 몇 세기를 온통 제국주의의 침략사로, 지난 세기를 지극히 불안정하고 소모적인 동서의 대립구도로 몰아넣은 것이 무엇이니? 극심한 희생과 혼란을 수반하며 수많은 나라에서 혁명적으로 실험된 사회주의는? 지금도 나라마다 사람들이 체감하는 거듭되는 경제공황은 말할 것도 없고, 최근 몇 년 전 세계경제를 뒤흔든 미국의 서브파라임모기지사태subprime mortgage crisis 같은 것들은 도대체 어디서 오는 것일까?(그 심각한 경제위기나 절대적인 빈곤 속에서, 혹은 도무지 합리적이지 않는 불평등 속에서 수많은 사람들이 겪어온 희생, 그 불행과 고통을 먼저 보고, 가슴으로 더욱 심각하게 느껴야 하는 것은 말할 것도 없다!)

이 역시 너무 모호하고 단순화된 분석이라고 생각할지 모르지만, 내가 보기에 이 모든 역사적 비극과 우리 고통의 원인은 다름 아니라, 우리의 '인간'에 대한 이해가 부족했던 탓이다. 인간의 존엄성, 평등, 자유와 같은 고전적 불문의 가치를 세웠던 근대 민주주의의 입안자들조차 인간의 내면에 대한 이해는 대단히 초보적이고, 그저 이상주의적이고, 차라리 선동적이었을 뿐이다.

동양적 지혜에 비추어볼 때, 서구근대사회의 패러다임을 기초한 사상가들의 가장 큰 오류는 '이기적 인간'을 현실의 정상적인 인간으로 파악했다는 것이다. 평균의 인간을 조건화된 쾌락주의자로, 동물의 한 종으로 파악한 것이다. 이것은 인간 자신의 내면에 대한 이해가 너무나 부족했던 서양사상사의 한계요, 관점이 늘 밖으로만 향하고 온전하지 않은 인간 지성의 한계다.

인간 존재에 대한 이토록 표피적인 이해, 그 천박한 규정의 결과는 무엇일까? '정글의 법칙'이나 '만인 대 만인의 투쟁'이 세상과 모든 인간관계를 지배하는 것뿐이다. 그러면 당연하게 세상의 평화나 기득권자의 권익을 지키기 위해 동원할 수 있는 것은 겨우 법치주의法治主義뿐이다.

조금 확대해보면, 근대 민주주의의 발전과정에서 가장 손쉽게 공정한 의사결정의 바로미터로 간주되어온 투표나 선거제도, 정의로운 권력의 담보로 당연시되는 삼권분립 등도 사실은 이기적 인간에 대한 현실적 파악에 기초하고 있는 것이다.

평균적 인간이나 피상적으로 드러난 인간의 면모가 인간 존재의 모든 것은 결코 될 수 없다는 데서 이 이론들은 그 한계를 드러낸다. 애초에 고작 평균적 인간의 행태를 파악해서 그것을 일반화하여 세우는 이론이나 제도적 장치를 통해 인간사회의 평화로운 번영과 만인의 행복이 가능할 수는 없었을 것이다. 르네상스를 거쳐 인간의 존엄성에 눈뜬 근대 민주주의 사회의 설계자들이 인류 사회의 숭고한 이상을 전혀 생각하지 않은 것은 아니겠지만, 그것은 어쩌면 일종의 낭만주의였을 뿐이다.

우리가 대체로 경험하는 인간이 자기중심적이고 쾌락주의적이라 해도, 그 안에 전혀 그렇지 않은 면, 이타적이고 도덕적인 측면이 동시적으로 존재하거나 만일 그 본성이 놀랍게도 그리고 참으로 다행스럽게도 지극히 선량하고 지혜롭다면, 참으로 진지하고 깊이 있는 인간 이해나 현실 인식은 이제라도 그것들의 잠재력이나 가능성, 혹은 그 본질의 파악에 다가가야 한다. '자기'에 대한 탐구, 마음공부로부터 시작해야 한다는 말이다. (혹시 영화 <뷰티풀 마인드> 본 적 있니? 거기 나오는 존 네쉬의 균형이론 같은 것을 주목해볼 필요가 있다!)

여러 사람이 파이를 조금이라도 더 먹으려는 야심으로 모여 있다면 서로 싸워 힘센 사람이 마음대로 차지하게 둔다든지, 가위 바위 보를 해서 이기는 사람이 더 많이 차지하게 한다든지, 누가 나서서 사람 수대로 똑같이 나눠서 배분한다든지 그 어떤 방법을 써도 어디서 모두가 먹고 남을 파이를 가져올 수 없는 이상, 모두 만족하고 평화롭게 파이 배분이 끝나는 일은 영원히 없을 것이다. 평화와 모두의 행복은 오직 모두가 마음을 고쳐먹었을 때만, 서로를 진정으로 위하고, 양보하고, 이해하고 관용하게 되었을 때만 올 것이기 때문이다. 그러나 세상에는 파이를 둘러싼 싸움만 있는 것이 결코 아니다. 오히려 얼마나 많은 세상의 식탁이 서로를 진심으로 이해하고, 사랑을 나누고, 삶의 의미를 발견하는 행복하고 성스러운 자리인가?

너도 높은 자리를 차지하고 싶고, 나도 순순히 물러나고 싶지 않으면, 아무리 공정한 선거를 거쳐 승자를 가린다 해도, 그 자리에 합당한 순수하고 선하고 능력 있는 사람을 가려 뽑는 것도 거의 불가능하고, 싸워 이긴 당사자나 그 지지자들이나 잠시 만족할까, 그 나머지는 아무도 만족할 수 없지. 나중에는, 그 당선자가 하는 작태를 보면서 선거의 지지자들마저 모두 실망하고 말 것이다.

그러나 혹시, 우리들 모두가 권력이나 이익 따위의 덧없음과 무의미함을 깊이 통찰하고, 모두의 행복을 위하여 어떤 자리에든 가장 적합한 인물을 찾고 기르며, 선한 의지로 자신의 조건 속에서

할 바를 다하며 서로 협심하여 지혜롭게 미래를 설계하고 열어가기 시작한다면, 비로소 우리의 관계가 달라져가고 세상이 달라져가며, 우리에게 돌아오는 행•불행의 열매도 달라져가지 않겠니?

우리가 근대 이후 꾸준히 발전해와서 거의 완성단계에 있다고 믿는 현대의 사회시스템이나 보편적 가치, 혹은 문명 전체가 그 허술한 기반이나 인식의 오류를 냉철하게 자성하고 이 지점에서 돌파구를 찾지 못한다면, 결코 새 지평을 열어젖힐 수 없으리라고 본다. 그 돌파구는 말할 것도 없이, 우리가 인간 내면의 아직 충분히 계발되지 않은 가능성에 눈뜨고, 탐진치貪嗔痴를 떨치고 나아가는 길로 이어질 것이다. 그것은 곧 우리의 내면에서 자아의 미망을 극복하고 진정한 이타성利他性을 일깨우는 일이다.

이제, 네가 윗글에서 다룬 '선택'의 문제를 잠시 살펴보자.

네가 전개한 이론 역시, 내가 위에서 말한 '이기적이고 쾌락주의적인 인간'을 당연한 대전제로 깔고 있는 것은 아니니?

이 유명한 삼단논법에 대해 들어보았으리라 생각한다.

모든 인간은 죽는다 ; 대전제
소크라테스는 인간이다 ; 소전제
그러므로, 소크라테스는 죽는다 ; 결론

이 논법은 대단히 단순하고 명쾌한 명제의 증명인 듯 보이지만, 만일 여기서 대전제가 무너지면 그만큼 쉽게 이 논증은 못쓰게 되고 만다.

예컨대, 인간의 참 존재가 그 자신의 육신이 아니라면? 그렇다면 당연히, 소크라테스는 죽었다고만 말할 수 없게 된다.

우리는 너무 쉽게, 겉만 보고, 평균치만 보고 결론을 내리고 그것을 대전제로 상정한다.

모든 사람이 언제나 돈이 생기면 좋아할까? 네가 정말 싫어하는 사람이 갑자기 100원을 주면 넌 좋은 기분으로 받을 수 있니?

또, 누구든 소유가 줄어들면 고통스러워할까? 엄마가 힘들게 번 돈 5만 원을, 너 책 사보라고 주시면서 괴로워하실까?

그럼, '나는 선택한다. 고로 나는 존재한다.'라고 말할 수 있을까? 아무것도 선택하지 않으면 나는 살 수 없는 것일까?

어떤 것에 대해서든 매우 보편적이고 깊이 있는 이해에 도달하기 위해, 객관적인 사물이나 현상을 보기 전에 먼저 우리 마음을 잘 보자. 의도적으로 미화하거나 과장할 필요는 없지만 있는 그대로, 아주 전체적으로 깊이 들여다보아야 한다.

조금만 살펴보아도 인간의 사고나 행동은 표면적인 이해관계에 의해서만 움직이는 것이 결코 아님을 금방 알 수 있다. 더구나 인간의 내면은 한없는 높이로 성숙해갈 수 있고, 인격적 인간은 이해보다 훨씬 높은 가치를 위하여 살아간다. 자기실현, 정의나 도덕성, 모두의 열반을 바라는 불보살님과 같은 원력이나 대자비심……

오늘날의 학교교육이나 어른들이 아이들에게 가르치는 것들은, 이처럼 보다 높은 가치들을 위하여 살아가도록 독려하고 아이들의 내면에서 진정 위대한 것들을 싹틔워 끌어내기보다는, 도리어 자기중심적이고 개인주의적이고 우리의 공존을 온통 경쟁구도로만 파악하고 살아가도록 형성시키고 틀을 만드는 측면이 있지 않니?(사실 우리 문명이 회생하고 희망적인 방향으로 나아가려면, 타율적이고 기만적인 법치주의가 아니라 진정한 교육으로부터 출발해야 한다!)

……

물론 네 주장의 논점이 다른 데 있다는 것은 잘 안다.

보통 인간의 마음은 일반적으로 무엇인가 좋아하는 것을 얻었을 때 느끼는 만족감보다 그런 것을 잃어버렸을 때 느끼는 상실의 아픔이 더 크다는 것을 부정할 사람은 별로 없을 테고, 인생의 수많은 기로에서 우리는 많이 갈등하고 힘든 선택 끝에서도 스스로 흡족해하기보다는 후회와 미련 속에서 가지 않은 길을 자꾸만 돌아보게 되어있으니까 말이야.

나는, 이기적이고 쾌락주의적인 인간의 조건 그 너머를 한번 보라고 제안하는 것이다. 어쩌면 그 너머에 너의 미래와 우리 시대의 희망이 있지 않을까? 의미 없는 분별과 자의적인 판단, 이기적 선택을 넘어선 인간의 참 행복과 영원한 안식, 우리 모두의 평화로운 공존과, 이제까지 이 세상에 살았던 모든 이상주의자들의 낭만적 꿈이 실현되는 놀라운 사태가 올 수도 있지 않겠니?

아니 어쩌면, 먼 미래의 어느 날 구현되기를 꿈꾸는 그런 완벽한 사회, 가장 이상적인 공동체는 이미 오래 전부터 구현되어 왔는지 모르고, 나는 출가하여 승가에 몸담음으로써 이미 그것을 피부로 체험하여 왔다고도 말할 수 있다. 너무나 안타깝게도 오늘날의 한국 승가는 여러 가지 이유로 몇천 년을 지켜 온 그 아름답고 거룩한 전통을 서서히 잃어가고 있는 것 같지만. 사실 그렇기 때문에 나는 이 인류사의 가장 진화된 공동체적 삶의 양식을, 외연을 최대한 확대하여 승속이 단절되지 않고 훨씬 유기적으로 결합된 형태로 만들어 우리 시대에 꽃피워보고 싶은 꿈을 가지고 있는 것이다.

너를 법화도량이나 법화수련원에 있게 했던 것이 어쩌면 이 승가로의 소박한 초대였는지도 모르지. 아직 도량이랑 체제가 다 정비되기 전이라 많이 어설펐겠지만.

싸르트르와 더불어 실존주의의 위대한 지성으로 불리는 알베르 까뮈의 <페스트>라는 소설을 보았니? 주인공 의사 리외가 원인을 알 수 없이 도시를 덮친 역병과 실존적으로 대결해가는 이야기는 숭엄하고 아름답지만, 동시에 어둡고 무상하다.

싸르트르는 어딘가에서 '타인은 지옥'이라고 말했다.

이들의 무신론적 실존주의 철학은 십몇 세기나 유럽을 지배해온 반이성주의의 감옥을 탈출한 듯한 통쾌함은 있지만, 아직 동양의 군자君子나 진인眞人의 안팎으로 빛나는 아름다움, 그 열락悅樂이나 호연한 기상 혹은, 소요유逍遙遊는 없다. 하물며, 삼계를 벗어나 아뇩다라삼먁삼보리를 넘나드는 불조佛祖의 경지야 어찌 꿈엔들 볼 수 있으리. 겁외일곡劫外一曲, 시간 밖의 노랫가락을 어찌 감히 들을 수 있으리.

미래의 지성은 배고픈 지식의 사냥꾼이 되어서는 안 된다. 삿갓 쓰고 타향을 떠도는 비애여서도 안 되고, 미친 권력의 시녀, 우스꽝스럽거나 가증스런 허위의식, 자기포장이나 합리화의 도구, 혹은 소시민의 슬픈 푸념이어서도 더욱 안 된다. 정의나 형평과 같은 세간의 유한한 가치를 위한 결말 없는 투쟁, 혹은 이데올로기적 울분이라 해도 많이 허술하고 암울할 뿐이다. 하물며, 코끼리의 무덤에 덧없이 상아만 쌓여가듯, 인간의 내면적 성장이나 지고의 행복에 그다지 기여하지 못하는 지식나부랭이의 공허한 축적을 위하여 고용된 상아탑의 식객노릇을 하는 것은 얼마나 무의미한 일이니? 아무리, 실용주의나 과학주의에 입각한 지적인 탐구나 실험들이 오늘날 인류의 번영, 외형적인 성장과 발전을 가져온 것이 사실이라 해도, 그것이 인간 내면의 행복과 성장에 근본적으로 기여하지 못했다면 거기엔 칼날 같은 자기반성이 따라야 한다. 그리고 우린 지금 매우 늦었다!

나는 21세기적 지성이 이미 하나둘 깨어나고 있다고 생각한다. 그들의 각성으로 인하여 어쩌면 이미 이 문명 전체가 방향을 전환하고 있다. 지금 그 바람은 동방에서보다는 서양세계에서 마치 폭풍의 전조처럼 불어 일어나기 시작했다. 하여, 이 시대의 선각자들이 주목하여 보고 있는 것은 전혀 새로운 무엇이거나 무지개처럼 공허한 비젼이 아니다. 그것은 다름 아니라 마음과 이 우주를 꿰뚫은 매우 오래된 진리체계, 불교다.

인간은 너무 오랫동안 그의 분별, 판단, 선택, 생각, 두뇌에 의지하여 살아왔다. 그 결과는 고뇌, 좌절, 불안, 회한 등이며, 그 뿌리는 한갓 탐진치貪瞋痴를 벗어나지 않는다. 별다른 각성 없이 이 기나긴 흐름을 따라가는 다수의 우중愚衆 가운데서, 군계일학처럼 뛰어난 지성들이 이제 머리를 들고 있는 것이다.

원준아, 조금이라도 빨리 불교공부나 선수행을 시작해보기를 권한다.

무분별無分別, 무위無爲, 무아無我, 불생불멸不生不滅…….

이를테면, 이런 개념들에 대하여도 지금까지의 지식습득의 과정에서처럼 말과 논리적 이해를 통해서가 아니라, 내적인 참구와 실험을 통해 완전한 통찰과 깨달음에 나아가야 한다. 이 길에서 참 지혜를 얻은 사람만이 온전히 자리이타自利利他의 길에 설 수 있다. 너로 하여금 이 길에 서게 하기 위하여 많은 설명은 하지 않는다.

이것은 산책길이나 취중醉中의 방황처럼 터덜거릴 수 있는 길이 아니다. 어둠속에서 모두가 살 길을 찾는 선구자적 모색이요, 이 시대 문명을 끌고 터널을 돌파하는 견인차여야 한다.

아까 그 안수정등岸樹井藤의 화두를 어떻게 생각하니? 어떻게 해야 등나무 덩굴에 아슬아슬 걸린 네 목숨을 건질 수 있을까?

전강스님께서는 여기에 답하셨다.
"달다!"

2012. 08

해 뜨는 동해에서 해 지는 서해까지

오래 예불을 거르다 오랜만에 부처님 앞에 돌아와 손 모으는 불
제자처럼, 다시 동쪽 땅끝으로 와서 수평선 앞에 선다.

사는 게 너무 진부해지거나 우리에 갇힌 짐승처럼 야성이나 원
시성을 잃어간다고 느낄 때, 바닷가로 와서 소금기 밴 바람을 맞는
다. 끊임없는 남빛의 일렁임이 천군만마인 양 밀려와 하얗게 부서
지는 이유를 처음처럼 새로 배운다.

가끔 탈출하듯 바다로 와야 한다. 땅에서 오래 산다는 것은 잡
다하다. 답답한 온갖 이야기 부스러기와 결국 묻힌 역사가 되고
말 시간의 엉킨 실타래들……. 최소한 내 안에서라도, 먼지 앉고

퀴퀴한 냄새가 나고 거미줄 친 기억의 창고 문을 부수고 들어가 폭약을 설치하여 날려버려야 한다. 그리고 떠나와야 한다. 다시 시작하려면 주저 없어야 한다. 궤도나 감옥으로부터 탈출하기 위해선 임계점을 돌파하는 속력이 필요하다. 인공위성은 초속 11.3킬로미터 이상의 속도로 날아올라야 지구의 중력을 벗어난다고 한다.

모태 안의 기억으로 회귀하듯, 이렇게 시간의 자장을 뚫고 와 모래밭에 앉아있으니, 점차 한 알의 모래가 되어간다. 불길 따라 솟구친 용암이었다가, 흙 속에 묻힌 바위였다가, 부스러진 돌가루였다가, 기나긴 물길을 따라 오래오래 흘러, 이제 땅의 견고함과 바다의 유동성, 그 접점에 잠자코 걸쳐있는 한 알의 모래.

이제는 언제 다시 사나운 바람의 길에 따라나서야 할지 모르는 한 조각의 자아가 나그네 설움으로 운다.

머나먼 상실과 표류의 길에서 유대의 끈과 점액질을 다 잃어버린 이 수많은 모래들 속에서, 전혀 특별하지 않은 마지막 알갱이로 있는 이 '나'라는 것. 얼마나 사소하고 불편한 시신인가. 그저 초라한 한 생각, 이 우스꽝스런 심리현상, 아득한 옛날에 이미 고질이 된 이 질기고 모진 정신병…….

비로소 나는 바다가 되고 싶다. 바다에 이르러 이름을 버리기 위해 숨 가쁘게 달려온 저 강물의 유장한 흐름에 마지막으로 한 번 다시 뛰어내려, 대양 속의 한 방울 물로 영원히 잊히고 싶다. 저 푸른 물속으로 깊이깊이 걸어 들어가는 콧구멍 없는 진흙 소, 마지막 그 한 걸음이고 싶다.

저녁나절 가을의 황혼처럼 부드럽고 장엄하게 소멸하지 못하면 어쩌랴. 저 아이들 밤바다 폭죽놀이의 불꽃처럼 가슴이 와 하고 환해지도록 신명나고 근사하지 않으면 어떠랴.

적요한 밤바다에 달이 돋는다.
해인삼매海印三昧다.

서해의 작은 암자, 간월암에서 보내던 겨울날들이 생각난다. 그 해, 동안거를 지리산 정각사에서 결제했는데, 기관지에 무슨 문제가 생긴 것인지, 멈추지 않는 기침으로 도저히 대중과 함께 정진할 수 없을 듯하여 말없이 물러나와 나머지 겨울을 보냈던 절이다.

썰물이면 큰 섬 간월도에 이어지고, 밀물이 들면 홀로 떨어져서 푸른 파도 위에 한 송이 연꽃처럼 떠 있던 작은 섬. 무학대사가 바위에 붙은 석화를 따먹으며 연명하고 수행하시던 도량.

큰 집 마당만 한 바위섬 중심엔 아직 목조로 된 법당채가 남아 있었는데, 만공 스님과 벽초 스님께서 손수 다듬은 목재를 날라다 지은 집이라고 했다. 한번은, 만조 때 기둥을 물에 띄워 헤엄치며 밀어 나르다가 두 스님이 모두 큰 파도에 휩쓸려 한없이 바다를 표류하기도 했었다고 들었다.

그렇게, 그야말로 목숨 걸고 누군가가 손수 지은 전각에서 예불을 드리거나 앉아있으면 뭐라 말할 수 없는 느낌이 일었다. 그냥 아름답고 정겨운 외양 말고, 지금 우리 핏속에 뜨겁게 남아 흐르는 옛사람의 비원悲願 같은 것……. 우리보다 먼저 한 시대를 온몸으로 다녀간 사람들이 남긴 자취를 살아가는 일상은 전혀 일상적이지 않고, 눈물겹고, 가슴 뜨거워지고, 머릿속이 서늘해지는 일이었다.

불단에는 높이가 한 자도 안 되어 보이는 작은 관세음보살님이 매우 단아한 자태로 앉아계셨다. 내 기억으론 무학대사께서 모시고 있던 불상이든가, 아니면 직접 조성하신 불상이라고 들은 것 같다.

거기엔 전해오는 이야기도 있었다. 일제 때였는지 임진왜란 때였는지, 그 관음상을 탐내던 일인들이 물가에 배를 대어놓고 훔쳐다 싣고 달아나려 했는데, 아무리 노를 저어도 배가 나아가지 않아, 두려운 생각에 다시 원래대로 불단에 모셔 놓은 거라는…….

간월암이라는 암자 현판은 만공 스님의 친필 휘호였고, 그 옆에는 당신의 게송이 적힌 편액도 하나 걸려 있었다.

佛祖不親矣　부처와도 조사와도 친하지 않거늘
何事碧波親　어찌 푸른 파도를 벗 삼는가
我是半島人　나, 본래 반도의 사람이니
自然如是止　자연히 그럴 수밖에……

또, 스님은 1945년 어느 날 조국의 광복을 위해 간월암에서 100일 기도에 들어갔는데, 기도를 마치던 날 막 피어나려는 무궁화 꽃망울을 먹물에 적셔 '세계일화世界一花'라고 썼고, 바로 그 날, 나라가 식민치하에서 해방되는 경사를 맞았다고 들었다.

그러나 내가 가서 지내던 그 겨울은 간월도에도, 간월암에도, 벌써 많은 변화가 지나간 후였다.

간월암은 천수만 간척사업으로 육지에 이어져 더 이상 섬이 아니었다.

한반도의 지도를 바꾸었다는 그 사업이 환경적으로 바람직한 것이었는지 아닌지는 잠시 젖혀두자. 그 일에는 전설이 된 일화가 하나 붙어있었다.

현대건설에서 처음에 야심찬 계획으로 간척사업을 시작하고 간월도와 육지를 잇기 위해 흙과 자갈을 쏟아 부었으나, 서해의 극심한 조수 때문에 번번이 토사가 쓸려나가고 말아 프로젝트 전체를 포기해야 할 상황에 처했었다고 한다.

그때 故정주영 회장의 탁월한 임기응변이 그야말로 불가능을 가능으로 만들었다. 북유럽에서 거대한 폐유조선을 헐값에 사다, 파도를 막아놓고 바다를 메우게 한 것이다.

그는 6·25 전쟁 당시 부산 피난시절에, 극성으로 사람을 무는 벼룩떼에게서 인생의 큰 교훈을 얻었다고 한다. 벼룩의 소굴 같은 판잣집에서 낮잠을 좀 자려는데 놈들이 하도 들끓어 온갖 수단을 다 써보다가 마침내는 방바닥에 물을 빙 둘러 부어 벼룩이 건널 수 없는 방호막을 만든 후, 그 가운데 발가벗고 누워 잠을 청했다고 한다.

겨우 좀 편안해져 잠이 막 들려고 하는데 또 벼룩이 물었다. 원인을 자세히 살펴본 결과, 방바닥에서만 노는 줄 알았던 벼룩이 벽을 타고 올라 천장에서 먹이가 있는 방바닥으로 떨어져 내리더라는 것이다.

그는 사람 피나 빨아먹고 사는 미물에게서, '불가능은 없다'는 인생의 산 가르침을 얻었고, 이 교훈을 일생을 통해 변함없이 믿고 실천했다고 한다.

　여하튼 우린 가끔, 강원講院 도반이기도 했던 암자 주지스님의 차를 타고 드넓은 간척지를 둘러보다 도래한 철새, 두루미떼를 만나, 박수를 치며 조금 원시적인 소리를 지르면 수천 마리의 우아한 새들이 허공 가득 날아오르는 장관을 구경하며 가슴이 후련해지기도 했었다.

　간월암도 그 외양이 옛날 사진 속 연꽃 같던 모습과는 이미 많이 달라져 있었다.

　바위섬 외곽으로 콘크리트를 쳐 마당을 조금 넓히고 그 축대가 방파제 역할을 하게 하느라 그랬는지 섬은 바위섬이라기보다는 콘크리트섬이 되어버린 느낌이었고, 옛날 두 노스님이 지었다는 아름다운 법당 처마 밑에도 콘크리트 벽이 빙 둘러서 외부에서 보면 원래의 목조건물의 아름다운 외양은 다 사라져버리고 본전인 법당은 몹시 어정쩡한 퓨전 건물처럼 보였다. 몇십 년에 한 번 정도 해일이라도 일면 집채만 한 파도가 법당 지붕을 넘어갔다는 말을 듣기는 했지만, 아무리 만일의 안전을 위해서라 해도, 고건축물의 옛스런 아름다움은 물론이고 선대先代 스승들의 정신조차 시멘트 속에 묻혀버린 듯한 느낌은, 아쉬움이 지나쳐, 아프기까지 했다.

　그렇지만 암자 하나만 달랑 얹혀 있는 서해의 외로운 섬에서 보낸 그 겨울은, 딱 한 가지만 빼고는 거의 불만스런 게 없이, 나에겐 대체로 좀 신선하고 멋지기까지 한 경험으로 기억되어 있다.

그 한 가지 문제는, 바로 푸세식 정랑淨廊이었다.

전통적인 우리 화장실은 이 세대의 우리가 기억하는 콘크리트 분함(똥통)식은 물론 아니었을 것이다. 똥오줌을 함께 싸 모았다가 다 차서 퍼낼 때까지 온 집안에 역겨운 냄새를 풍기는 이런 콘크리트 화장실은 아마 일본강점기 때 건축에 시멘트가 쓰이기 시작하면서 들어오게 되었을 것이다.

우리 시대의 대부분 사람들은 이제 수세식 화장실에 완전히 길이 들었고, 우리의 공공화장실들은 몇십 년 사이에 빠르게 개선되어 지금은 그 청결함과 편리함이 아마 세계적일 테지만, 나는 아마도 분함식 화장실이 생기기 이전의 우리 화장실 문화 또한 위생에 그다지 큰 문제가 있는 것은 아니어서 시각이나 후각이 곤혹스러워할 방식은 아니었으리라고 짐작한다.

한국에서 복식이든, 음악 미술이든, 음식문화든, 가장 한국적인 것이 외래문화에 의해 대체되거나 왜곡되지 않고, 그렇다고 뒤늦게 억지로 복원된 것도 아니면서, 별다른 외부적 보존노력 없이도 그래도 원형대로 가장 잘 이어져오는 것은, 솔직히 사찰문화를 빼고는 별로 없다.

나는 출가해서 은사이셨던 법정 스님께서 불일암에 감수해서 지어놓으신 정랑을 보고 이야말로 가장 친환경적이고 아름답기까지 한 선진적인 화장실이라고 탄복했을 뿐만 아니라, 여러 암자나 토굴을 거치면서 가는 곳마다 이를 본떠 낙엽이나 톱밥, 생풀로 배설물을 덮는 정랑을 지었는데, 사실 이것은 우리 옛 가람의 자급자족과 자연친화, 생태순환의 시스템이자 보편적인 우리 선조들의 화장실문화였던 것이다.

사람의 의식주는 그 영혼이나 의식을 이 땅에 구체화시켜 존재케 하는 동시에, 역으로 그것은 인간의 내면이 담기는 그릇, 혹은 그 존재양식이 된다. 필연적으로, 사람이 무엇을 어떻게 먹는가 못지않게, 어디서 어떻게 싸는가 또한 대단히 중요한 문제이다.

고백하자면, 출가하여 한 3년쯤, 철저히 오신채도 배제한 채식의 절 음식만 먹으며 수행이 오로지 심신을 정화하는 것이라는 사실을 실천하며 지내던 나는, 몹시 깔끔을 떨었고 매우 까다로워져 있는 데다 비위도 심하게 약해져 있었다. 지나고 생각해보니 이런 과민성은 좀 더 세월이 지나고, 산전수전을 겪고, 마음이 더욱 무르익어야 다듬어져 간다.

어떻든 그 무렵 나는 어떤 절에 가서 지내다가 그 절 정랑이 진짜 재래식이 아니고 사이비 재래식(분함식)이면, 아예 그 화장실 쓰는 것을 포기하고 새벽마다 삽을 들고 산으로 올라다녔다. 그것은 물론, 이 자비롭고 청정한 산하대지를 몇 삽 떠서 매일매일 일회용 화장실로 빌려 쓰기 위해서였다.

이 심한 결벽증 환자가 떠돌다 바닷가 암자까지 와서도 동일한 문제에 봉착한 것이다. 일을 보고 나면 입고 있던 옷에까지 옮겨붙는 역한 냄새가 나고, 똥은 똥이니까 더러운 줄 알지만 그 속에서 꾸물꾸물 살고 있는 중생들 내려다보기는 더욱 괴로워서, 나는 삽을 들고 며칠 뒤부터 새벽길을 나섰다.

작은 섬이라 산은 없고 당연히 갈 데라곤 바다뿐이었다. 똥 쌀 데를 찾는 사람은 예외 없이 많이 겸손해져서, 좀 곤란하고 아쉽고 미안한 심정이 되지 않을 수 없다.

그런데 바다는, 온 가슴을 열어 그런 나를 받아들여 주었다.

나는 바닷가 모래밭이 천혜의 수세식 화장실이라는 것을 단박에 알아차렸다. 물가 쪽으로 가서 모래를 조금 헤집고 그냥 누고, 물병에 길어간 물로 뒤처리를 하고, 일어서면서 발로 쓱쓱 덮어두면 그만이었다. 하루 종일 파도가 밀려와서 수세식으로 씻어낸 끝에, 다음날 가보면 완전히 청정한 새 화장실이 되어있었다.

겨울 새벽 바닷가의 추위는 그다지 문제가 되지 않았다. 대자연 속에서 기분 좋게 대사를 치르는 사람이 그런 것 따위를 아랑곳할 계제가 아니었다.

사방이 노출되어 있다는 점도 무한한 해방감과 자유의 느낌을 주었을 뿐, 조금도 방해가 되지 않았다. 새벽의 몹시 사랑스런 어둠이 나를 둘러서서 망을 잘 보아주었으므로…….

젊어서 요가를 배우면서 요기들은 새벽에 배변을 한다는 것을 알고 그대로 실천했는데, 그것은 여러 가지 점에서 유익했다. 속을 편안하고 건강하게 해서 변비나 설사를 앓지 않게 하며, 장에 가스가 차지 않아 실례할 일이 별로 없고, 아침부터 식사를 맛있게 들 수 있게 하며, 하루 일과를 가볍고 거뜬한 심신으로 시작하도록 한다.

처음엔 물고기들한테 조금 미안하기도 하고, 엄격하게 따지자면

이 일이 해양오염을 유발하는 것은 아닐까 잠시 걱정도 되었지만, 더 생각해보니 이는 도리어 물고기들이 반기는 일일지도 모르고, 천수만은 서해의 일부이고 서해는 그대로 태평양의 일부일 테니, 어찌 이 작은 오점 따위에 저 대양이 더럽혀질 것인가 하는, 통쾌하고 아주 배포 큰 마음이 되었다.

어디 그뿐이랴. 해수면에 내려가 가장 먼저 새벽 여명을 맞으며, 억만 년을 두고 계속해왔을 가슴 가득 파고드는 파도의 노래를 들으며, 내 속의 깨끗하지 않고 쓸모없는 것들을 깨끗이 비워 내보내는 의식은 그야말로 순일무잡純一無雜의 기쁨이었다. 어쩌다 새벽 어스름 속에 뭍과 바다에 눈발이라도 날리면, 그대로 축제였고, 환희였고, 삼매三昧였다.

나는 새벽 미명 속에서 정랑을 찾아낼 때마다 입측진언入厠眞言(절에서 화장실에 들어갈 때 하는 진언)을 했다.

버리고 버리니 큰 기쁨 있네
탐진치貪嗔痴 삼독三毒도 이같이 버려
한 조각 티끌마저 없어졌을 때
서쪽의 둥근 달빛 미소 지으리

옴 하나마리제 사바하 (세 번)

행복감 속에서 떠나오기 전엔 정신진언淨身眞言(정랑에서 물러날 때 손 등을 씻고 하는 진언)을 읊조렸다.

한 송이 피어나는 연꽃이런가
해 뜨는 푸른 바다 숨결을 본다
내 몸을 씻고 씻은 이 물마저도

유리계 흐르는 청정수 되라

옴 바아라 놔가닥 사바하 (세 번)

동안거 해제를 하고 바랑 하나 지고 떠나오면서 나는 아무것도
아쉬운 것이 없었으나, 저 자연정랑을 두고 오기가 못내 아쉬워 몇
번이나 되돌아보았었다.

우리 동해와 서해와 남해의 느낌은 모두 다르다.
동해의 바다를 보고 있으면, 뭍의 속된 잡담들은 일거에 잊어버
리고 저 한 가닥 수평선처럼 의연하고 담백한 마음으로 돌아간다.
해질녘의 애환에 가슴이 놓지는 대신, 저처럼 고아한 달빛을 따라
승천이라도 하고 싶고, 새벽에 일찍 나와 깊은 바다에서 하루해를
길어 올리고 싶어진다.
수평선!
사실 수평선은 존재하지 않는다. 있다면 우리의 유한한 지각이
나 인식의 세계에 있으며, 그 자체가 제한적인 인식의 방식일 뿐
이다. 배를 타고 멀리 멀리, 끝까지 나아가보라. 배가 더 이상 나

아갈 수 없는 바다의 끝, 혹은 물의 절벽에 이를까? 우리는 어찌 이리도 온통 실재하지 않는 것을 보고, 경험하고, 살고 싸우고 다투는가.

시력이나 인식의 한계 또는 오류, 혹은 가상의 개념이 존재할 뿐. 우리의 안계나 풍경사진 혹은 그림에 있는 수평선, 지평선, 혹은 소실점 같은 것은 우리의 눈이 한 지점에서 무한의 거리를 향해 시선을 던져 존재계를 투사하고 그 공간을 평면으로 사진 찍어 망막에 잡아냈을 때 설정하게 되는 인식의 오류일 뿐이다. 그것은 내 눈이 멈춰있다는 가정 하에 우리 경험의 틀에 포착되는 한 의식현상일 뿐이다. 쉽게 말하면, 3·4차원의 시공간에 사는 우리가 눈으로 세상을 볼 때에는 평면의 2차원으로 인식하기 때문에 생기는 가상의 존재다.

사물과 사물의 명확한 경계도 없고, 국경도 없다. 해가 일본에서 뜨는 것이 아니니 일본도 없고, 그 어디를 가운데라 할 수 없으므로 중국도 없다. 동해도 없고 일본해도 없고, 독도도 다께시마도 리앙코르락도 없다. 있다면 뻔뻔한 일본놈들이나 소갈머리 없는 오랑캐들 마음속에 있겠지. 선미船尾로 과거를 밀치고 선두船頭로 미래를 맞이하며 나아가는 배와 같은 현재도 없다…….

그 어떤 개아도, 집단도, 공동체도 없다. 수신제가치국평천하修身齊家治國平天下가 군자의 이상이라고? 어디에 '나'나, 가정이나 나라가 있단 말인가? 그 어떤 것도 시간 속에서 동일성을 가지고 이어져가지 않으며, 지켜져 가지 않으며, 존속해가지 않는다. 사실은 생도 없고 사도 없다.

별을 본다. 그러나 어쩌면 그중 하나 저 별빛은 수십억 광년 저

건너에서 수십억 년에 걸쳐 날아왔을지 모르고 사실 그 별은 몇천만 년 전에 이미 죽어 없는 블랙홀일지도 모른다.

모든 존재의 이름이 실제가 아니며, 실재하지 않는다. 뿐만 아니라, 이 구체적인 시공 속의 온갖 물리적, 화학적, 생물적 존재나 현상도, 온통 오류투성이인 우리의 인식을 떠나 독립적, 객관적으로 실재하는 것은 아무것도 없다.

한 마음이 의식계를 투사하면 생각이 나타나고, 색계를 투사하면 허공이 나타나며, 허공 안에 에너지가 나타나며 에너지의 무균질과 그 전변이 빛과 물질을 드러낸다.

삶은 어머니 대지의 자궁을 벗어나면서부터 시작되었다. 탯줄이 끊어지는 분리로부터 시작된 것이다. 대양으로부터 기어 나오면서 시작되었고, 비로자나의 심장으로부터 떨어져 나오면서 시작되었다.

그러나 사실 나는 분리된 적 없고 태어난 적 없다.

저기 대양처럼 일심법계가 있을 뿐이다.

해인삼매海印三昧!

우리는 마음속의 나그네, 일심법계의 먼지들이다.

화엄경 입법계품入法界品의 해운비구海雲比丘를 만나 지혜의 바다에 들어가는 길, 이 무량한 중생을 제도하는 길에 대해 묻고 싶다.

하사벽파친何事碧波親…… 만공 월면滿空月面의 넋두리를 되뇐다.

허균의 바다를 본다.

최근, <광해>를 재미있게 보았다.

홍길동전을 보아도, 저자 자신의 파란만장한 생애를 보아도, 허균은 몇백 년 뒤의 정신으로 몇백 년 전의 시간을 산 사람 같다. 기록된 역사는 언제나 안개 속 같아서, 그의 행적이나 그가 무엇을 위해 살고 왜 죽음을 당했는지, 모든 것이 명료하지 않아 보이지만, 그는 과거시험에서 장원급제한 후 고하의 관직을 오르내리는 동안, 집에는 불상을 모시고 예불하고, 높고 호방한 안목으로 가진 자들의 사리사욕과 정치적 암투에 얼룩진 당대의 도덕성을 비웃으며 한 바탕 연극을 하다가 시대의 형틀에 처형되었다고 한다.

픽션인 영화 <광해>는 광해군의 이야기라기보다는, 한때 광해군의 도승지였다가 광해군에 의해 참형당한 허균의 몽상 같다.

영화 속의, 광대출신 '가짜 광해'는 홍길동처럼 멋지다. 인간에 실망하고, 역사에 지치고, 정치에 신물 난 우리의 가슴을 통쾌하게 뚫어준다.

많은 사람들이 얘기하듯이 이 영화의 성공은, 진짜, 가짜 광해역을 훌륭히 소화한 이병헌의 연기력 덕분이다.

선禪에서 공안公案을 참구하는 가장 요긴한 점은 살활殺活이 걸린 그 선문답의 상황 속에 리얼하게 뛰어들어가, 그 속에서 온몸으로 은산철벽銀山鐵壁 같은 조사의 관문을 뚫고 나오는 일이라고 배웠다. 이리저리 묵은 내 습관이나, 생각이나, 체면이나, '나'의 정체성, 나의 이해, 나의 안위에 대한 고민 따위는, 화두수행자에게 속된 말로 쥐약이다. 철저하게 나를 버리고 공안의 설정상황에 온전히 동화하는 것이 비결 중의 비결이다.

이것은 완벽에 가까운 연기자가 되려할 때도 아마 똑같이 적용

될 것이다. 실제로 폴란드에는 스태니슬라브키Stanislavsky라는 아주 유명한 연기 지도자가 있는데, 그의 연기에 관한 이론은 전적으로 선에서 온 것이라고 한다.

다시 대통령 선거가 다가온다.

우리 민족의 역사가 우울하고 비극적으로 느껴지는 까닭은 민족성이 좋지 않거나, 자질이 부족하거나, 운이 좋지 않아서라기보다는, 필시 토양이 뛰어난 지도자를 키우지 못하고, 그런 지도자가 너무 적거나 아예 선택된 적이 없어서였음을 부정할 사람은 그리 많지 않을 것이다.

그런 지도자만 있다면, 정이 많고 가슴이 뜨겁고 의분이 있는 이 민족은 이 세상에 도무지 불가능해 보이던 일도 능히 저지르고 말 사람들이다.

그것은 한국축구만 보아도 익히 알 수 있다.

지도자는 잘 뽑아야 한다. 그리고 일할 수 있게 모두가 도와야 한다.

이번엔 제발, 제발, 제발 지역색이나 집단이기주의나 파벌주의를 떠나 지혜롭고 큰 선택을 하기를……. 그것은 일이 터진 뒤에 행주치마를 둘러 입고 뛰어나가거나, 금 모으기를 하거나, 목숨 바쳐 민주주의를 위해 싸우고 구국을 위해 순국하는 것보다 어쩌면 더 중요한 일이다.

지금은 한민족에게 아주 중요한 시점으로 보인다. 세계의 문명에도 또한 중요한 시점일 것이다.

나는 머리 깎고 불문에 들어오면서, 오직 구도에만 일로매진—

路邁進하는 것이 이 법계의 온 중생을 진정으로 이익되게 하는 길이라 생각했다. 불법에 귀의한 이상, 이제부턴 한 나라의 국민이라는 생각도 버리고, 나라의 운명이나 세상의 정치 같은 걸 애써 관심 밖으로 밀어내려고 했고, 신문, 방송 따위도 거의 보지 않았다.

물론 20여 년 동안 투표 같은 것도 한 번도 하지 않았다. 그 사이에 우리 불교의 종단에까지도 세속의 선거제도가 들어와 걸핏하면 투표를 해야 할 기회가 왔지만 더욱 냉소적인 관점으로 방관할 뿐, 번번이 거부하고 사양했다. 나는 세계 어느 나라 불교전통에도 유래 없는, 우리 불교 역사에만 고유한 호국신앙護國信仰적인 요소 또한 비판적으로 보고 있었다.

그런데, 무엇이 이렇게 싸늘히 식었던 나의 관심에 조금씩 불을 지피는 걸까?

서서히 나는 바다에서 다시 기어 나오고 있나보다.

장차 국운이 도래한 이 반도의 역사가, 세상 모른 체하던 못난 중까지 부르는 걸까?

누구 이 나라 대통령의 배역을 완벽하게 연기해낼 사람 없을까? 목숨 내어놓고 하는 것도 아니고, 평생 하는 것도 아니고, 저 어진 백성을 위하여 5년만 사리사욕 없이 하면 되는 연기를, 그동안 왜 완벽하게 하는 사람이 없었을까? 차라리, 저 가짜 광해 같은 사람 없을까?

자꾸 두리번거린다.

2012. 10

그러나 벗이여, 놀라지 마십시오.
이 땅에 살았던 수많은 사람들이 이 생사의 아픔 속에서
그 아픔을 벗어나는 길과,
그 아픔으로부터 온전히 자유로운 그 무엇을 찾았습니다.

우리 이별하는 날을 위하여

현현玄玄!

태풍이 세상의 먼지를 다 걷어낸 듯 청명한 하늘, 아직 달이 돋지 않은 밤, 별들의 서러움이 목까지 차오릅니다.

만일 그대가 아프지 않다면, 바로 지금, 고흐의 그림 같은 유럽 어느 노천의 까페에서 그대를 만나 맥주잔이나 한번 부딪치면 얼마나 좋을까 생각했습니다.

…….

많이 아프다고 들었습니다. 그대는 물론이겠지만 당연히 가족 친지들도 모두 불안해하고 있으리라 생각하니 안타깝기 그지없습니다.

내가 지금 그대를 위해 무엇을 할 수 있을까요?

그대를 아는 많은 사람들처럼 그대에게 찾아온 고통에 대하여 진심으로 함께 아파하고 그대를 돕기 위해 할 수 있는 일이 있다면 작은 그 무엇이라도 주저 없이 하고자 할 것입니다. 나 또한 그 가운데 한 사람입니다.

그러나 한스, 나는 그대가 매우 이지적이고 선량한 독일인이기 때문에, 말을 돌리지 않고 아주 분명하고 단호하게 몇 마디라도 해 드리고자 합니다.

우리에게 삶이 이어지는 것은 그 의미 때문입니다. 따라서 우리는, 맹목적으로 더 생존하려고 하기 전에, 먼저 삶의 진정한 이유를 찾아야 합니다. 그 이유를 찾았을 때 비로소, 우리는 각자에게 남은 목숨이 얼마일지라도 그 소중한 시간을 가장 가치롭게 살수 있게 되고, 마침내 올 죽음마저도 당당하게 맞을 수 있기 때문입니다. 이유 있는 삶이 이유 있는 만남을 불러오고, 모든 만남에 기필코 닥쳐오고 마는 헤어짐, 그 눈물조차 아름답게 하기 때문입니다.

우리 삶의 이유는 무엇일까요? 결국은 죽음을 낳고 다 끝나버리는 삶이 왜 존재할까요? 우리는 왜 태어났고 무엇을 위하여 만났을까요?

삶은 그 본질을 파고들면 들수록 그 자체의 공성과 무상함, 고통스러움을 드러냅니다. 모든 삶은 죽음을 앞두고 있습니다. 어떤 탄생도 죽음을 전제하지 않은 것은 없으며, 그 어떤 만남도 이별을 미리 전제하지 않고 이뤄지는 경우는 없습니다. 우리가 산다는 일은, 좀 심하게 표현하자면 마치 끝없는 지뢰밭을 걸어가는 것과 같습니다. 멈출 수도 없고 되돌아갈 수도 없어 조마조마하며, 앞으로 가긴 가지만 분명 어느 걸음엔가는 피치 못하고 지뢰를 밟게 될 것이고, 그 순간 우리의 목숨은 날아갑니다. 우리는 우선, 이 생사의 덧없음에 대하여 아주 냉철하게 인식해야 하고 그것을 언제나 직시해야 합니다.

그럼에도 불구하고, 그것이 다라고 생각하고 거기 함몰될 필요는 없습니다. 만일 그것이 정말 전부이고 우리 모두가 그렇게 불안 불안하게 걷다가 어느 순간 결국은 지뢰를 밟게 되고, 그리고 끝이라면, 인생이란 결국 허무한 비극에 지나지 않고 우리의 삶과 죽음은 부조리한 형벌처럼 온통 괴로움뿐일 것입니다.

그러나 벗이여, 놀라지 마십시오. 이 땅에 살았던 수많은 사람들이 이 생사의 아픔 속에서 그 아픔을 벗어나는 길과, 그 아픔으로부터 온전히 자유로운 그 무엇을 찾았습니다.

이 세상의 진리를 네 가지로 간명하게 압축한 부처님의 사성제에 대한 가르침을 굳이 더 단순화시켜 말한다면, 그것은 생사의 고통과 그것을 넘어선 열반에 관한 가르침입니다. 부처님께서 생사가 온통 괴로움이라고 하신 것은 대책 없는 비관이나 염세주의가 아니라

고통을 넘어선 영원한 평온, 열반을 가리키기 위한 것입니다.

　삶의 존재 이유는 무상을 통해서 무상하지 않은 것을 찾는 데 있습니다. 모든 삶이 결국 덧없이 끝나고 마는데, 고통스런 죽음으로 귀결되고 마는데, 도대체 그 속에 무슨 무상하지 않은 것이 있을까요? 마치 체로 치듯이 삶과 죽음을 흔들어 온갖 무상한 것들로부터 결코 무상하지 않은 것들을 걸러낸다면 과연 남는 무엇이 있을까요?

　사실 그런 것은 아무것도 없지요. 우리가 일상적으로 무엇인가가 '있다'고 말하는 그런 의미에서는 그렇습니다. 그래도 무엇인가가 굳이 있다고 말해야 한다면 그 이름은 공空일 것입니다.

　Nothing is permanent!

　이 영어식 표현은 그 뜻을 해석할 때 전혀 다른 두 가지로 할 수 있습니다.

　1. 아무것도 영원하지 않다.

　2. 아무것도 아닌 것은 영원하다.

　한스, 말장난 같은 이 속에 정녕코 생사의 고통을 넘어서는 비밀이 있습니다.

　우리의 존재의 켜를 잘 들여다보면 우리가 '나'라고 여겼던 것이 모두 한 꺼풀 한 꺼풀의 껍질일 뿐임을 알 수 있습니다. 껍질에 둘러싸여 그 중심엔 분명히 내가 있는 듯하지만, 양파의 껍질을 모두 벗겨내듯이 '나'라고 여겼던 옷들을 하나하나 벗어던지고 나면, 그 중심의 알몸은 텅 비어 아무 자취가 없습니다. 그러나 이 중심은 모든 것이 아주 끊어져버려 그냥 '무'이기만 한 것이 결코 아닙니다. 조금 어려운 말로 '단멸斷滅'이 아닌 것입니다. 오히려 그것은 진정으로 가볍고 편안하고, 우리가 살면서 못내 그리워하고 찾아 헤매던 바로 그것입니다.

그것은 영원합니다. 아프지도 않고 죽지도 않습니다. 그리고 이것은 그대의 참 모습, 그대의 본성입니다.

한스, 그대의 진짜 이름은 한스가 아니라 '공'입니다. 공은 거울의 표면처럼 거기 아무것도 새겨져 있지 않지만 모든 것을 비추고 모든 것을 압니다. 모든 것의 근원입니다. 모든 것이 거기에서 나오고 거기로 돌아갑니다. 이 근원을 자각한 사람은 마치 무게가 없는 그림자처럼 이 생사의 지뢰밭을 자유롭게 가겠지요. 바람처럼 달리기도 하고 달빛처럼 춤을 추기도 하겠지요…….

현상적으로 볼 때도, 의문의 여지없이 대부분의 생명들이 삶을 의미 있다고 느끼는 것은 그 내면에서 만족과 행복을 느낄 때입니다. 그러나 보통 중생들이 살아있는 동안 느끼는 만족과 행복은 모두가 불완전하고 일시적인 것들 아닌가요? 그렇다면 이렇게 유한한 만족과 행복을 통해 발견하는 삶의 의미 또한 지극히 제한적이고 일회적일 뿐일 것입니다. 반면, 이 공 가운데서 샘솟는 삶의 기쁨과 의미는 완전하고 끝이 없습니다. 하여, 그것은 가히 우리 존재의 완전한 의미요, 목적이라 할 수 있습니다.

한스, 많은 고인들이 목숨을 위협하는 병고를 통해서 발심發心하고 도과道果를 이루었습니다. 이러한 옛 모범을 거울삼아 그대도 기도하고 발원하십시오. 만일 이 병을 떨치고 다시 건강한 심신으로 얼마간의 목숨을 건지게 된다면, 나머지 시간은 세상의 덧없는 것을 위해서가 아니라 그대 안의 영원한 공성空性을 찾는 일에 바치리라고.

극심한 고통에 처하더라도 고통 자체와 싸우기 전에 이 고통을 당하는 자가 과연 무엇인지 가장 진실하고 치열하게 물으십시오. 설령 그대로 죽게 된다고 해도 죽는 이것이 과연 무엇인지 필사의 노력으로 밝혀내야 합니다. 육신이 나이고, 이 육신의 죽음이 나의 죽음이라고 생각하는 것은 아주 어리석은 것입니다. 우리는 보통, 육신에 병이 나면 몸이 아프다고 말하지만 사실 물질적인 몸뚱이는 그냥 물질일 뿐이기 때문에, 엄밀히 말하면 그것이 아픔을 느끼는 것도 아니고 아픔을 호소하는 것도 아닙니다. 육신을 통하여 다른 무엇이 고통을 느끼며 아프다고 끙끙 앓는 것 아닌가요? 이것이 무엇입니까?

이것을 찾는 일은 할 수만 있으면 지금 당장이라도 시작해야 합니다. 목마르기를 기다려 우물을 파는 사람은 없습니다. 타는 목마름이 막다른 길에서 나를 핍박해오기 전에 어서어서 물길을 찾아야 합니다.

이것은 그대 혼자만의 일이 아닙니다. 그대가 사랑한 많은 사람들, 그대를 사랑한 수많은 사람들을 다 건지는 일이며, 그대의 사랑을 완성하는 일이니까요.

그대의 젊고 푸르던 어느 날, 갑자기 소나기 쏟아지는 열대의 사원에서 그대가 우산을 받쳐주었던 그 여인에게 당신이 진정 전해주어야 할 그것은 무엇입니까?

아픔을 느끼는 그것은 아프지 않고, 죽음을 겪는 그것은 죽지 않습니다. 사랑하는 자, 그 사람도 죽지 않습니다.

빨리 찾아야 하지 않겠습니까? 이것이 무엇입니까?

억!

2012. 09

부르는 소리

원주原州로 가게 되었다!

자대배치를 받고 이송당하는 차 안에서 내내 원산폭격을 해야 했으므로 가끔 북한강의 아릿한 풍경이 차창을 스쳤겠지만, 우리 산하의 애잔한 매력에 가슴이 뭉클해지는 일은 없었다. 나는 쓰러지지 않기 위해 전력을 대해 균형을 잡아야 했고, 토할 것 같은 느낌을 꾹꾹 삼켜 올렸다.

원주 캠프 롱Camp Long에서 우리를 호송하러 온 헌병대의 안 병장은 깡마르고 안색이 창백했다. 세상 그 어느 것도 전혀 마음에 들지 않는다는 표정을 하고 있었다.

그는 우리 동기 신병 네 명에게, 도시락으로 받은 점심밥을 잔디밭 구석에서 까먹으라고 했다가, 펼쳐놓은 지 2, 3분도 안 되어 "이 새끼들 동작 봐라, 동작 봐!" 하면서, 다 발로 차 엎어버렸다.

그때부터 우리는 쏟아진 음식물을 허겁지겁 손으로 주워 모아 쓰레기통에 버린 다음, 봉고차에 처박혀 들어가 정신없이 구르기(?) 시작했다. "지금부터 내가 묻는 말에 0.5초 안에 대답한다, 알았나?"

"예!"

"니들 미군들 좆 빨러 왔나?"

"아닙니다!"

"하모, 머 하러 왔노?"

"……"

"빨리 대답 안 하나? 지금부터 0.5초 안에 대답 복창 안 하모, 다 뒤에 가 대가리 박아라. 알았나?"

"예!"

"지금까지 신병교육대에서 탱자 탱자 놀았나, 좆뺑이 칬나?"

"……"

"이 새끼들, 빨리 대답 안 하제? 놀았나, 좆뺑이 칬나?"

"중간입니다!"

내 입에서 대답이 나가는 순간, 그것이 미끼를 무는 악수라는 것을 먼저 참담하게 알아차린 것은 당연히 나 자신이었다.

"이 쌔끼, 군바리가 중간이 머꼬, 중간이! 너 뒤에 가 대가리 박아!"

그때부터 약 두 시간 가량을 나는 고속도로를 달리는 봉고차 안에서 원산이 아니라 차바닥을 폭격하는 자세를 유지했다. 다른 동기들은 나처럼 되지 않으려고, 머리 좋은 안 병장의 계속되는 질문에 기를 쓰고 0.5초 안에 대답하고 있었다.

그렇게, 과히 낭만적이지 않은 분위기에서 강원도의 크지 않은 분지 도시에 도착한 것은 내 생애 두 번째의 원주행이었다.

열살 때쯤 처음 원주에 갔었다. 남도에서 출발하여 강원도 원주까지 느린 버스와 기차를 여러 번 바꿔 타고, 할머니와 함께 어머니를 만나러 가는 길은 꼬박 24시간이 걸렸다.

나는 할머니께 한글 읽기 쓰기를 가르쳐드리려고 애쓰고 있었지만 아직 전혀 진전이 없었다. 모든 일을 지혜롭게 꾸려 가시고 누가 아프거나 급한 일이 생기면 민간 전래의 주술적인 방법으로 고치거나 점을 칠 줄도 아는 직관지直觀知가 있으신 분이, 나 같이 아무것도 모르고 시원찮은 아이가 훨씬 어렸을 때 형 어깨너머로 불과 몇 시간 만에 배워버린 한글을, 그렇게 노력하는데도 왜 계속 까막눈인지 이유를 알 수 없었다. 나는 가끔 잘난 척하고 경우 없이 굴기는 했지만, 할아버지 할머니와 아버지 어머니, 그리고 형제들의 그 지혜로움과 자애로움에 대하여 깊이 경애하는 마음을 품고 있었고, 내 부족한 면이나 허물에 대하여 부끄러워하는 심경을 가지고 있었다.

할머니는, 세종대왕이 만든 문자를 전혀 어려움 없이 판독할 수 있는 어린 손자를 믿고 앞장세워, 자식들 학비를 벌기 위하여 멀리 집을 떠나 친척집 근처에서 궁핍한 셋방살이를 하며 행상을 다니는 며느리를 위로하려고 아주 먼 길을 나선 참이었다.

어린 눈에 비친 원주는 이것저것 다 새롭고 근사해 보였지만, 무엇보다 어머니가 살고 계신 땅이라는 생각만으로도 모든 것이 가슴 두근거릴 만큼 감동적이고 신성해 보였었다.

모든 아이들에게처럼 어머니는 나에게도 신앙의 대상이었다. 어머니는 매우 의지가 강한 분이었고, 감정을 절제 없이 드러내는 법이 없었다. 오랜만에 먼 고향 땅에서 어린 아들이 찾아왔음에도 특별히 반가운 기색은 애써 감추셨다. 그러나 나는 어머니가 왜 그렇게 하는지 알고 있었고, 그런 어머니에게 떼를 쓰거나 투정을 부리지는 않았다. 모정이 닿을 듯 가까이서 느껴지면, 기대고 싶은 응석이나 유약한 마음 대신 도리어 내가 무엇을 해야 할지, 어떻게 살아야 할지, 정신 차려 앞길을 가늠하고 먼 길을 헤쳐나갈 힘을 끌어내야 한다고 느끼곤 했다.

나의 군 생활은 패배한 청춘의 서러운 무덤처럼 느껴졌다. 나는 겨우 20대 중반을 지나고 있었으며 심신에는 오히려 젊음의 건강과 자신이 넘쳐났으나, 어쩐지 이젠 늙어가고 있다고 느끼고 있었다. 젊은 도취나 열정도, 시대에 대한 고민도, 자기를 가둔 우리를 들이받는 짐승 같은 거역의 몸부림도 다 바람에 날리는 식은 재처럼 여겨졌다.

지친 넋은 최면에 걸려 전생의 기억을 더듬는 사람처럼 자주 혼자가 되어 치악산 주변의 암자들을 기웃거렸다. 때론 쓸쓸한 마력으로 발길을 붙들고, 때론 미혹의 길에서 가슴까지 어두워진 나그네에게 이정표처럼 무언의 빛을 던지는, 외로운 출가자들의, 자연 속에 녹아든 일상을 엿보았다.

까치 치, 멧부리 악, 치악산雉嶽山에는 전설이 있었다.

어떤 선비가 길을 가다가 구렁이가 까치 새끼를 잡아먹으려는 것을 보고 구렁이를 죽이고 까치를 살려낸다. 해가 저물어 묵어갈 집을 찾던 선비는 먼데서 보이는 인가의 불빛을 보고 찾아들었는데 어떤 여인이 반겨 맞았다. 그러나 그것은 사실, 낮에 죽은 구렁이의 암컷이 제 수컷을 죽인 보복으로 선비를 유혹하여 죽이려는 계략이었다. 여인은 선비가 자는 이불속으로 파고들어 선비를 안더니 몸이 큰 구렁이로 변하면서 선비의 목을 졸랐다. 살려달라고 애원하자 그녀는 지금 이 순간 절에서 종소리가 들려오지 않는 한 당신은 죽은 목숨이라고 말했는데, 놀랍게도 그때 종소리가 들려오자 그 구렁이는 힘을 쓰지 못하고 스르르 도망을 쳤다. 날이 밝아, 그 시간에 어떻게 절에서 종소리가 들려올 수 있었는지 의아해진 선비는 절을 찾아 종각에 가 보았는데, 뜻밖에 그곳에는 머리로 종을 들이받다가 죽은 까치가 떨어져 있었다.

떠도는 나그네의 겸손으로 산사를 기웃기웃 들러보면 절들은 대개 적요 속의 풍경소리처럼 고즈넉했지만, 그 침묵의 여백에서 더 소상히 수행자들의 속살림을 넘겨다볼 수 있었고, 아주 가끔만, 속인들과 삶의 시간은 물리적으로 공유하되 존재하는 공간은 전혀 다른 차원에 머리와 가슴을 두고 있는 것 같은 스님들과 마주쳤다. 그 탈속의 느낌처럼 오만한 유혹은 없었다.

나는 점차, 혹시라도 청춘의 무덤에서 내 넋이 회생하거든, 부디 저들처럼 이제 때 타지 않는 육신을 끌고 남은 길을 가기를 발원하게 되었다.

그날, 그 절의 이름은 국향사菊香寺였다. 늦은 가을이었고, 꼭 절 이름 같은 서리 국화의 시린 향기가 마치 아련한 기억의 실마리처럼 숨골의 어떤 부위를 자꾸만 자극했다. 점점 느려지는 걸음으로 나는 그보다 더 진한, 태곳적부터 쌓여온 듯한 시간의 향내가 감도는 도량의 여기저기를 거닐었다. 전에 왔을 때, 먼 빛으로 마당에서 잔일 하고 있는 모습을 본 적 있는 노스님은 보이지 않았다.

나는 작은 법당의 바깥벽에 그려진 십우도十牛圖를 따라 돌았다. 한 줄기 망상이 비교적 고요해진 머릿속을 따라왔다. 주인공아, 소는 어디 있느냐? 이놈아, 소가 어디 있긴? 네가 소지.

할머니는 내 태몽이 이상하게 생긴 비행물체가 집 마당에 내려 앉는 꿈이었다고 했지만, 어머니는 내가 당신의 몸에 의탁할 때 꾼 꿈이 황소꿈이라고 했었다. 들판을 종횡무진 뛰어다니던 성난 황소가 집안으로 뛰어들어왔다고.

심우尋牛, 견적見跡……. 나는 세 번째 그림, 견우見牛를 보기 위하여 법당의 기둥을 안고 돌다가, 하마터면 누군가에게 꽝 부딪힐 뻔했다.

그런데 머리를 부딪친 것보다 훨씬 큰 충격으로 촌철살인의 한 마디가 비수처럼 날아왔다.

"어디서 왔소?"

상대는 바로 그 절 노스님이었다.

"……"

몹시, 몹시 당황스러웠다. 스님은 나를 쏘아보고 있었고, 그 시선은 평화롭고 자애로웠음에도 이미 나의 퇴로를 끊어버리고 난 표정이었다. 내 영혼은 진땀을 흘리며 생애에서 가장 곤란한 추궁에 직면해 빠져나가려고 몸부림쳤다. 시간이 나를 살려주지도 않았고, 스물대여섯이나 되는 나이가 도움이 되지도 않았다.

"원주서 왔습니다."

내 입에서 그예 어이없는 실언이 기어나왔고, 스님은 화살이 과

녘을 이미 빗나가버린 것을 알고 벌써 돌아서서 저만큼 가고 있었다.

나는 수습할 수 없는 참담한 심정으로 그 자리에 20분 정도 서있다가, 그대로 쓰러질 것 같아 근처 잔디밭에 가서 또 두 시간 정도 앉아있었다.

생종하처래生從何處來? 나는 도대체 어디에서 온 것이냐? 저 온 곳을 제가 모르니, 이런 한심한 인생이 무슨 의미가 있다는 말인가……

나는 끝내 답을 찾지 못했다. 군복무만 끝나면 반드시 출가하리라는, 이제부턴 나의 길을 가리라는, 나 온 곳을 결정코 찾고 말겠다는 결의를 타협적인 결론으로 무겁게 지고, 해질녘의 소처럼 산을 내려왔다.

진짜 원주原州는 어디일까?

다시 한 해가 저물어가고 인생의 저녁은 자꾸 다가오니 해거름에 집으로 돌아가려고 마음 급해진 송아지는 자꾸 음메거린다. 아무도 어찌해줄 수 없는 이 귀소歸巢의 본능.

부르는 소리
                    – 이원수 시, 백창우 곡

해가 지면 성둑에
부르는 소리.
놀러 나간 아이들
부르는 소리.

해가 지면 들판에
부르는 소리.
들에 나간 송아지
부르는 소리.

박꽃 핀 돌담 밑에
아기를 업고
고향 생각, 집 생각
어머니 생각

부르는 소리마다
그립습니다.
귀에 재앵 들리는
어머니 소리.

어머니, 엄마, 모母, Mother, Mom, Mutter, Mamma, Maman, Madre, Mama…… 엄마를 뜻하는 말들은 어느 나라 말이나 'ㅁ' 소리가 들어있다. 옹알이하는 아기가 가장 쉽게 낼 수 있는 소리, 가장 필요한 사람을 부르는 소리.

관세음보살觀世音菩薩 육자대명왕진언六字大明王眞言 옴마니반메훔……

관세음보살은 소리를 듣는 근원을 찾는 수행, 이근원통耳根圓通을 통하여 정각을 성취하고, 고통에 처한 세간 중생의 모든 신음 소리를 듣고 구원의 손길을 드리우는 보살마하살이 되었다.

'어디서 왔다 어디로 가는가?' 이것은 싯다르타를 생사의 잠에서 깨어나게 한 하나의 질문, 생래生來의 화두였으니, 이 의문 끝에서 그분은 여래여거如來如去, 온 곳을 알고 갈 곳을 안 자가 되었다.

그분들이 산사의 범종소리 같은 천년의 소리로, 겁외劫外의 고향으로 우리를 부르고 있다. 이 의문을 돌처럼 안고, 차라리 밑바닥 없는 바다에 뛰어들라. 나고 죽는 고통은 동시에 끊어지는 것이니, 어디서 왔는지를 아는 자가, 죽음의 두려움과 고통과 그 혼미함으로부터도 벗어나리라. 여래如來가 되리라.

2012.10

반야般若의 배

　　차담시간 전에 거실 난로에 불을 지필까 하고 나서는데 그릇 깨
지는 소리가 아침의 정적을 깬다.　주인공은 물을 것도 없이 또 선
혜주다.　엄벙덤벙 좌충우돌 와그르르 우당탕탕 선재선재 선혜주.
　　차를 마시려고 둘러앉은 대중의 분위기가 싸하다.
　　"선혜주, 지금 기분이 어때?"
　　"이 자리에 안 있고 싶어요."
　　"그럼 왜 안 나가?"
　　"참아야죠."
　　"그렇게 참기만 하는 것을 미련한 곰이라고 해."
　　"……"

"지금 기분을 잘 봐. 지금 자기 마음에서 벌어지고 있는 것을. 왜 그렇게 손가락으로 바닥을 계속 긁고 있어요?"

"모르겠어요."

"세상 모든 일은 인과에 의해 펼쳐지고 있어. 원인이 주어지지 않았는데 결과가 벌어지거나, 결과는 드러났는데 원인이 없는 일은 없어. 그릇이 깨졌다면 깨지게 하는 원인이 있는 거지, 그냥 어쩌다 깨졌거나, 재수가 없어서 그랬거나, 귀신이 붙어서 그런 게 아니야. '색수상행식', 오온五蘊 가운데 '행'이 뭐야?"

"행동하는 것?"

"몸으로 하는 행동만을 말하는 게 아니라, 마음의 모든 움직임을 행이라고 해. 더 깊이 들여다보면, 마음의 드러난 움직임보다는 마음을 그렇게 움직이게 하는 힘 그 자체가 행이라는 것을 알 수 있지. 그걸 '업력業力'이라고도 부르는데, 마음의 움직임 이전의 그 '의도'라고 할 수 있어요."

"의도?"

"그래 움직임이 있기 전에 항상 의도가 먼저 일어나지. 쉽게 알아차릴 수 있는 의도도 있지만 아주 깊이 살피지 않으면 거의 알 수 없는 무의식적인 의도도 있어. 우리 안팎의 세상 모든 일들이 사실은 이 '의도'에 의해 일어나고 있어요. 나의 어리석음을 잘 아는 것을 지혜라고 한다는 말 들어봤어?"

"예."

"그래. 지혜란 순간순간 이 우스꽝스럽고 엉망진창인 해프닝, 내 바보 같고 용서하기 힘든 낱낱의 작태들을 잘 살피는 힘이야. 반야般若는 관하는 힘, 즉 '관력觀力'이라고 할 수 있는 거지. 이 반야가 세상에서 모든 일을 슬기롭게 이루게 하고 우리를 고통으로부터 벗어나게도 하는 거야.

선감거사님, 무운루舞雲樓에 가서 드립커피 받는 그릇 좀 찾아오세요."

"네."

"행동에 실수가 많은 사람은, 공연히 그 실수로 위축되거나 자신을 비하하지 말고, 자신 안에서 일어나는 행동보다 먼저 일어나는 '의도'를 알아차리는 게 현명한 일이야. 이 알아차림을 통해 반야가 자라나. 이제 와서 이미 깨진 그릇을 아까워하거나 실수를 자책한다고 그릇이 다시 붙겠어? 바로 지금 내 안에서 일어나고 있는 마음의 움직임, 그 이전의 의도를 알아차리는 것이 바로 지금 또 벌어질 수 있는 실수를 근절하는 길이지. 우리에게서 일어나는 것들 가운데는, 내가 일으킨 것도 있지만 공연히 일어나는 것처럼 보이는 것들도 많고, 뻔히 보이는 것도 있지만 아주 포착하기 힘든 것들도 많으니까, 매우 잘 살펴서 그 첫 움직임을 간파해야 해. 방안에 뱀이 들어와 위험할 때, 급한 김에 몸통이나 꼬리를 잡으면 어떻겠어? 뱀이 머리를 돌려 물어버리겠지? 능숙한 땅꾼처럼 뱀 머리를 잡아야지. 의도를 관하는 것은 뱀 머리를 꼼짝 못하게 잡아 안전하게 밖으로 내보내는 일이야.

내가 전에 선혜주는 본참공안本參公案을 참구하기 전에 다른 수행을 좀 하면 좋겠다고 했지?"

"네."

"지금부터 마음 안에 일어나는 모든 의도를 놓치지 말고 항상 살피고, '이 의도가 어디에서 일어나는가?' 하고 물어."

"네."

"그 물은 버려."

"네."

"왜 그 물은 버려야 돼?"

"스님이 버리라고 하시니까요."

"하하하."

"왜 내가 버리라고 했겠어?"

"…… 거름종이 가신 물이니까?"

"그래. 그 물에 커피를 타면 커피에서 종이냄새가 나. 그리고, 커피를 내린 다음 뜨거운 물을 타는 것보다, 뜨거운 물을 먼저 부어두고 커피를 내리는 게 커피 맛이 더 좋아."

"아, 자등명보살님 오시네요."

"고추장 담가주러 오시나 봐요."

"일배—拜만 하고 앉으시고, 커피 한 잔 드세요."

"고추장을 어떻게 만들어요? 찹쌀풀을 쑤어가지고 고춧가루를 섞어요?"

"아뇨, 엿기름이 있어야 돼요. 엿기름을 물에 서너 시간 불려 두었다가 부어넣고 적당히 따끈한 온도를 유지해주는 거예요."

"엿기름은 어떻게 만드는데요?"

"보리를 조금 싹틔웠다가 말려서 간 것이 엿기름예요."

"아, 엿기름이 뜨듯한 온도에서 썩으면서 다른 곡물을 썩게 하는 거구나."

"썩는 게 아니죠."

"물론 그렇죠. 발효죠. 선혜주, 알았어? 이제 고추장 만들 수 있겠어?"

"제가요? 꼭 제가 해야 돼요?"

"그럼. 계속 어른들이 해주는 것만 먹다가 죽을 거야?"

"그래도 오늘 다소곳이 팽주烹主 하고 있으니까 참 예쁘네요."

"이 정도라도 다소곳하게 만드느라 내가 얼마나 고생했는지 몰라요. ……이 키위는 참 맛있네. 어디서 난 거예요? 어제 것하고 다른데."

"감사합니다."

"어디서 났는데?"

"집에서 가져왔어요."

"이 키위가 집에서 났어?"

"아뇨, 아빠 아시는 분이……"

"그런데 왜 선혜주가 감사해?"

"아니, 스님이 맛있게 드셔주셔서……"

선혜주는 아주 많은 것들과 부딪치며 끝없이 멍들고 터지거나 망가뜨린다. 영화 <광해>를 보다가, 가짜 광해가 벽에 머리를 두

번이나 연거푸 부딪히는 것을 보며 대중 가운데 가장 크게 웃은 것은 선혜주였지만, 본인의 처지를 생각해보면 그 정도는 사실 유가 아니다. 지난 3박 4일의 여름수련회 기간에는 중도루 2층에서 무려 20번 정도 대들보를 들이받았다고 한다.

"전 왜 이렇게 계속 부딪치는 거예요?"

"업장소멸한다고 생각해."

"꼭 이런 식으로 업장소멸을 해야 돼요?"

"선혜주는 그래야겠지?"

언제나 선혜주善慧舟가 걸림 없는 보살마하살의 심무가애心無罣碍한 반야선般若船이 될까?

나옹懶翁은 게으른 늙은이라는 뜻이다. 그 이름대로 게을러빠질 대로 빠진 나옹은 대중 가운데 천덕꾸러기가 되었다. 울력시간에 다른 대중이 밭 한 두렁을 다 메고 돌아서도 나옹은 여전히 두렁 어귀에서 제자리만 호미로 찍고 있었다. 아마 그 눈에는 세상 천하가 다 화두로만 보이고 호미 끝에 김은 보이지 않았을 것이다. 아무도 그를 곱게 보지 않았고, 그의 내면에서 무슨 일이 일어나고 있는지 볼 줄 아는 사람은 없었다.

그는 대중의 서슬에 견디지 못하고 큰절 상원사에서 벗어나 밤낮없이 바위 위에 줄곧 앉아서 정진을 이어갔다. 너무 허기져 요기하러 절에 내려가도 공양간에선 아무것도 얻을 수 없었다. 급기야 음식물 쓰레기 버려진 데서 두부 만들고 남은 콩비지를 쓸어담아다가 먹었는데, 모진 사람들은 그것을 두고도 성화하고 절에 아예 발을 붙이지 못하게 만들었다.

세상에서 가장 게을렀지만 구도의 길에선 가장 부지런하고 용맹스럽던 나옹은 머지않아 홀로 깨달음을 이루었다. 그가 앉아 수행하던 바위는 나옹대懶翁臺라는 이름을 얻었고, 상원사에선 콩삶은 물에 아무리 간수를 부어도 더 이상 두부가 만들어지지 않는다는 전설이 생겼다.

대오大悟한 나옹은 인가받을 선지식을 찾아 나섰다가 중국에 가 지공 화상指空和尙을 만나 그 앞에 절하고 차수하고 섰다.

"어디서 왔는가?"

"고려에서 왔습니다."

"고려에서 육로로 왔는가, 바닷길로 왔는가?"

"신통으로 왔습니다."

"그래? 그렇다면, 신통을 한번 나투어 보라."

나옹은 말없이 한 걸음을 앞으로 나섰다.

이로써 천하의 게으름뱅이는 지공으로부터 인가를 받고, 이어 平山處林으로부터도 전법을 받아 임제종의 선맥禪脈을 이은 조사祖師가 되었다.

세상 모든 것이 신비롭고, 목하에 벌어지는 모든 일들이 신통력의 소산이다. 엄밀히 말하면, 우리 진성으로부터는 신통력밖에 나오는 것이 없다.

기적은 없다. 반야의 불빛 아래 보면 모든 것이 인과의 소치일 뿐. 기적을 바라서는 결코 피안에 이를 수 없다. 오직 여섯 가지 바라밀을 통해서 저 언덕에 이를 수 있으니, 그것은 보시布施, 지계持戒, 인욕忍辱, 정진精進, 선정禪定, 반야般若이다. 이 가운데 반야는 고해를 건너는 첫 삿대질이자 최종적인 도피안到彼岸, 저 피안에 이르는 방편이다.

머나먼 길. 그러나 어쩌겠는가? 가야 한다. 우리 모두가 스스로의 내면에서 발하는 반야의 등불에 의지하여 가야 한다.

보살마하살의 대원력이 가피한다 해도 진정한 반야는 오로지 우리 안의 지혜의 샘에서 발할 따름이다. 스승에 귀의하여 배운다는 건, 자기 지혜를 계발하는 법을 가르쳐받는 것이지, 참 지혜는 전해지고 전해 받는 것이 아니다. 전해 받는다면 그것은 죽은 지식의 쓰레기일 뿐.

"선감거사님, 장작을 저렇게 쌓으면 계속 허물어져서 더 쌓을 수 없잖아요. 선혜주, 오후에 선혜주가 다시 쌓아봐."

"어떻게 쌓을지 가르쳐주시겠어요? ……안 가르쳐주실 거죠?"

"물론 안 가르쳐주지."

마음이 탐욕이나 분노, 맹목적이고 습관적인 의도에 사로잡히면 본연의 고요함과 한가로움을 잃는다. 현대인들은 끝없는 욕망에 눈멀어 바쁘고 정신없이 허우적거리면서 그것을 비즈니스business라고 한다. 온갖 것들을 있는 그대로 보지 않고 불평하고 흠잡고 투정하고 헤매어 다니면서 그것을 서핑surfing이라고 한다. 끝없이 비교하고, 밖으로 나대고, 타인과 경쟁하고 이 세상과 대적하면서 심신을 핍박한다. 갈구하고, 쟁취하려 들고, 채우려 하지만, 진정한 만족과 성취와 휴식은 없다. 이것은 마치 불면증 환자가 잠을 자려고 노력하면 할수록 더욱 잠들지 못하는 것과 같다.

인간에게 현대처럼 탐욕스런 시대는 없었다. 사실 우리가 알기에, 물질적으로 현대처럼 풍요로운 시대는 없었다. 그러나, 현대인들처럼 다양하고 복잡하게 불행한 인간들도 아마 인류사의 지난 시간에는 없었을 것이다.

　이 모든 것들이 어디서 나오는지 보아야 한다. 마음이 욕망과 화에 사로잡히고 휘둘리기 전에 눈동자가 있어야 한다. 그 눈동자가 탐심貪心, 진심嗔心의 근저에 있는 무명無明을 뚫으면, 그곳에 그대와 이 세상의 평화가 있다. 그 다른 이름은 니르바나 Nirvana! 열반이다. 굳이 피안彼岸이라 부르지 않아도 된다. 그것이 본래 그대의 이름이므로.

2012.11

행복해라, 나 이 생에도 그대를 만났네

3쇄 발행   2017년 5월 3일
지 은 이   덕현스님
펴 낸 곳   도서출판 법화
등   록   2012년 8월 24일 제447-2012-02호
주   소   충북 음성군 삼성면 덕호로 335-14
전   화   070-8942-1550
이 메 일   beophwabook@naver.com

ISBN 978-89-969665-3-1